GLAUBENSBRÜDER

HELGA KADEN

Glaubensbrüder

PEST – VERTREIBUNG – MARODEURE

IMPRESSUM

GLAUBENSBRÜDER
von Helga Kaden

© Chemnitzer Verlag 2017

Layout/Satz: Ingolf Höhl
Gesamtherstellung: Westermann Druck Zwickau GmbH

www.chemnitzer-verlag.de

ISBN 978-3-944509-39-6

INHALT

1	Ein Kind wird geboren	6
2	Luthers Lehren	10
3	Das Unglück kündigt sich an	13
4	Der Krieg beginnt	18
5	Nach Sachsen	22
6	Neuanfang in schwerer Zeit	27
7	Die Geißel Gottes	34
8	Not und Hilfe	41
9	Neue Aufgaben	61
10	Wallensteins Waffen	66
11	Der Rosenkreuzer	74
12	Auf der Flucht	85
13	Schlimme Zeiten	98
14	Holks Horden	111
15	„Des Himmels Vergeltung"	125
16	Wieder unterwegs	129
17	Eine wichtige Aufgabe	138
18	Neubeginn und Rückschläge	153
19	Vorläufige Heimkehr	156
20	Krieg und Liebe	169
21	Bei den Jesuiten	176
22	Hohe Zeit	183
23	Gefährlicher Auftrag	189
24	Endlich Frieden	203
25	Verbitterung und Hass	208
26	Liebe sucht Nähe	216
27	Als Botenreiter unterwegs	221
28	Erstaunliche Geheimnisse	232
29	Das Dorf am Wildbach	245
30	Gräflicher Besitz	256
31	Alltag im Frieden	262
32	Wiedersehen	272
33	Das Glück im Gebirge	284
34	Neue Schuhe	296
35	Wieder vereint	302
36	In alter Runde	307
37	Neues Leben	313

I EIN KIND WIRD GEBOREN

Nichts rührte sich im Hause der Wehmutter, obwohl Schuster Gustav mit aller Kraft an der Schelle gezogen hatte. Freilich schlug der Turmwächter die Glocke der Dekanatskirche soeben zur vierten Morgenstunde, anständige Bürger lagen zu dieser Zeit in ihren Betten. Wenn jedoch ein neuer Mensch auf die Welt drängte, wusste der natürlich nicht, dass die Leute nachts schliefen. Er kam, wann es ihm passte.

Gustav war auch froh – lange genug wartete er schon auf einen Sohn. Woher er denn wisse, dass es ein Junge würde, neckte ihn seine Maria. Das konnte den Mann nicht von seiner Überzeugung abbringen. Er brauchte einen Nachfolger, schließlich war er mit seinen vierundzwanzig Jahren schon ein anerkannter Meister, der eine gut gehende Werkstatt betrieb. Ein Stammhalter gehörte da einfach zur Ordnung!

Jetzt musste aber erst einmal schnellstes die Wehmutter geweckt werden. Seine Maria stöhnte daheim schon stundenlang und die Wehen kehrten in immer kürzeren Abständen wieder. Gustav nahm seine Fäuste zu Hilfe, und die hatten Kraft! Er trommelte an die verschlossene Haustür, dass es in der ganzen Straße widerhallte.

Endlich flackerte in einem der Fenster ein Licht und schlurfende Schritte näherten sich. Quietschend öffnete sich die Tür und, nur mit einem Nachtgewand bekleidet, herrschte Hebamme Trude den Ruhestörer an. „Was veranstaltest du für einen Krach zu nachtschlafener Zeit?" „Komm schnell, bei meiner Maria ist es soweit!"

Seine Aufgeregtheit konnte die erfahrene Frau nur belustigen. Sie hatte schon Hunderte solcher Kerle erlebt, fast so viele, wie sie Kindern auf die Welt geholfen hatte.

Wenn die Männer von ‚es ist soweit' faselten, wusste sie, dass noch reichlich Zeit war. Sie konnte sich in aller Ruhe anziehen und ein paar Bissen zu sich nehmen. Später würde sie nicht mehr dazu kommen – das hatten sie ihre Erfahrungen gelehrt. „Geh heim zu deiner Frau, heize den Ofen an und setze Töpfe mit Wasser auf", befahl sie dem künftigen Vater, „ich komm gleich nach." Einen Augenblick zögerte Gustav, lieber hätte er Trude sofort mitgenommen, aber dann drehte er um und rannte davon. Gustav war ein Visionär!

Maria reichte ihm nach nur wenigen Stunden, am Morgen des 14. November anno 1614, ein Bündel, aus dem das rote Gesichtchen seines Sohnes hervorlugte. Triumphierend sah er seine Liebste an und verkündete stolz: „Ein Sohn! Hab ich es dir nicht immer gesagt! Jan soll er heißen. Wenn er groß ist, wird er meine Werkstatt übernehmen und die Leute aus der ganzen Stadt Brüx werden zu ihm kommen, weil er ein ebenso guter Schuhmacher sein wird wie sein Vater."

Noch schwach von der Geburt lächelte Maria nachsichtig, sie kannte ihren Gustav. Gerne machte er große Worte und glaubte fest daran, dass er genau wusste, was zukünftig geschehen wird.

Die Frau, eine der vier Töchter des Schulrektors, liebte ihren Vorausseher innig, denn er machte nicht nur große Worte, er arbeitete auch tüchtig. Es gab keinen anderen Meister in der Stadt, der es so gut wie er verstand, den Leuten ordentliche Schuhe zu machen.

Aufgefallen war er ihr vor zwei Jahren bei einem Gottesdienst. Sogleich fesselte sie sein offenes Gesicht und die Art, wie er dem Prediger zuhörte. Man konnte ihm förmlich ansehen, wie er mit größter Innigkeit betete. Maria hatte sich auf jeden Sonntag gefreut. Mit eigenartigem Herzklopfen hielt sie Ausschau nach dem Mann.

Es dauerte nicht lange und auch er hatte sie bemerkt. Sie konnte erkennen, dass seine Augen aufleuchteten, wenn er sie erblickte. Manchmal schämte sie sich, wenn sie der Predigt nicht aufmerksam folgte und ihre Augen immer wieder auf Wanderschaft gingen.

Marias Vater kannte den jungen Mann und als der schließlich darum bat, die älteste Tochter zur Frau nehmen zu dürfen, stimmte er zu und hatte es nicht zu bereuen. Der Schwiegersohn war ein tüchtiger Schuhmacher und besaß, obwohl jung an Jahren, schon eine eigene Werkstatt. Wenn er auch gerne das große Wort führte, sorgte er anständig für Maria und würde sicher ein guter Vater werden.

Was Marias Eltern besonders am Herzen lag: Der Schwiegersohn lebte im selben Glauben wie sie. Schon vor Jahren war er, wie der Schulmeister und seine Familie, zum protestantischen Glauben übergetreten.

Die Hochzeit verlief eher bescheiden, Gustav liebte keinen großen Prunk, er hielt seinen Besitz zusammen. Maria zog in das Schusterhaus und die jungen Eheleute waren miteinander sehr zufrieden. Als sich nach dem ersten Ehejahr ein Kind ankündigte, war ihr Glück vollständig.

Der stolze Vater legte den Säugling in die bereitstehende Wiege und gab seiner Frau zu verstehen, er müsse schnellstens den Schwiegereltern Bescheid geben und mit dem Prediger wegen der Taufe sprechen. Lächelnd schloss sie die Augen und er flüsterte ihr zu: „Ruh dich aus, ich bin bald wieder daheim."

In den Schlaf hinüber gleitend dachte die Wöchnerin, sie habe es mit ihrem Angetrauten sehr gut getroffen. Er behandelte sie stets fürsorglich und liebevoll. Wenn sie das Los anderer Frauen bedachte! Grob und herzlos gingen manche Männer mit ihren Frauen um.

Im nächsten Haus wohnte sogar eine Familie, wo der Vater regelmäßig nicht nur die Kinder, sondern auch die Frau verprügelte. Besonders wenn ihm der Branntwein zu Kopfe stieg, musste sich die Familie vor dem Wüterich verstecken. Voller Gewissheit, wohl behütet zu sein, schlief Maria ein.

In der Küche hantierten in der Zwischenzeit ihre Mutter und Rosi, eine ihrer jüngeren Schwestern. Die Neuigkeit von der Geburt des Schustersohnes hatte sich schneller herumgesprochen, als Gustav gedacht. Die beiden Frauen wussten, ihre Hilfe wurde gebraucht.

Der Wehmutter setzten sie erst mal ein kräftiges Frühstück vor. Drei Eier, mit Speck gebraten, und ein dickes Stück Brot standen auf dem Tisch, ein Krüglein Wein durfte natürlich auch nicht fehlen.

Es gehörte sich so, dass die Frau, die den Gebärenden zur Seite stand, neben ihrem Lohn auch eine anständige Mahlzeit bekam.

2 LUTHERS LEHREN

Seit etlichen Jahrzehnten verbreiteten sich auch in Nordböhmen die Lehren des Wittenbergers Doktor Martin Luther. In vielen Dörfern entstanden evangelische Gemeinden. Obwohl in der Stadt Brüx die meisten Einwohner und besonders der Magistrat am katholischen Glauben festhielten, hatte auch hier die neue Lehre ihre Anhänger gefunden.

Der aus dem sächsischen Glauchau stammende Prediger Elias Shedius zog immer mehr Menschen zu den Gottesdiensten. Auch Marias Familie gehörte dazu.

Gustav war ein glühender Verehrer von Doktor Martin Luther. Noch größere Bewunderung hegte er für den tschechischen Reformator Jan Hus. Von dem Tag an, als er wusste, dass seine Maria ein Kind erwartete, war es für ihn klar, er würde seinen Sohn Jan nennen.

Strahlend betrat er an diesem Tag die Stube seines Seelsorgers. Der Prediger schien weniger Grund zur Freude zu haben, mit kritischem Blick betrachtete er ein Schriftstück, das vor ihm auf dem Tisch lag. Die beiden Männer waren vertraut miteinander und Gustav konnte sich in seiner Hochstimmung erlauben zu scherzen: „Elias, schau nicht so traurig, es gibt Grund zur Freude!"

Shedius zeigte auf das Pergament. „Sie haben unser Begehr abgelehnt." Sofort wusste der Besucher, worum es ging. Die protestantische Gemeinde besaß keine eigene Kirche und hatte deshalb die Bitte an den Magistrat der Stadt gerichtet, man möge ihr erlauben, zu bestimmten Stunden in der Dekanatskirche Gottesdienste zu feiern. Resignierend stellte Shedius fest: „Es war nicht anders zu erwarten. Sie werden uns nicht noch unterstützen. Zumal die Kirche einst mit den Spenden von Bürgern und

Zünften der Stadt und außerdem mit Ablassgeldern aus Rom erbaut wurde." Der junge Vater dachte kurz nach, um dann in seiner Euphorie einen kühnen Vorschlag zu machen: „Wir bauen uns unser eigenes Gotteshaus!" Erstaunt sah ihn Elias an: „Und woher willst du das Geld nehmen?" „Wir sammeln unter unseren Glaubensbrüdern und den ersten Silbertaler gebe ich, weil heute für mich ein wichtiger Tag ist."

Der Prediger schien endlich zu bemerken, dass Gustav nicht ohne Grund bei ihm aufgetaucht war. „Was hast du auf dem Herzen, mein Freund, scheinst einen guten Grund für deinen Überschwang zu haben. Warte, lass mich raten. Deine Maria ist niedergekommen." Nun konnte sich der Glückliche nicht mehr zurück halten: „Sie hat mir einen Sohn geschenkt!" Elias schüttelte ihm die Hand: „Da gratulier ich von Herzen. Sind Mutter und Kind wohlauf?" Eifrig nickte Gustav. „Das ist gut! Wann willst du taufen und welchen Namen soll der Stammhalter bekommen?" „Jan soll er heißen, nach dem tapferen Prediger Jan Hus, der für Veränderungen in der tschechischen Kirche gestritten und seine Überzeugung sogar mit dem Leben bezahlt hat. In Konstanz ließen ihn Kaiser und Klerus im Jahre 1415 auf dem Scheiterhaufen verbrennen, weil er sich weigerte, seine Lehren, bei denen er sich immer auf die Bibel berief, zu widerrufen."

Voller Leidenschaft und auch ein wenig stolz auf seine Kenntnisse begründete der Schuster seine Meinung. Der Prediger nickte zustimmend, konnte sich aber nicht enthalten einzuwenden: „Martin wäre auch ein guter Name."

Mitten in den Disput der beiden Männer klopfte es an die Tür und Gustavs Schwiegervater kam in die Stube. Als er seines Eidams gewahr wurde, ging er auf ihn zu und umarmte ihn: „Ich gratuliere zum Stammhalter und wünsche euch Gottes Segen und alles Glück der Welt." Es war zu verstehen, dass der Schulmeister ebenfalls einen Jungen herbeigewünscht hatte. In seiner Familie gab es schließlich nur vier Mädchen. Manchmal scherzte er: „Mit fünf Weibsbildern muss ich fertig werden." Jeder wusste jedoch, er genoss es dankbar, von den „fünf Weibsbildern" umsorgt zu werden.

„Setzt dich nieder, Schulmeister!" Elias schob das Schreiben über den Tisch. Aufmerksam las Rektor Knorr und kam zur selben Meinung: „War nicht anders zu erwarten. Ich könnte noch ein Schreiben nach Prag auf den Weg bringen. Glaube aber nicht, dass es was ändert." Gustav erneuerte noch einmal seinen Vorschlag vom Bau einer eigenen Kirche. Sein Schwiegervater meinte, in die Richtung habe er auch schon gedacht. Man solle auf jeden Fall mit dem Spendensammeln beginnen. Er kenne eine Reihe von Glaubensbrüdern, die bereit wären, das Unternehmen zu unterstützen. Mit dem Hammerschmidt Sattler habe er auch schon geredet, der wusste von protestantischen Gemeinden drüben in Sachsen zu erzählen, die sich auf diese Art Kirchen erbaut hätten. Er sei vor einigen Jahren aus Zwickau eingewandert und habe so seine Erfahrungen. Elias bestätigte, was Knorr sagte. „Wenn der Landesherr auch protestantisch wäre, könnten wir auf Hilfe hoffen. Damit ist hier in Brüx allerdings nicht zu rechnen", schränkte er ein.

3 DAS UNGLÜCK KÜNDIGT SICH AN

Der kleine Schusterjunge entwickelte sich prächtig. Seine Eltern konnten zufrieden sein mit ihrem Sohn. Gustav posaunte den Stolz auf seinen Stammhalter laut heraus. „Haben wir das nicht fein gemacht?" schäkerte er manchmal mit seiner Maria.

Die versuchte, die Lobeshymnen ihres Angetrauten nicht gar zu laut erklingen zu lassen. Im Inneren musste sie aber eingestehen, der Kleine war nicht nur ein überaus hübsches Kind, auch fröhlich, gesund und gescheit zeigte sich der Sprössling. Im Gegensatz zu ihrem Schuster war sie der Meinung, man müsse das nicht ständig betonen. „Beschrei es nicht", warnte sie. Bei solchen Ermahnungen nahm er sie in den Arm, schwenkte sie herum und gab ihr einen dicken Kuss. „Vielleicht sollten wir ihm bald noch ein Schwesterlein schenken", flüsterte er ihr ins Ohr.

Manchmal dachte auch Maria darüber nach. Gerne hätte sie die Stube voller solcher Zwerge. Leisten konnten sie es sich. Der Mann saß fleißig in seiner Werkstatt, an Aufträgen mangelte es nicht. Ihr Hausstand war gut bestellt. Auch die Eltern halfen, wenn es nötig war. Marias Schwestern Rosi und Anna hatten in den letzten beiden Jahren geheiratet. Rosi lebte in Kaaden und Anna drüben in Oberleutensdorf. Elisabeth, die Jüngste, war noch daheim. Sie schien mit ihren 19 Jahren nicht an einem Mann interessiert zu sein. Ihre ganze Energie widmete das Mädchen der Gemeindearbeit. Sie kümmerte sich um die Armen und Kranken. Der Prediger Elias verkündete oft, er wisse nicht, wie er ohne Elisabeth auskommen solle. Von dieser Hilfsbereitschaft profitierte auch Marias kleine Familie.

Häufig, wenn Gustav gar so viel Arbeit hatte und seine Frau ihm in der Werkstatt helfen musste, kümmerte sich die Patentante um den Kleinen. Laut krähend wackelte er auf noch unsicheren Beinchen zu Elisabeth und streckte ihr die Ärmchen entgegen. Glücklich nahm sie das Kind auf den Arm und ging mit ihm zu den Großeltern.

Immer wenn der Junge dann nach Stunden heim kam, hatte er wieder neue Wörter auf Lager, die er mit Begeisterung seinen Eltern verkündete. Sogar erste Liedchen trällerte er. „Mein Vater scheint die Schulstunden bei seinem Enkel weiterzuführen. Manchmal kommt er mir schon ein wenig altklug vor", befürchtete Maria. Gustav wehrte lachend ab: „Unser Sohn ist eben ein kleiner, gescheiter Kerl. Wunderst du dich da? Schließlich hat er einen gelehrten Großvater und ich gehöre auch nicht zu den Dummen." Maria versuchte, seine Begeisterung mit Ironie zu zügeln: „Eingebildet bist du gar nicht."

Natürlich war sie auch stolz auf ihr Kind, meinte jedoch, man müsse es den Gernegroß nicht gar so sehr spüren lassen. Seufzend gestand sie sich ein, man solle wirklich über ein Geschwisterchen nachdenken, der Junge musste lernen, zu teilen. Liebe und Fürsorge sämtlicher Familienmitglieder galten dem kleinen Jan. Seine Mutter befürchtete, ein Ich-Mensch würde heranwachsen. In ihrer Familie waren die vier Schwestern stets für einander da gewesen und hatten teilen gelernt.

An einem Sonntag besuchten sie gemeinsam das neue Gotteshaus. Der Gemeinde war es gelungen, so viele Spenden zusammenzubringen, dass es zwei Jahre nach Jans Geburt eingeweiht werden konnte. Alle waren stolz auf ihr Werk und Shedius hielt an diesem Tag seine letzte, deshalb wohl auch besonders eindringliche und schöne Predigt.

Sein Nachfolger Magister Nizelices saß unter den Zuhörern und wusste, er hatte eine große Aufgabe vor sich. Der evangelischen Gemeinde in Brüx gehörten schon 345 eingesessene Bürger an, dazu kamen noch die zur Miete wohnenden. Es galt nicht nur die Seelsorge zu bewältigen und den Armen und Kranken Hilfe und Trost zu spenden. Immer häufiger waren Angriffe derjenigen zu überstehen, die gegen den neuen Glauben auftraten. Von Verfolgungen der Protestanten in verschiedenen Städten und Dörfern Böhmens war täglich zu erfahren.

Die böhmischen Stände krönten, dem Willen des Kaisers folgend, den steirischen Erzherzog Ferdinand zum König. Wohl wissend um die starre katholische Gesinnung des Fürsten. Ferdinand gelobte zwar, jede Einmischung in die Landespolitik zu vermeiden und die Freiheit des Glaubens zu achten, aber schon nach kurzer Zeit zeigte sich, dass er nicht willens war, sich an sein Versprechen zu halten. Die protestantische Kirche in Braunau wurde gesperrt und die in Klostergrab gar zerstört.

Nach dem Gottesdienst rief der neue Magister die führenden Männer der Gemeinde zusammen. Zu ihnen gehörten neben dem Schulrektor auch dessen Schwiegersohn und weitere angesehene Handwerksmeister der Stadt. Der Prediger, man merkte ihm die Empörung über die Ereignisse an, berichtete, was er erfahren hatte. „Besonders in Prag spitzt sich die Lage zu. Die evangelischen Stände wüten berechtigt gegen die Eingriffe in ihr Gemeindeleben. Daraufhin häufen sich Einkerkerungen unserer Prediger und allenthalben behindert man uns beim Ausüben unseres Glaubens. Der Kaiser selbst erhielt einen geharnischten Beschwerdebrief von den protestantischen Ständen. Kaiser Mathias reiste zwar nach Prag, um die Sache zu untersuchen, aber er setzte nur Statthalter ein, die das Land führen sollten. Zwei der größten

Protestantenhasser, die Grafen Slawata und Martinitz, wählte er dafür aus. Es war, als hätte man Öl ins Feuer gegossen. In Prag kocht der Zorn und ich befürchte, auf beiden Seiten wird kein Maß mehr gehalten."

Die Versammelten zeigten sich ebenfalls empört über das Verhalten des Kaisers. Ihr Prediger mahnte sie eindringlich zur Besonnenheit. „Unnützer Eifer kann uns jetzt nur schaden. Warten wir ab, liebe Brüder. Geht heim und verhaltet euch still. Ich bin sicher, der Herr ist mit uns." So recht zufrieden waren weder Gustav noch sein Schwiegervater. „Man kann sich doch nicht alles bieten lassen", begehrte der Jüngere auf. „Du wirst sehen, die bringen es fertig und vertreiben uns auch noch aus unserer Kirche, die wir mit so viel Mühe aufgebaut haben." Da kam sie wieder zu Vorschein, die prophetische Gabe des Schusters.

Er trennte sich von den anderen Männern und ging heim zu seiner Maria, die ihm sogleich seinen Unmut ansah. „Gehen wir noch ein Stück an die Luft. Dort können wir in Ruhe miteinander reden und dem Kleinen wird es gut tun, wenn er vor der Nacht noch einmal hinaus kommt. Es ist so ein schöner Tag." Murrend zwar, aber Gustav ließ sich überreden.

Jan jubelte, als sein Vater für ihn das Pferd spielte und das „Hoppepferdl" wurde zusehends ruhiger und entspannter. Der Schuster teilte immer alle Sorgen mit seiner Frau. So erzählte er auch heute, was der neue Magister berichtet hatte. „Still verhalten sollen wir uns", empörte er sich. „Was willst du denn machen?" So genau wusste er das auch nicht. Er war eben der Meinung, es müsste jeder seinem Glauben frei nachgehen können. So, wie es in dem Majestätsbrief des Kaisers vor Jahren festgelegt worden war.

„Ich werde jedenfalls nicht wieder zur katholischen Kirche zurückkehren, ich bin doch kein Wetterhahn, der sich immer nach dem Wind dreht."

Maria war klug, sie wusste, dass eine Frau das Feuer schüren, aber auch klein halten konnte. Mit einer weiten Armbewegung zeigte sie auf die fernen Berge. „Sieh nur wie schön unser Land ist. Das Gebirge strahlt in der Abendsonne. Hast du bemerkt, das Korn wird schon reif?"

Der Mann hatte seinen Reiter im Gras abgesetzt, der rannte über die Wiese wie ein ungezähmtes Fohlen. Man konnte jeden Augenblick befürchten, dass er den Hang hinunterpurzeln würde. Aber es war erstaunlich, immer wieder fing sich der Kleine, und wenn er doch einmal auf die Nase fiel, war er im Nu wieder aufgestanden und rannte weiter.

Über das tollpatschige und zugleich behände Umhersausen seines Sohnes musste Gustav lachen und Maria stellte erleichtert fest, dass sein Zorn langsam verrauchte. Die Eltern setzten sich an einen kleinen Hang, beobachteten ihr Kind und genossen die abendlich friedliche Natur. Ruhe und Gelassenheit zogen in ihre Herzen. Die beiden ahnten, schwere Zeiten standen bevor. Aber die herzliche Freude mit dem Kind an diesem Abend würde ihnen in Erinnerung bleiben und Kraft geben.

4 DER KRIEG BEGINNT

Das Frühjahr anno 1618 begann mit warmen Tagen. Jan, der in diesem Jahr vier Jahre alt werden würde, betrachtete kritisch seine Mutter.

Altklug wie er war, fühlte er sich verpflichtet, Ratschläge zu erteilen. „Mama, du darfst nicht so viel essen." Verwundert sah Maria ihren Sohn an. Er ließ sie keine Minute im Ungewissen. „Du wirst immer dicker, so einen großen Bauch hat nicht mal der Großvater." Nun wusste die Frau nicht, ob sie lachen oder Aufklärung geben sollte. Sie konnte doch dem Kind nicht sagen, was da in ihrem Bauch heranwuchs. Zwar hatten sie den Sohn schon auf seine Bruderrolle vorbereitet, aber wo das Geschwisterchen bis zur Geburt war, ging ihn nun wirklich nichts an. Die Schwangere ahnte, die nächste Frage, wie es denn da hinein gekommen sei, würde sofort folgen. Über solche Themen sprach man mit Kindern nicht. Maria entschloss sich zu einer Zwischenlösung. „Du weißt doch, dass du bald noch einen kleinen Bruder oder eine kleine Schwester bekommst ..." Sofort wurde sie unterbrochen. „Bruder! Mädchen mag ich nicht, das sind Heulsusen."

Die Mutter zog den Kleinen näher an sich heran: „Das kann man nicht bestimmen, der liebe Herrgott entscheidet, ob er Jungen oder Mädchen in die Stuben schickt." Dagegen wusste der Dreikäsehoch nichts einzuwenden. Was der Herrgott machte, war richtig. Maria konnte endliche ihre Erläuterung fortführen. „Also, wenn wir ein kleines Kind in der Familie haben, brauche ich viel mehr Kraft und deshalb muss ich jetzt tüchtig essen."

Kritisch sah Jan seine Mutter an, kletterte auf ihren Schoß, drückte einen Kuss auf ihre Wange: „Ich helf dir ganz viel, und wenn doch eine Heulsuse kommt, können wir sie vielleicht beim Herrgott umtauschen." Seufzend beschloss Maria, die Aufklärungsstunde zu beenden. „Geh zum Vater in die Werkstatt, ich glaube er braucht dich."

Das ließ sich der Knirps nicht zweimal sagen. Dort, wo es so herrlich nach Leder roch, war sein Lieblingsplatz. Mit Begeisterung versuchte er, dem Vater zu helfen. Der dachte sich oft eine Arbeit für den künftigen Schuster aus. Er durfte die Lederstücke sortieren oder die heruntergefallenen Stifte aufheben und in die Kästchen legen. Manchmal musste er sogar die fertigen Schuhe mit einem weichen Tuch polieren. Stolz sah Gustav, dass hier ein begnadeter Schuhmacher heranwuchs. Er hatte für seinen Sohn extra einen dreibeinigen Schemel bauen lassen, damit sie wie zwei Zunftbrüder nebeneinander sitzen konnten. Jedes der Schuhmacherwerkzeuge hatte er ihm erklärt. Der Junge kannte den Verwendungszweck von Hammer und Ahle, der Feile zum Aufrauen der Brandsohle und der Schweineborsten zum Vernähen. Wenn der Vater verlangte: „Gib mir mal das Kneipmesser", wusste der Junge sofort, was er zureichen musste. Maria konnte beruhigt ihrer Hausarbeit nachgehen, wenn ihre beiden Männer arbeiteten.

Glücklich hätte man sein können, wenn da nicht das Wetterleuchten aus Prag gewesen wäre. Die schlimmen Nachrichten häuften sich. Manche Freunde redeten gar schon von Krieg. Ende Mai traf ein Bote in Brüx ein, der die schlechtesten Nachrichten an den Pastor überbrachte. Der rief sofort seine Getreuen zusammen und ließ den Abgesandten aus Prag berichten, welch ungeheuerliche Dinge in der Hauptstadt geschehen waren. „Da die Standesversammlung mit den katholischen Statthaltern nicht einverstanden war, schickte sie wiederum ein Schreiben nach Wien. Den Kaiser erboste das Aufbegehren der Protestanten so sehr, dass er einigen der Herren mit hohen Strafen drohte und die Versammlung der Stände kurzerhand auflöste. Ihr könnt euch nicht vorstellen, liebe Brüder, welch ein Tumult sich daraufhin erhob. Ein Schreien und Toben, Angst und Bange konnte einem werden. Aus der Menge ertönte der Ruf: ‚Auf die Burg, wir werden sie strafen!'` Und die Massen wälzten sich hinauf zum Hradschin. Etliche trugen Waffen und man konnte sehen, dass es ihnen ernst war. Sie wollten die vom Kaiser eingesetzten Statthalter, Slawata und Martinitz, strafen. Nichts konnte sie aufhalten! Sie drangen in die Burg, es kam zum Handgemenge. Die verhassten Gouverneure trieb man immer mehr zum Fenster. Die hilflosen Herren baten, da sie ihre Notlage erkannten, um einen Beichtvater. Einer schrie: ‚Werft sie aus dem Fenster!'` Andere ergriffen Martinitz, der mit einem schwarzen Mantel und Dolch angetan war, und warfen ihn mit dem Haupte voran aus dem Fenster. 30 Ellen tief stürzte der Unglückliche in den steinigen Schlossgraben. Graf von Thurn rief, hier ihr Herren, habt ihr auch den Anderen. Kaum hatte Slawata Zeit ein kurzes Stoßgebet zu sprechen, da folgte er schon seinem Vorgänger auf dem gleichen Weg. Da man gerade gut in Fahrt war, musste auch der anwesende Schreiber den Flug auf sich nehmen. Zum Glück erlitten der Schreiber und Martinitz nur geringen Schaden. Slawata trug eine ziemliche Kopfverletzung davon. Der Schreiber floh noch am selben Tag nach Wien, um den Kaiser Nachricht zu überbringen. Er wurde für seinen Mut geadelt und trägt jetzt den Namen ‚von Hohenfall'. Auch den Statthaltern gelang es, sich in Sicherheit zu bringen."

Betreten hörten die Brüxer dem Boten zu und jeder von ihnen wusste, dass dies der katholische Kaiser nicht hinnehmen wird. „Gnade uns Gott", flüsterte der

Schulmeister, „es kommen schlimme Zeiten." „Sie haben schon begonnen", ergänzte der Überbringer der Nachrichten. „Eine friedliche Einigung ist nicht mehr zu erwarten. Überall im Lande sind Boten unterwegs, um Soldaten für das Heer zu gewinnen, das gegen den Kaiser antritt. An die protestantischen Fürsten in Deutschland ergeht der Aufruf, den Kampf gegen den Habsburger zu unterstützen. Auch die Gegenseite rüstet. Und sie sind alle bereit. Sie wollen den Krieg!"

5 NACH SACHSEN

Zwei Jahre waren vergangen. Marias kleine Tochter entwickelte sich ebenso gut wie ihr Bruder Jan. Der sah nach ihrer Geburt nur kurz in die Wiege, streichelte ganz vorsichtig das kleine Gesicht und verkündete großmütig: „Wir brauchen sie nicht umzutauschen. Ich beschütze sie, dann wird sie auch nicht weinen." Gerührt vernahmen seine Eltern das Versprechen und waren sehr stolz auf ihren Großen. Das kleine Mädchen tauften sie auf den Namen Hilda, die Taufe fand noch in ihrer eigenen Kirche statt.

Es hatte sich vieles verändert. Nach dem Fenstersturz von Prag gab es monatelang schmachvolles Gehandel zwischen Kaiser, böhmischen König und Fürsten. Blutige Auseinandersetzungen, in denen es schon lange nicht mehr um Glaubensrichtungen, sondern nur noch um Land und Macht ging, flammten überall auf. Die Leidtragenden waren die einfachen Leute. Als schließlich in der Schlacht am Weißen Berg bei Prag die katholische Seite einen Sieg davon trug, kam die Gegenreformation so recht in Gang. Man zwang die Protestanten, zum katholischen Glauben zurückzukehren. Die Brüxer Gemeinde merkte sehr bald, auch ihre Leute kamen nicht davon. Die unter so viel Einsatz errichtete Kirche wurde beschlagnahmt. Aller Besitz der Gemeinde fiel an die katholische Stadtkirche.

An einem frühen Abend im Christmonat klopften die Schwiegereltern im Schusterhaus an. Gustav und Maria schauten ein wenig verwundert. Sie hatten die Eltern nicht erwartet, da man sich am nächsten Tag in deren Wohnung treffen wollte, um mit einigen treuen Freunden eine kleine Adventsandacht zu feiern. Sie konnten ihren Glauben nur noch heimlich pflegen. Man hatte ihnen nicht nur die Kirche genommen, es war auch untersagt, evangelischen Gottesdienst zu halten. Viele ihrer Glaubensbrüder waren eingekerkert oder gar hingerichtet worden. Fast täglich bedrängten sie die Jesuiten, sie mögen zum „wahren" Glauben zurückfinden, sonst sei mit strengsten Strafen zu rechnen. Und die meinten es ernst mit ihren Drohungen!

Die Eltern schien ein besonderes Anliegen schon heute zu den Kindern getrieben zu haben. Die Mutter Marias sah verweint und der Vater sehr zornig und verzweifelt aus. „Was ist passiert?" Gustav führte die Älteren an den Ofen und bat sie, auf der Bank Platz zu nehmen. Es dauerte eine Weile, bis sich der Schulmeister gefasst hatte, dann gab er zu verstehen, sie wollten sich nur von Kindern und Enkeln verabschieden. „Verabschieden?", rief Maria fassungslos. „Wir verlassen die Stadt und gehen hinüber nach Sachsen", schluchzte die Mutter und nahm ihren kleinen Liebling in den Arm. Der Junge sah verwirrt auf die Großmutter. Vorsichtig streichelte er mit seiner kleinen Hand ihre Wange und fragte: „Tut dir was weh, Großmutter?" Das brachte die Frau nun ganz und gar aus der Fassung, völlig verzweifelt drückte sie das Kind an sich und war nicht in der Lage zu antworten.

In der Küche herrschte betretene Stille. Gustav konnte sich denken, was geschehen war. Seit einigen Tagen trieben Jesuitenpater in der Stadt ihr Bekehrungsunwesen. Er hatte von seiner Kundschaft erfahren, dass sie besonders gegen evangelische Geistliche und Lehrer vorgingen. Anscheinend glaubte man, wenn die führenden Leute zu Kreuz gekrochen wären, kämen auch die anderen abtrünnigen Schäflein wieder in den Schoß der allein selig machenden Kirche zurück.

Er befürchtete sogleich, es würde auch den Schwiegervater treffen und war sich sicher, der ließe sich auf keinerlei Handel ein. Er kannte dessen Gradlinigkeit, lieber würde er die Heimat verlassen, als seine Überzeugung aufgeben. Bei einer der letzten heimlichen Zusammenkünfte hatte er deutlich seine Meinung gesagt. Dort tat er auch seine Empörung kund über den böhmischen König Friedrich von der Pfalz. Als die entscheidende Schlacht bei Prag ausgefochten werden musste, war dieser junge Herr, erst kurz zuvor böhmischer König geworden, nicht zu seinem Heer aufs Schlachtfeld gekommen. Er hatte mit Hofschranzen und leichten Damen auf der Prager Burg beim Festmahl gesessen. Selbst als man ihn auf die drohende Niederlage der protestantischen Armee hinwies, soll er gesagt haben, er käme, sobald er das Mahl beendet habe. „Dann war es schon zu spät gewesen! Nur zwei Stunden dauerte die Schlacht und die Katholischen verließen als Sieger das Feld", hatte der Schwiegervater zitternd vor Zorn ausgerufen.

Seit diesem Tag wusste Gustav, der Mann würde seinen Weg bis zum bitteren Ende gehen, wohin der auch immer führte. Für diese Erkenntnis brauchte der Schuster keine seherischen Kräfte zu bemühen. Maria erzählte er nichts von seinen Befürchtungen. Nun war es also soweit!

„Morgen machen wir uns erst mal auf den Weg hinüber nach Oberleutensdorf. Bei Anna finden wir vorläufig eine Bleibe. Dem Herren von Jahn, als treuem Anhänger unserer protestantischen Kirche, ist es bis jetzt gelungen, die jesuitischen Bekehrer auf Abstand zu halten. Sobald wir eine Möglichkeit finden, mit einem Fuhrwerk zu reisen, auf dem wir unsere Habseligkeiten mitnehmen können, geht es weiter." Der Schulrektor hatte anscheinend alles genau überlegt.

Die Tochter meldete sich zu Wort: „Was wird aus Elisabeth? Wie ich sie kenne, verlässt sie ihre Kinder keinesfalls." Die Schwester betrieb seit einigen Jahren einen Kindergarten. Im Wohnhaus des Vaters hatte sie eine Stube eingerichtet. Dort betreute und lehrte sie die Kleinen aus armen Familien. Wenn eine Mutter mit ihrer allzu großen Bande nicht mehr über die Runden kam, konnte man oft hören: „Geht zu Elisabeth." Und sie kamen aus der ganzen Stadt gerne zu ihr. Eine warme Stube, manchmal auch ein Kanten Brot lockte sie. Was den Kindern jedoch weitaus wichtiger war, hier konnten sie in Ruhe spielen. Die Tante, wie sie genannt wurde, lehrte sie nützliche Dinge. Und als gelehrige Tochter ihres Schulmeistervaters verband sie geschickt Lernen und Spielen miteinander. Die Mädchen konnten bald mit Nadel und Faden umgehen, sie wussten, dass man die Wäsche gut waschen musste. Die Knaben wurden in solche Tätigkeiten ebenso einbezogen. Und keiner von ihnen hielt das für unter seiner Würde. Sie bekamen beigebracht, dass Sauberkeit in den Stuben und am eigenen Körper wichtig war, um Krankheiten fernzuhalten. In den Sommermonaten ging die Tante mit ihrer Schar hinaus in Wald und Feld. Dort zeigte sie den Kindern welche Kräuter wuchsen und lehrte sie, wie man damit Krankheiten lindern kann. Elisabeth brachte ihren Schäflein bei, dass Salbei gegen Bauchweh und Halsschmerzen hilft, erklärte die heilende Wirkung von Kamille und zeigte ihnen, woran die Pflanzen zu erkennen und wie sie zu verwenden sind.

Sie wusste um die Not der Leute und wollte ihnen helfen, sich selbst zu helfen. Einen Doktor konnten sich die Armen sowieso nicht leisten. Das alles ging Maria durch den Kopf und ließ sie erkennen: die Eltern würden sich allein ins Exil begeben müssen.

„Wir wollten euch bitten", meldete sich die Mutter zu Wort, „dass ihr ein Auge auf Elisabeth habt. Sie denkt zu wenig an sich, ist immer nur für andere Menschen da. Auch an Vorsicht mangelt es ihr, sie lehrt die Kinder unseren Glauben, ohne zu bedenken, dass sie sich damit in Gefahr begibt." Natürlich würden Maria und Gustav an Elisabeths Seite stehen, denn auch die war immer für ihre Familie da gewesen.

Man besprach an diesem Abend noch, welche Sachen aus dem Haus des Schulmeisters in das der Schustersleute geholt werden sollten. Sie selbst vermochten nur mitzunehmen, was sie tragen konnten. Der Vater gab zu verstehen, sie würden sich nicht allzu weit von der Grenze entfernt niederlassen. Vielleicht könne er manchmal heimlich herüber kommen, um dieses oder jenes zu holen. „Es kommen bestimmt wieder bessere Zeiten, dann kehren wir heim", offenbarte die Mutter ihre heimlichen Wünsche.

Traurig nahm man voneinander Abschied. Der kleine Jan konnte nicht verstehen, was hier geschah. Von einer Reise war die Rede gewesen, in ein anderes Land wollten die Großeltern ziehen. Er fand das alles ganz spannend und konnte nicht begreifen, warum die Mutter und die Großmutter deshalb weinten. Er würde auch gerne mal mit einem Wagen fortfahren. Freilich, Eltern und Schwester müssten mitkommen. Dass die Tante Elisabeth hier blieb, war für ihn zwar schön, aber der Großmutter fehlte sie bestimmt, und vielleicht war die deshalb so traurig.

6 NEUANFANG IN SCHWERER ZEIT

Rektor Christoph Knorr und seiner Frau Amanda war es nach einem Zwischenaufenthalt bei Tochter Anna in Oberleutensdorf gelungen, mit wenigen Habseligkeiten auf sächsisches Gebiet zu gelangen.

Einige Wochen hausten sie im Grenzdorf Einsiedel in einer armseligen Stube. Unglücklicher hätten die Umstände nicht sein können. Die Frau, die es gewohnt war, ein ordentliches Haus zu haben, versuchte, mit den wenigen Sachen Normalität vorzutäuschen, obwohl sie wusste, wie nutzlos ihr Mühen war. Eine Bettstatt fehlte, der Strohsack auf dem Fußboden, der immer rauchende Ofen, ein Tisch und zwei wackelnde Stühle stellten die ganze Einrichtung dar. Der Mann litt noch mehr als sie, ihm fehlte eine Arbeit. Wie glücklich war er jeden Tag in seine Schulstube gegangen, jetzt kam er sich so nutzlos vor. „Wollen wir dankbar sein", tröstete ihn seine Frau, „wenigstens hatten wir noch ein schönes Weihnachtsfest bei unserer Anna." Seufzend bestätigte er die doch so hilflos klingenden Worte.

Nach vier Wochen hielt er die Not und Untätigkeit nicht mehr aus. „So kann es nicht weiter gehen. Ich gehe aufs Schloss." Von einem Einwohner hatte er erfahren, dass in den Nachbarorten Lehrer und Geistliche fehlten. Zu viele seien in den letzten Jahren durch die Pest umgekommen. „Du als ein gescheiter Magister bekommst bestimmt eine Anstellung. Musst nach Neuhausen aufs Schloss gehen. Dort sitzt der Herr August von Schönberg, mit dem musst du reden. Mein Schwager hat erzählt, er wäre leutselig und würde Zugewanderte aufnehmen. Studierte Leute sind heutzutage Mangelware."

Amanda bestärkte ihren Mann in seinem Vorhaben. Sie wusste, wenn ihr Christoph noch länger tatenlos herumsitzen würde, wäre das sein Untergang. Er war kein Mensch, der den lieben Gott einen frommen Mann sein ließ, er brauchte eine Aufgabe.

An einem kalten klaren Februartag machte sich der Schulmeister auf den Weg. Über die alte Salzstraße, vorbei an einer Glashütte und den links aufragenden Schwartenberg, stieg er hinunter in das Dorf Neuhausen.

Von einer lichten Stelle aus entdeckte er im Tal das Schloss und in einiger Entfernung davon machte er einen Bau aus. Das schien die neue Kirche zu sein, von der ihm sein Nachbar erzählt hatte. Seine Hoffnung stieg. Wenn man eine Kirche errichtet, gibt es sicher auch eine Schulstube. Vielleicht brauchte man einen Lehrer. Einst hatte er schließlich an der Universität in Wittenberg studiert und ein ausgezeichnetes Zeugnis erhalten. Das wertvolle Papier trug er bei sich, mit einem gewissen Stolz dachte er, manch edle Herren seien nicht so gebildet wie er. Welch segensreiche Arbeit er allerdings in Jahren an der Schule in Brüx geleistet hatte, darüber konnte er kein Zeugnis vorweisen.

Bei Nacht und Nebel war er mit Amanda aus der Stadt geflohen, um nicht den Zwang der Jesuiten zu unterliegen. Aber schließlich hing man hier in Sachsen dem protestantischen Glauben an und er hoffte, dass ihm seine Standhaftigkeit vergolten würde. Mit diesen Gedanken, die ihm selbst Mut machen sollten, stieg er ins Dorf hinunter. Das von oben entdeckte Gebäude stellte sich beim Näherkommen als die neu errichtete Kirche heraus. Der Schnee bedeckte rund um das Bauwerk etliche Überreste von Steinen und Balken, konnte aber nicht verbergen, dass es noch viel zu tun gab. Dort war ein Mann zugange, der anscheinend bemüht war, ein wenig Ordnung zu schaffen.

Der Ankömmling blieb stehen und rief ein kräftiges „Grüß Gott" hinüber. Ehe der Aufräumer antworten konnte, trat aus der Kirche ein imposanter Herr hinzu. „Du musst die Steine dort an den Rand legen, die Holzreste kannst du gleich zum Pfarrhaus bringen", gab er Anweisung. Da entdeckte er den Fremden und kam auf diesen zu. „Woher des Weges?" „Stamme aus dem Böhmischen, war dort Rektor an der Schule in Brüx. Ich suche eine Anstellung als Schulmeister und will mein Glück auf dem Schloss versuchen." „Hast wohl Ärger mit den Jesuiten?" Der Mann kennt sich anscheinend aus, dachte Christoph. Zur Bestätigung nickte er nur. „Bin der Pfarrer hier, Naarhammer mein Name. Heute wirst du auf dem Schloss keinen antreffen. Die Herren sind auf der Jagd."

Für den Ankömmling war die Nachricht unerfreulich, nun hatte er den weiten Weg umsonst gemacht. Den Pastor interessierte des Fremden Schicksal. „Komm mit zu mir ins Pfarrhaus. Eine warme Stube und einen Krug Warmbier scheinst du zu brauchen." Gerne wurde die Einladung angenommen, zumal Naarhammer ihn tröstete, dass Herr August von Schönberg wahrscheinlich am Abend zurückkäme. Außerdem versprach er, ihn am nächsten Tag aufs Schloss zu begleiten. Gemeinsam gingen die beiden Männer zum nahe liegenden Pfarrhaus. Stolz zeigte der Pastor auf das Anwesen. „Eine neu erbaute Behausung! Im Stall stehen fünf Kühe und eine Kalbe. Etliche Felder und Wiesen gehören zum Pfarrgut, manche grenzen direkt ans Haus, auch etliche weiter abgelegene Stücken bringen Ertrag für die Pfarre."

Lehrer Christoph Knorr staunte über den Reichtum und sinnierte: „Bei einer so stattlichen Bauernwirtschaft hast du eine Menge Arbeit, kommst du da überhaupt noch zur Seelsorge?" Naarhammer lachte, „komm erst mal rein in die gute Stube, ich erklär dir gleich alles."

Sie traten in den Hausflur, von dem an einer Seite der Stall abging. Eine dralle Magd machte sich an einem Topfbrett zu schaffen, auf dem etliche Schüsseln und Töpfe aufgereiht standen. Der Hausherr öffnete die Küchentür, ein Strom warmer Luft kam ihnen entgegen. „Tür zu!", erschallte es aus dem Küchendunst heraus, „ich habe den Teig angesetzt, er verträgt keine Zugluft." Die Ankömmlinge beeilten sich, dem Befehl nachzukommen. Lachend trat ihnen eine junge Frau entgegen. Völlig ungeniert küsst sie den Pfarrer auf beide Wangen und sah fragend auf den Gast. „Hast du Besuch mitgebracht?" Christoph reichte der Frau die Hand und stellte sich vor. Ehe der Herr Pastor noch zu Wort kam, ordnete sie an: „Setzt euch nieder, gleich könnt ihr euch mit einem Krug Warmbier laben, auch Speck und Brot stehen schon bereit." Ein großer roter Tisch und eine Bank nahmen den hinteren Teil der Küche ein. Der große Ofen beherrschte den Raum, aus seinem unteren Teil ragte eine riesige Pfanne heraus. Über dem offenen Feuer hing ein Kessel, in dem eine Suppe blubberte, die einen angenehmen Duft verbreitete. Neben dem Ofen lagen etliche Holzstücke, die an die Bauholzreste erinnerten, die der Ankömmling auf dem Platz neben der Kirche gesehen hatte.

Alsbald standen die Krüge auf dem Tisch, von einem Brett nahmen sich der Pastor und sein Gast einen Kanten Brot und klein geschnittene Speckstücke. Christoph genoss es, satt zu werden und spürte, wie sich wohltuend Wärme in seinem Körper ausbreitete. Traurig dachte er an seine Amanda und an die Armseligkeit der Stube oben in Einsiedel. Die Hausfrau ließ die Männer allein, sie habe noch im Haus zu tun und müsse nach der Magd sehen, gab sie zu verstehen. „Pass auf, dass der Teig keinen Zug bekommt", ordnete sie noch an und verschwand. Mit einem satten Rülpser gab Naarhammer zu verstehen, es habe geschmeckt und er sei zufrieden. Nun verlangte er genauere Auskünfte von seinem Gast. Der böhmische Schulmeister erzählte von der protestantischen Gemeinde in Brüx, von ihrer Kirche, die sie mit Spenden aufgebaut und die man ihnen jetzt wieder genommen hatte. Auch von den Verfolgungen durch die Jesuiten erzählte er und wie er mit seiner Frau lieber die Heimat verlassen habe, als sich „bekehren" zu lassen. „Uns jammerte es sehr, Kinder und die lieben kleinen Enkelchen mussten wir verlassen. Meine Amanda leidet unter der Trennung fürchterlich. Wir hoffen, dass sich die Lage beruhigt und wir doch wieder mal heim können", seufzte er.

Der Hausherr wiegte zweifelnd den Kopf: „Vorläufig sieht es eher nach schlimmen Zeiten aus. Unser Kurfürst hat sich zwar bis jetzt aus dem Krieg heraus gehalten, aber auch er wird sich bekennen müssen. Doch auch ohne Krieg hatten wir genug zu leiden. Diese Teufelskrankheit raffte in den letzten Jahren so viele Menschen dahin." Ein wenig zweifelnd blickte der Besucher: „Dir ist der liebe Gott doch gewogen. Dein Haus ist gut bestellt und eine tüchtige Frau scheinst du auch an deiner Seite zu haben." Naarhammer nickte bestätigend: „Was die Frau betrifft, hast du richtig gesehen. Als ich vor einem Jahrzehnt nach Neuhausen kam, stand ich viel armseliger da. Aber schon im Jahr darauf nahm ich meine Betty zur Frau. Sie stammt aus der Familie meines Amtsbruders Stephan aus Pfaffroda. Daheim musste sie schon lange das Haus führen, da ihre Mutter leidend war."

Sinnend fuhr er fort: „Eine tüchtige Pfarrersfrau hat mir der liebe Gott an die Seite gestellt. Sie sorgt für Ordnung im Haus. Wenn unsere Bauern gar zu zögerlich sind, mir den Zehnt zu bringen oder ihre Dienste auf den Pfarrfeldern vernachlässigen, bringt sie es auch fertig und geht in deren Häuser. Über die Bauersfrauen gelingt es ihr fast immer, dass die Männer und Söhne ihre Pflichten erfüllen." Naarhammer klärte den böhmischen Schulmeister über Zusammenhänge auf, von denen er als Stadtmensch bisher keine Ahnung gehabt hatte. „Wenn es den Bauern schlecht geht, hat auch der Seelsorger zu leiden. Krankheiten und Krieg schmälern die Erträge, und wenn der Landmann für sich und seine Familie nicht genug zu beißen hat, kann man es ihm nicht verdenken, wenn er nachlässig abgibt."

Lange noch saßen die Männer zusammen. Als der Abend heranrückte, zündete die Hausfrau eine Kerze an und setzte sich zu ihnen. Liebevoll legte ihr der Gemahl den Arm um die Schulter und sah sie prüfend an: „Was bedrückt dich, meine Liebe?" Es schien, als hätte die Frau nur auf die Frage gewartet. „Sie ist wieder da, die Geißel Gottes." Sofort wussten die beiden Männer, wovon sie sprach. Es schien wiederum einen Pestfall zu geben. Naarhammer stöhnte auf: „Nimmt das denn nie ein Ende!"

Er wollte von der Frau wissen, wen die Krankheit diesmal getroffen hatte. Betty berichtete, im Nachbardorf Dittersbach sei wohl der Ursprung zu finden. Dort hatte vor wenigen Monaten ebenso wie in Neuhausen die Pest gewütet. Nun habe ein Verwandter aus Olbernhau, der Gastwirt Wenzel, etliche Kleider eines Verstorbenen geerbt und diese mit heim genommen. Sie habe gehört, dass dort nun schon etliche Leute erkrankt seien. Der Pastor beklagte, dass sich die Ansteckungsgefahr über Jahre in den Kleidern halten würde und man schon richtig daran täte, wenn sich die Kranken innehalten müssten. „Diese Seuche greift wie ein Lauffeuer um sich und ist durch nichts aufzuhalten. In Freiberg hat man vor Jahren den Hausrat aus Pesthäusern in einer alten Tongrube verscharrt. Als nach zehn Jahren dort einer Ton holte, brach die Krankheit sofort wieder aus." Der Pastor faltete die Hände: „Beten wir zum Herrgott, dass er uns diesmal verschonen möge." Die Frau und der Gast folgten seiner Aufforderung und inbrünstig baten sie den Herrgott ."..und bewahre uns vor dem Bösen..."

Unruhig verbrachte der Schulmeister die Nacht. Immerzu musste er an seine Amanda denken und auch um die Kinder und Enkel sorgte er sich. Nicht nur Verfolgung und Krieg drohten ihnen, auch die schreckliche Seuche würde wieder ihre Opfer fordern. Davor war niemand sicher. Er hoffte nur, sein Gang zum Schloss würde wenigstens eine Anstellung einbringen, die ihn und seine Frau ernährte.

7 DIE GEISSEL GOTTES

Fast ein halbes Jahr lebten Christoph und Amanda nun schon in der kleinen Stadt Sayda. Der Herr von Schönberg hatte sich gnädig gezeigt und dem Brüxer Rektor eine Stelle an der Lateinschule zugesprochen.

Die Stadt hatte in den letzten Jahrzehnten etliche schlimme Schicksalsschläge ertragen müssen. 950 Menschen raffte die Pest hinweg, und als wäre das nicht genug Unglück, wurden auch noch durch einen gewaltigen Brand 200 Häuser in Schutt und Asche gelegt. Auch die Schule, das Rathaus, die Kirche und alle Vorräte gingen in Flammen auf. Noch nach Jahren gab es keinen Unterricht für die Kinder, denn auch die beiden Lehrer waren Opfer der Seuche geworden. Als die beiden Zuwanderer in die Stadt kamen, waren die Wunden noch sichtbar. Das Paar konnte sich in einem kleinen Häuschen einrichten, welches allerdings nicht im Geringsten ihrer schönen Wohnstatt in Böhmen glich. Sie trösteten sich jedoch und hofften, irgendwann einmal wieder heimkehren zu können.

Dreißig Knaben unterrichtet Christoph und für jeden Schüler bekam er in der Woche einen Pfennig. Das war zu wenig, um davon leben zu können, zumal die Eltern der Kinder oft wegen eigener Armut nicht zahlen konnten. An manchem Abend saßen Amanda und der Mann zusammen und hatten kaum einen Bissen Brot auf dem Tisch. Vor wenigen Tagen richtete er wieder einmal ein Bittgesuch an die Herrschaft, in dem er um ein wenig Feuerholz bat. Wenn er und seine Frau schon hungern mussten, wollte er wenigstens eine warme Stube haben. Die Not quälte ihn, seine Frau tat ihm unsagbar leid. Wie gut hatten sie daheim gelebt! Der Tisch war für sie und ihre Kinder immer gedeckt gewesen. Freilich, Reichtümer konnten sie auch in Brüx nicht anhäufen. Aber die Stadt zahlte ein angemessenes Salär und man war nicht nur auf die Schulgelder der Eltern angewiesen. Die Frau sah ihrem Mann die Unzufriedenheit an und wollte trösten: „In dieser Woche feiert der Müller-Bäcker die Taufe seines Sohnes, zum Festmahl muss er uns einladen und wir können uns wieder einmal richtig satt essen. Acht verschiedene Kuchen will er backen und ein Schwein zum Schlachten soll er auch bestellt haben."

Kirchendienste für einen Hungerlohn oder ein gnädig gewährter Platz an einer Hochzeitstafel wären daheim unter des Rektors Würde gewesen. Was als Trost gedacht war, bewirkte das Gegenteil. Zornig fuhr der Mann auf: „Ist das nicht entwürdigend, wie man uns behandelt! Ich habe gedacht, Standhaftigkeit im Glauben wird einem in Sachsen vergolten." Amanda konnte nur erwidern: „Du siehst doch wie arm die Leute sind. Krankheit und der Stadtbrand haben sie fast alle ins Elend gestürzt." Er sah ja ein, dass sie die Wahrheit sprach, schaffte es jedoch nicht, sich mit der eigenen Not abzufinden.

In dieser Nacht konnte Christoph nicht einschlafen, wälzte sich auf seinem Lager hin und her. Wie konnte er nur aus der Not herauskommen? Tröstend strich ihm seine Frau über den Arm. „Versuche zu schlafen. Hat uns der Herrgott bis hierher geholfen, wird er uns auch künftig nicht verlassen." Er holte tief Luft und gab so seiner Hoffnungslosigkeit Ausdruck. Irgendwann war er doch eingeschlafen und erwachte erst, als ihn seine Frau leise rüttelte: „Steh auf, es gibt schlechte Nachrichten." Verzweifelt dachte er: Was denn sonst?

Eine Botschaft war von Neuhausen gekommen, die das Ehepaar kaum fassen konnte. Ihr guter Freund, Pastor Naarhammer, der ihnen so viel geholfen hatte, war, wie viele seiner Gemeindeglieder, ein Opfer der Pest geworden. Schon am nächsten Tag sollten er mit noch acht weiteren Toten auf dem Pestacker außerhalb des Dorfes begraben werden. Knorr war sich wohl bewusst, in welche Gefahr er sich begab, war jedoch fest entschlossen, seinem Freund die letzte Ehre zu erweisen. Als er sich am anderen Morgen auf den Weg machte, zeichnete Amanda das Kreuz auf seine Stirn: „Komm gesund und bald wieder heim."

Vom Bergflecken Seiffen herunter war der Pfarrer Leonhardi, ein ebenfalls aus Böhmen Vertriebener, gekommen. Er hielt eine zu Herzen gehende Andacht. „Am 28. September ist Herr Johann Naarhammer, unser lieber Seelsorger, an der Pestilenz in Gott selig entschlafen", begann er seine Predigt. Er würdigte die viele Jahre währende aufopferungsvolle Arbeit des Verstorbenen.

Eine große Trauergemeinde konnte sich nicht einfinden. Außer seiner Frau Betty stand nur Schulmeister Knorr am Grab. Die Gefahr der Ansteckung verbot jede Ansammlung von Leuten. Der Schulmeister ließ es sich jedoch nicht nehmen, gemeinsam mit Leonhardi, noch einmal im Gasthof einzukehren. Er hoffte, Neuigkeiten aus Böhmen zu erfahren und suchte einen Gesprächspartner, der das gleiche Schicksal zu ertragen hatte. Schreckliche Nachrichten bekam er auch hier wieder zu hören. „Die Leute wissen sich nicht mehr zu helfen. Sobald in einem Haus die Krankheit vermutet wird, müssen sich alle innehalten. Früher versorgte man sie, indem man in einiger Entfernung von ihrer Wohnstätte Nahrung hinstellte, die sie sich des Nachts holen konnten. Nun hat die Gottesgeißel so um sich gegriffen, dass sich keiner mehr um den anderen kümmern kann. Jeder ist sich selbst der Nächste. Kinder werden krank in Hütten zurückgelassen, die Eltern fliehen, alte Leute überlässt man ihrem Schicksal, sie gehen elend zu Grunde", klagte der Pastor.

Die Männer kamen zu dem Schluss, die Angst vor der Seuche vernichte alle Menschlichkeit. Christoph konnte nur bestätigen, was er hörte. „Unseren Totengräber befahl man vor Gericht, er schaffte es einfach nicht, alle Opfer sofort unter die Erde zu bringen und ließ sie offen auf dem Acker liegen. Manchmal musste er die Toten übereinander stapeln, weil nicht genug Platz vorhanden war. Nun wirft man ihm vor, durch Nachlässigkeit die Seuche noch weiter verbreitet zu haben. Was sollte der arme Mann aber tun? Sein Dienst ist schwer genug, nun droht ihm auch noch der Kerker." Nach kurzem Schweigen erzählte der Schulmeister: „Manchmal bringt die Angst auch Wunderliches hervor. In Sayda durfte der Bürgermeister mit seiner Familie sechs Wochen das Haus nicht verlassen. Eine seiner Mägde starb plötzlich. Später stellte sich heraus, sie hatte warmes Brot gegessen, Milch und sogar Bier darauf getrunken. Das brachte sie um." Ihr Gespräch zog sich bis in den späten Abend hin und konnte keinem der beiden Trost spenden.

Amanda wartete voller Sorge auf ihren Mann. Als sie bei seiner Heimkehr spürte, wie verzweifelt er war, machte sie ihm keine Vorwürfe. Frierend saß sie in der kalten Stube und mahnte nur, nun müsse man sich aber endlich zur Ruhe begeben, er könne ihr am nächsten Morgen alles erzählen. Lieber wäre es ihm gewesen, wenn er gleich noch seine Sorgen hätte ausbreiten können. Er sah aber ein, die Frau musste lange auf ihn warten und merkte, dass ihr kalt war.

Was er nicht ahnte, am anderen Tag konnte er ihr nichts mehr mitteilen. Seine Amanda fieberte stark und war nicht ansprechbar. Anfangs dachte er, sie habe sich erkältet. Als er aber geschwollene Stellen an ihrem

Hals entdeckte und sie völlig ohne Bewusstsein dalag, erkannte er mit Schrecken, was sie krank machte. Drei Tage lag sie hilflos und fiebernd, dann wurde sie auf den Pestacker gebracht.

Der Mann durfte das Haus nicht verlassen. Mitleidige Seelen stellten ihm manchmal eine Suppe oder ein Stück Brot vor die Tür. Er wartet auf den Tod und rührte die Gaben kaum an. Ohne seine Amanda wollte er nicht mehr weiter leben. So viele gute Jahre hatten sie miteinander verbracht, vier Töchter zusammen groß gezogen und sich an den Enkelkindern erfreut. Auch die vielen schweren Monate der letzten beiden Jahre ertrug sie tapfer, stets sprach sie ihm Mut zu. Wer tröstet ihn jetzt? Nein, ohne die treue Gefährtin konnte er das Elend nicht ertragen! An manchen Tagen haderte er gar mit seinem Herrgott. Wie konnte er nur all das viele Leid zulassen?

Der ehemals stattliche Herr Rektor verwilderte, er stand von seinem Lager nicht mehr auf und wünschte sich, der „Schwarze Tod" möge auch ihn holen. Aber die Krankheit verschonte den Verzweifelten. Nach Wochen trommelte es an seine Tür, ein Bote vom Schloss stand draußen. Er möge sich am anderen Tag beim Herrn einfinden, wurde befohlen. Teilnahmslos gab er nicht zu erkennen, ob er die Botschaft verstanden habe und schloss seine Tür einfach wieder. Stundenlang saß er am Tisch und stierte vor sich hin. Auf einmal kam ihm eine Erleuchtung. Wenn der Herr Boten ausschickte, schien die Seuche wohl vorerst gebannt zu sein. Ihn hatte sie verschont! Er wusste nicht, ob er darüber froh sein sollte. Schließlich erhob er sich, machte Wasser heiß und säuberte seinen verwahrlosten Körper. Die Baderei war wegen der Pest schon monatelang geschlossen. Er dachte, er solle sich rasieren und erkannte in dem kleinen Spiegel, den seine

Gute manchmal heimlich benutzt hatte, mit diesem verwilderten Bart und den schulterlangen Zotteln könne er dem Herrn nicht vor die Augen treten.

Also trat er nach Wochen wieder aus seinem Haus. Die Straße war still wie an einem Feiertag. Nur einige Schweine suhlten sich im Unrat. Die Baderei lag wie ausgestorben. Knorr hämmerte an die Tür, nach einiger Zeit sah der Bader durch einen Spalt und schien von dem Anblick überrascht zu sein. „Schulmeister, du lebst ja", stieß er hervor. Der knurrt wie ein böser Hund: „Wie du siehst! Ich brauche eine Rasur und einen Haarschnitt." Zögernd öffnete sich das Tor nun ganz. „Wir dürfen keine Bäder machen, du weißt doch, die Seuche." Christoph raunzte: „Hab ich von baden was gesagt? Die Haare müssen runter." Als der Mann immer noch zögerte, „bin aufs Schloss bestellt, so kann ich nicht gehen." Dieses Argument wirkte. Wenn der Herr von Schönberg den Mann bestellt hatte, gibt es einen wichtigen Grund und so kann man einen Schulmeister nicht vor einen hohen Herrn treten lassen, erwog der Bader. Womöglich bekäme er sogar noch Ärger. Dem Verwilderten wurde eine lange Prozedur zuteil und als er wieder auf die Straße trat, ähnelte er einigermaßen dem einstigen Lehrer.

Mit tiefsinnigen Gedanken sah der Bader seinem Kunden hinterher. Abgezehrt und hohlwangig sieht er zwar immer noch aus, aber wenigstens sauber barbiert kommt er daher. Wenn er sich noch in seinen Sonntagsstaat wirft, wird er auf dem Schloss schon bestehen können. Daheim holte Christoph den guten Gehrock aus der Truhe, bürstete ihn ab und stellte fest, dass er viel zu weit war. Egal, er besaß keinen anderen! Also zog er Hosen und Gehrock über und machte sich auf den Weg.

Der Herr wartete anscheinend schon auf den Saydaer Schulmeister. Freundlich tat er sein Beileid kund.

„Wir müssen in dieser schweren Zeit alle viel ertragen. Doch unser Seelenheil dürfen wir bei all dem Unglück nicht vergessen. Unser lieber Pastor Naarhammer fehlt sehr." Nach einer kurzen Pause kam er zur Sache: „Mir scheint Er sei der richtige Mann für die Stelle. Gebildet und wortgewandt schildern Ihn meine Stadträte in Sayda. Das Pfarrhaus steht bis auf eine Magd leer. Des Pastors Angetraute ist wieder nach Pfaffroda ins Vaterhaus zurückgekehrt. Auch dort herrscht große Not. Fünfzig Leute sind gestorben, darunter auch der Schwiegervater von unserem Naarhammer. Fünf Jahrzehnte hat er treu sein Amt versorgt", sprach der Herr mit Achtung in der Stimme. Wurde sogleich wieder sachlich: „Am Sonntag hält Er die Predigt in der Schlosskapelle für meine Familie, danach übernimmt Er die Pastorenpflichten für die hiesige Gemeinde. Auch die anderen zum Kirchspiel gehörenden Dörfer sind zu betreuen." Völlig überrascht nahm Christoph den Befehl entgegen. Eigentlich war es ja eine Ehre, was man ihm auftrug.

Erst auf dem Heimweg wurde dem neu ernannten Pastor bewusst, er würde in die reiche Pfarre einziehen und müsse nicht mehr Hunger leiden. Mit voller Wucht packte ihn die Verzweiflung. So große Not musste sie mit ihm ertragen, seine Amanda. Nun, da es endlich einen Ausweg aus der Armseligkeit gab, konnte sie das nicht mehr erleben! Aller angestaute Kummer, der in seinem Inneren wie ein Eisblock gelegen hatte, löste sich auf. Der Mann weinte auf dem ganzen Weg. Er schämte sich nicht, laut schluchzend wanderte er durch den Bergwald. Eine winzig kleine Hoffnung keimte – vielleicht würde er doch weiterleben können. Er beschloss, endlich einen Brief an seine Töchter drüben in Böhmen zu schreiben und die Nachricht irgendwie auf den Weg zu bringen. Sie wussten noch nicht einmal, dass die Mutter nicht mehr lebte.

8 NOT UND HILFE

Die schlimme Kunde traf die Schusterfamilie völlig unerwartet und zu einer Stunde, da sie selbst in größter Seelennot war. Seit Tagen berieten die Eheleute, wie sie weiterleben sollten. In den letzten Jahren hatte man die meisten Protestanten, die ein geistliches oder Lehramt ausübten, aus dem Land getrieben. Die katholische Kirche hegte die Hoffnung, die anderen Stände, nunmehr ohne Führung, würden zum katholischen Glauben zurückkehren. Da sich diese Erwartung jedoch nicht erfüllte, griff sie zu drastischeren Mitteln. Man stellte die Betroffenen vor die Wahl, den Schwur zu leisten oder die Heimat zu verlassen.

Gustav hielt, gerade als der Bote mit der traurigen Nachricht eintraf, ein Papier in der Hand, auf dem der Wortlaut des Eides geschrieben stand. Er hatte seiner Maria vorgelesen:

„ Ich... bekenne vor Gott und allen Heiligen, dass ich heute ungezwungen, ungedrungen, freiwillig von Grund meines Herzens zu der allein selig machenden uralten, römisch, katholischen Religion bin gekommen, gelobe, schwöre und zusage, auch mit aufgereckten Fingern, dabei standhaft bis am mein Lebensende zu bleiben. So wahr mir Gott helfe und die heilige Jungfrau Maria und alle Heiligen."

„Freiwillig und ungezwungen...", stieß Gustav empört hervor. Bis vor wenigen Tagen waren in ihrem Haus sechs Dragoner einquartiert gewesen. Nicht nur die Soldaten, auch deren Pferde hatte die Familie unterhalten müssen. Glücklicherweise konnte sich Gustav mit dem Anführer der Truppe verständigen. Er erklärte sich bereit, deren

Schuhwerk in Ordnung zu bringen. Das brachte ihm die „Gnade" ein, dass man seine Maria nicht aufs Heu warf, sondern sich täglich nur drei fette Mahlzeiten von seiner Frau kochen und servieren ließ. Da die Einquartierung 26 Tage andauerte, stand seine Familie jetzt am Rande des Ruins. Seine Frau tat ihm unsagbar leid. Neben dem Kochen plagte sie sich ab, den ekelhaften Dreck, den die Kerle bei ihren Saufgelagen hinterließen, wenigstens einigermaßen zu beseitigen. Maria hauste mit den beiden Kindern in einer winzigen Dachstube. Nur in seine Werkstatt ließ er die Horde nicht hinein. Er machte dem Anführer klar, wenn er die Stiefel reparieren solle, brauche er Ruhe und Ordnung.

Die Kinder waren die meiste Zeit bei Elisabeth untergekommen. Hilda schreckte jede Nacht mit Angstschreien aus dem Schlaf und verkroch sich, wenn sie nur einen Soldaten sich nähern sah. Über Jan wunderten sich die Eltern, ihm schien die Einquartierung nichts auszumachen. Die Mutter hatte gar den Eindruck, dass er mit Bewunderung das rüde Auftreten der Söldner beobachtete. Mit Vorliebe hielt er sich in deren Nähe auf und konnte sich über die oft zotigen Reden köstlich amüsieren. Maria beunruhigte das Verhalten des Sohnes weit mehr als die Angst des Mädchens. Sie fand es nicht normal mit welcher Begeisterung Jan die Nähe der Landsknechte suchte.

Gustav erzählte sie vorläufig nichts von ihren Beobachtungen. Einmal hatte sie versucht, dem Sohn ins Gewissen zu reden und ihm vorsichtig klar zu machen, es handle sich nicht um Helden, die da in ihrem und vielen anderen Häusern ihr Unwesen trieben. Der Junge hatte sie verwundert angesehen. „Das sind freilich Helden! Was die schon alles erlebt und gesehen haben. Sie kämpfen für den Kaiser und erobern sich dabei noch massenweise Schätze. Wenn der Krieg vorbei ist, sind die allesamt reich. Gerne würde ich mit ihnen in die Schlacht ziehen." Erschüttert hörte sich die Mutter die Reden des Dreizehnjährigen an. Sie befahl ihrem Jungen, sich zu ihr an den Tisch zu setzen, was er äußerst widerwillig tat. Dann fasste sie nach seiner Hand und zwang ihn, ihr in die Augen zu sehen. Sie wusste, lange Predigten würden nichts ändern und so sprach sie nur einen Satz: „In einer Schlacht werden Menschen getötet und ich möchte nicht, dass du dazu gehörst."

Maria ahnte, der Junge hatte sie nicht verstanden, und sie hoffte nur, die schreckliche Zeit wäre bald vorbei. Als nun noch die Nachricht vom Tod der Mutter eintraf, brach sie, die bis jetzt ihren Mann stets tapfer getröstet hatte, in Tränen aus und konnte sich gar nicht wieder beruhigen. Die beiden Kinder standen ratlos daneben. Erschüttert sah auch der Vater den Zusammenbruch seiner Frau, und es erging ihm wie seinen Sprösslingen. Schließlich, als alle Trostworte nicht bis zu Maria durchdrangen, befahl er Jan, Tante Elisabeth zu holen.

Als die hörte, was geschehen war, eilte sie sogleich herbei, nahm ihre Schwester in den Arm und sprach kein Wort. Gustav winkte die beiden Kinder in seine Werkstatt und ließ die Frauen allein in ihrem Schmerz. Ihm war klar, sie brauchten Zeit, um sich an den Gedanken zu gewöhnen, dass die Mutter nicht mehr lebte und der Vater nun allein in der Fremde war. Endlich, nach einigen Stunden kam Elisabeth in die Werkstatt und flüsterte: „Eure Mutter schläft jetzt. Ich habe ihr einen Tee aus Baldrianblättern gegeben. Lasst sie in Ruhe, ich komme gegen Abend wieder vorbei."

Auch ihr war die Erschütterung anzumerken. Gustav spürte jedoch, dass Elisabeths tätige Hilfe auch in dieser schlimmen Lage nach einem Ausweg suchte. Er hatte richtig vermutet. Als die junge Frau am Abend wieder kam, erläuterte sie dem Schusterehepaar ihren Plan. „Den Vater kann ich jetzt unmöglich allein lassen. Ich gehe hinüber nach Neuhausen. Ihr überlegt, wie ihr euch entscheiden wollt. Entweder ihr leistet den Schwur", dabei zeigte sie verächtlich auf den Zettel, der noch auf dem Tisch lag, „oder ihr kommt schnellsten nach."

Genau diese Gedanken trieben die Schustersleute seit Wochen um. Sie mussten auch an die Kinder denken. Konnten sie die einer ungewissen Zukunft in einer fremden Umgebung aussetzen? Wie sollten sie ihren Lebensunterhalt in Sachsen finden? Sie brauchten ein Dach über dem Kopf. All diese Zweifel besprachen sie, wussten aber auch, sie konnten ihren Glauben nicht verraten.

Der Vater hatte Hilda zu Bett gebracht, der Junge saß bei den Erwachsenen und hörte gespannt zu. Lange war er still, wie es sich für ihn gehörte. Als jedoch von Auswandern gesprochen wurde, konnte er sich nicht länger beherrschen und erklärte eifrig, man müsse unbedingt zum Großvater. Seine Mutter merkte sofort, ihm ging es weniger um den Großvater, den Jungen lockte das Abenteuer. Sie bedeutete ihm, das sei eine Entscheidung, die von den Eltern zu treffen wäre und er solle still sein. Gustav war anderer Meinung: „Lass den Jungen doch reden, er ist schließlich bald erwachsen und ihn geht es schon an, ob wir gehen oder bleiben."

Maria erwiderte nichts darauf, dachte sich jedoch, es sei wie immer, der Mann sah an dem Sohn nur die guten Seiten. Manchmal befürchtete sie, er verehre den Jungen regelrecht und ließ ihm zu viel durchgehen. Freilich, in der Schusterei half er wie ein Großer, er kannte sich aus mit dem Handwerk seines Vaters. Klug war er auch und sein Lehrer meinte, man müsse ihn auf eine Universität schicken. Ihr gefiel aber nicht, wie selbstherrlich er sich aufspielte und oft über seine Freunde gar abfällig sprach. Die Frau musste sich eingestehen, auf diesem Auge war ihr Gustav blind. Sie wusste aber auch, im Moment ließe sich das nicht ändern. Elisabeth würde über die Grenze gehen und ihrer Familie blieb dieser schwere Weg anscheinend auch nicht erspart. Was sie in den Wochen der Einquartierung ertragen hatte, wollte sie nicht noch einmal durchmachen.

Am nächsten Morgen kam die Schustersfrau in die Werkstatt, setzte sich auf Jans Schemel und der Mann spürte, sie bedrückte etwas. Fragend sah er ihr in die Augen. „Wir können Elisabeth nicht allein über die Berge gehen lassen", sprangen die Sorgen aus ihr heraus. „Überall treibt sich Kriegsvolk auf den Straßen herum und was diese Bande mit einer jungen Frau, die allein daher kommt, anstellt, kannst du dir selbst denken." Ungewöhnlich lange schwieg Gustav und schaute die Besorgte an. „Ich kann dich und die Kinder aber nicht allein lassen. Was du für deine Schwester befürchtest, wird sogleich dich treffen. Du hast sie doch erlebt, als sie in unserem Haus einquartiert waren." Bestätigend nickte Maria. „Du sollst auch nicht mit ihr gehen, aber der Junge wäre wenigstens eine kleine Sicherheit." Gustav erstaunte der kühne Gedanke seiner Angetrauten. Maria, die stets wie eine Glucke ihre Küken behütete, wollte Jan solcher Gefahr aussetzten? „Der Junge ist alt genug, liebt Elisabeth abgöttisch, er wird sie beschützen", begründete sie ihren Vorschlag. Der Mann konnte und wollte ihren Plan nicht widersprechen. „Beim Großvater werden ihm seine Flausen vom tapferen Krieger vielleicht ausgetrieben", stimme er zu. „Hol Elisabeth her, wir wollen das mit ihr bereden." Diese Reaktion zeigte der Frau, er hatte die ungute Entwicklung des Sohnes durchaus bemerkt.

Nach kaum einer Stunde saß die Schwägerin am Küchentisch und hörte erstaunt, was die Schwester und ihr Mann vorschlugen. Die Schustersleute merkten sofort, wie erleichtert sie war. Eine schlaflose Nacht lag hinter ihr, Ängste und Unsicherheit hatten wie ein Alb auf ihr gelegen. Weder kannte sie den genauen Weg, noch konnte sie sich vorstellen, wie sie sich verhalten solle, wenn sie Söldnern oder anderem Raubgesindel begegnen würde. Ihr Neffe war zwar noch ein halbes Kind, aber groß, kräftig und gewitzt wie er war, würde er ihr doch ein wenig Schutz geben. Als sich die Drei einig waren, rief Maria nach dem Jungen. Der hatte sich schon gewundert, was da in der Küche verhandelt wurde. Ohne jede Einleitung klärte ihn sein Vater auf: „Wir wollen, dass du die Tante auf dem Weg zum Großvater beschützt und ihr hilfst. Wenn Elisabeth allein geht, scheint uns das zu gefährlich. Du bist alt genug, um Verantwortung zu tragen." Wie vom Donner gerührt stand der Junge, es brauchte eine Zeit, bis er begriff, was sich die Eltern ausgedacht hatten. Ungläubig sah er den Vater an: „Über das Gebirge zum Großvater?" Gustav nickte. Nun kannte der Jubel keine Grenzen, das große Abenteuer lockte! „Meine Armbrust nehme ich mit, keiner soll sich wagen, der Tante etwas zu tun." „Langsam, langsam", bremste der Vater, „kennst du überhaupt den Weg?" Kleinlaut musste Jan eingestehen, so genau wüsste er nicht, wie man am besten hinüber nach Sachsen käme. „Wir werden erst alles genau bedenken, ehe ihr loszieht. Als ich noch jung war, so alt wie du, war ich oft oben im Gebirge. Meine Großmutter lebte in einem Dorf nahe an der Grenze. Den Weg kenne ich genau, ich werde euch aufzeichnen, wie ihr laufen müsst. Ob die Gegend heutzutage allerdings gefährlich ist, kann ich nicht sagen." Ernsthaft ergänzte er: „Du hast nur eine Aufgabe: die Tante sicher nach Neuhausen zu bringen. Allem Kriegsvolk geht ihr aus dem Weg. Versteckt euch lieber, als es auf ein Treffen mit fraglichem Gesindel ankommen zu lassen."

Nach zwei Tagen waren alle Vorbereitungen abgeschlossen. Maria und Gustav verabschiedeten sich: „Grüßt den Großvater von uns. Bald sehen wir uns alle in Sachsen wieder." In der Morgendämmerung verließen Elisabeth und Jan die Stadt. Auf Waldpfaden am Fuße des Gebirges liefen sie in nördliche Richtung. Anfangs ging es nur leicht bergan. Jan, der scheinbar mühelos den schweren Tornister trug, schritt schnell voraus. Stolz und glücklich fühlte er sich an diesem Morgen und sehr erwachsen. Eine so wichtige und vielleicht gar gefährliche Wanderung hatte noch keiner seiner Altersgenossen zu bewältigen gehabt. Endlich war er der Langeweile daheim entflohen! Bis vor einigen Wochen, als sie die Dragoner im Haus hatten, da war das Leben spannend gewesen! Freilich, laut und unflätig führten sie sich auf, die Söldner. Manchmal tat ihm die Mutter schon leid, wenn sie jeden Tag Riesentöpfe für die Kerle kochen musste und immer wieder vergeblich versuchte, das Haus nicht ganz im Dreck versinken zu lassen. Aber die Männer waren schließlich Kämpfer-Helden! Ihr Leben setzten sie aufs Spiel, wenn sie in die Schlacht zogen. War es da ein Wunder, wenn Rücksicht, Sauberkeit oder gar Dankesworte keinen Platz in ihrem Leben hatten?

Mit einem der Landsknechte freundete sich Jan an, so dachte er wenigstens. Er konnte nicht einschätzen, dass jener, der sich Arnold der Einäugige nannte, den Sohn des Schusters nur in seiner Nähe duldete, weil dessen Bewunderung seiner Eitelkeit schmeichelte. Immer neue Abenteuergeschichten erzählte er. Aus jedem Scharmützel war er, der tapfere Arnold, als Sieger hervorgegangen.

In solch einer ruhmreichen Schlacht verlor er auch sein linkes Auge und trug die schwarze Binde stolz wie einen Orden. Dass seine Kameraden hämisch hinter des „Helden" Rücken lästerten, er habe bei einer Wirtshausprügelei die Blessur erlitten, weil er noch besoffener als sein Widersacher war, wusste Jan nicht. Er lief dem Einäugigen wie ein Hündchen hinterher, erfüllte ihm jeden Wunsch und wäre am liebsten mit ihm gezogen. Die Warnungen der Eltern prallten von ihm ab. Ein spannendes Leben, wie sein Idol es führte, wünschte er sich. Dass er jetzt allein, nur mit der Tante, eine so große Strecke durch feindliches Gebiet bestehen sollte, war in seiner Phantasie ein erster Schritt zum Helden, zu Ruhm und Reichtum.

Elisabeth schien gar nicht so schutzbedürftig zu sein. Ohne Mühe hielt sie Schritt und machte ihren Neffen nebenbei noch auf die Schönheiten des morgendlichen Waldes aufmerksam. „Sieh nur, wie sich die Netze der Spinnen zwischen den Zweigen spannen. Ganz straff sind sie, da wird ein schöner Tag." Jan wunderte sich, woher sie das wissen wolle. „Wenn die Weben locker hängen, ist mit Wind und Regen zu rechnen. Ein straff gespanntes Netz reißt schneller."

Nun hatte der Junge etwas zum Nachdenken. Woher so kleine Tiere wohl wüssten, wie das Wetter sich entwickelte? Aber leicht atmen ließ es sich an diesem Morgen und wenn es weiter so gut vorwärts ging, konnten sie ihr Tagesziel erreichen. Der Vater hatte genau Anweisung gegeben: „Bis unters Schloss Eisenberg müsst ihr, das ist bis zum Abend zu schaffen. Dort wohnt rechts vom Wege, der direkt hinauf zum Schloss führt, der Ewald. Er ist ein alter Freund und wird euch für die Nacht aufnehmen."

Allmählich stiegen sie höher in die Berge, tat sich eine Lichtung auf, bot sich ein herrlicher Blick auf die

Heimatstadt und das umliegende Land. Die Sonne stand nun schon am Himmel und nicht ein Wölkchen war zu sehen. „Machen wir eine Rast", ordnete die Frau an. Eine freie Stelle bot ihnen einen Platz zum Sitzen, ein kühles Bächlein sprudelte bergab. Aus einem Tuch wickelte sie einen Kanten Brot und auch ein Stück Speck hatte ihnen Maria eingepackt. Das Wasser aus dem Bach stillte ihren Durst. Fast ein wenig enttäuscht dachte Jan, diese Reise sei fast wie ein Schulausflug und kein bisschen abenteuerlich.

Nach der Rast wanderten die beiden immer weiter bergan. „Dein Vater meinte, wenn wir nicht aufgehalten würden, könnten wir noch vor dem Abend bei diesem Ewald sein." Kaum hatte Elisabeth hoffnungsvoll diesen Gedanken geäußert, blieb sie abrupt stehen. Fragend sah sie der Neffe an. „Hörst du nichts?" Jan lauschte, jetzt vernahm er es auch, vor ihnen auf dem Weg schien sich eine Gruppe Leute zu nähern. Laut wurde geredet, die Stille des Waldes unterbrochen. Auch Waffenklirren konnten sie ausmachen. An die Worte seines Vaters sich erinnernd, flüsterte der Junge: „Gehen wir ins Gebüsch, dort drüben scheint mir ein gutes Versteck zu sein." Flink huschten sie ins Dickicht, duckten sich und hielten unwillkürlich den Atem an.

Nach kurzer Zeit näherten sich etwa ein Dutzend Reiter, laut krakeelend und lachend bewegten sie sich nur wenige Meter an ihnen vorbei. „Das war knapp", flüsterte Jan, „wir warten noch eine Weile." Als es lange Zeit still blieb, schien die Gefahr vorbei. Trotzdem gingen sie nicht auf dem ausgetretenen Pfad weiter, mühsam stolpernd bewegten sie sich durch das Gestrüpp vorwärts. Plötzlich trat der Wald etwas zurück, eine kleine Lichtung tat sich auf. Um ein Lagerfeuer saßen etliche Landsknechte.

Überrascht blieben Jan und Elisabeth stehen. Auch die Männer schienen nicht mit Gästen gerechnet zu haben. Noch ehe sich Tante und Neffe zurückziehen konnten, überwanden die Soldaten die Verblüffung. Laut johlend tönte es ihnen entgegen: „Welche Vögelchen kommen uns denn hier zugeflogen?"

Einer, der ihr Anführer zu sein schien, brüllte: „ Und sogar ein Schätzchen mit Rock! Komm nur her, auf dich haben wir gerade gewartet. Eine Sau am Spieß und ein sauberes Frauenzimmer dazu, Männer, heute meint es der Herrgott gut mit uns." Dabei schwenkte er den Branntweinkrug, aus dem er und all die Kerle anscheinend schon etliche Schluck intus hatten. Jan überlegte blitzschnell. Fliehen war zwecklos. Im Hinterkopf kam ihm der lächerliche Gedanke: Jetzt hast du dein Abenteuer. Aber im gleichen Moment wusste er, jetzt galt es den Auftrag der Eltern zu erfüllen, er musste Elisabeth schützen. Was die Söldner mit der Tante anstellen würden, wusste er trotz seiner Jugend ziemlich genau. Wie oft hatte er in der Zeit, als die Kaiserlichen in der Stadt waren, mit ansehen müssen, wie Frauen vergewaltigt wurden, wie brutal man mit noch ganz jungen Mädchen umgegangen war. Er konnte nicht vergessen, wie eine, die noch ein Kind war, in einem Stall in ihrem Blut lag. Als deren Mutter ihrem Mädchen zu Hilfe eilen wollte, warfen die Kerle auch sie aufs Stroh. Ein Nachbar hatte später erzählt, die arme Frau habe durch das Unglück den Verstand verloren. Sie renne jedem Soldaten hinterher, fiel vor ihm auf die Knie und bat um Gnade für ihr Kind, das längst tot war. All das schoss ihm in Sekunden durch den Kopf. Nein, die dort drüben durften Elisabeth nicht anrühren! Er hob abwehren die Hände und schrie hinüber: „Kommt nicht näher, sie steckt euch an!" Verdutzt blieben die Lüstlinge stehen. „Sie hat die Pest!" Das wirkte wie ein Donnerschlag. „Haut ab, oder wir schlagen euch den Schädel ein!" fluchte der Anführer.

Die Tante verstand sofort, stolperte rückwärts und verschwand im Gebüsch. Auch der Junge wartete nicht ab, bis sich die Bestürzung gelegt hatte. Quer durch den Wald rennend, wussten sie bald nicht mehr wo der eigentliche Pfad war. Stundenlang irrten sie umher. Auf einem kleinen Felsen hielten sie endlich schwer atmend an. Von hier hatte man etwas freie Sicht. Beide ließen sich ins Gras fallen. Jan erholte sich zuerst, er sah sich um. Dort drüben, was schimmerte da aus dem Wald? Eine Burg? Könnte das Schloss Eisenberg sein? Er machte seine Tante auf die Entdeckung aufmerksam. Mühsam erhob die sich und sah in die gewiesene Richtung. Glücklich fiel sie dem Neffen um den Hals, „Adleraugen hast du mein Junge", flüsterte sie.

Der Nachmittag neigte sich schon dem Abend zu, Jan drängte, man müsse weiter. „Nur noch eine kurze Pause", bat Elisabeth. Aus ihrem Beutel holte sie einen Apfel, zerteilte ihn mit einem kleinen Messer und reichte ihrem „Adlerauge" eine Hälfte. „Wir müssen einen Pfad finden, quer durch den Wald gehen wir womöglich im Kreis", mahnte sie. „Warte hier, ich sehe mich mal um", schon war er verschwunden.

Stille hüllte Elisabeth ein, nicht einmal das Zwitschern eines Vogels ertönte. Erschöpft ließ sie sich langsam nach hinten gleiten und sah in das dichte Geäst der Bäume. Hier und da schimmerte ein Stück Himmel hindurch, Wolken zogen langsam dahin. Wie einst, als sie noch ein Kind war, ließ ihre Phantasie sie Figuren erkennen. Einem riesigen Pferd sah die Wolke ähnlich, schon änderte sie ihre Form und glich einem mächtigen Turm, um sich gleich darauf in einen Riesen zu verwandeln. Sie musste über sich lächeln, im Moment waren nun wirklich andere Probleme zu bewältigen, als solchen Kinderträumen nachzuhängen. Lauschend erhob sie sich. Wo blieb nur der Junge? Er würde sich hoffentlich nicht verirren. Es wurde Zeit, endlich eine Bleibe für die Nacht zu finden. Wie groß und verständig er geworden war. Es schien ihr noch nicht lange her zu sein, als sie das Bübchen auf den Knien geschaukelt hatte. Bübchen? Das war Jan nun ganz und gar nicht mehr. Wie besonnen er heute reagiert hatte, als Gefahr drohte, wie viel Ausdauer er auf dem Weg zeigte! Ein guter Junge ist er, dachte sich die Frau. Warum er nur so versessen auf das Kriegsspiel war? Er musste doch daheim in der Stadt, wenn Söldner die Leute tyrannisierten, schon so viel Leid mit ansehen. Seufzend gestand sie sich ein, dieser Einäugige hatte bösen Einfluss auf den Jungen ausgeübt. Für keinerlei Vorhaltungen war er zugänglich, bewunderte die Landsknechte als Helden und ihre Untaten schien er einfach nicht zu sehen. Das abenteuerliche Leben lockte, Reichtum und Ruhm wollte er erwerben.

Atemlos trat Jan auf die kleine Lichtung, „ich hab ihn gefunden!", sprudelte er hervor. „ Ganz nahe führt ein Steig zu den wenigen Häusern unter dem Schloss, dort muss dieser Ewald wohnen!" Erleichtert hockte die Tante ihren Tornister auf, „ dann lass uns gehen, bald wird es dunkel, ich bin sehr froh, dass du den Weg entdeckt hast", lobte sie. Wie ein junger Hirsch sprang er vor ihr her und zeigte bei der nächsten freien Stelle auf die in einiger Entfernung auftauchenden Häuschen. Das Lob beflügelte ihn, Müdigkeit und Erschöpfung waren verschwunden. Vorsichtig näherten sie sich dem Weiler. „Erst mal beobachten, ob nicht etwa Kriegsvolk herumlungert", warnte sie. Am Waldrand hinter Strauchwerk verborgen, spähten die beiden eine Zeit lang nach den Häusern.

Nichts regte sich. Schließlich kam eine Frau aus einer der Hütten, sie trug einen Eimer in der Hand und ging zum Brunnen, um Wasser zu schöpfen. Ein Kind rannte ihr nach, dem ein kleiner Hund folgte. „Das sieht ganz friedlich aus", stellte Jan fest. Sie näherten sich der Siedlung, die Frau am Brunnen sah ihnen neugierig entgegen. „Woher des Weges?" fragte sie ein wenig misstrauisch. Elisabeth bot einen freundlichen Gruß und fragte nach Ewald. Die Wasserholerin zeigte zum Ende des Weges, „in der letzten Hütte wohnt der arme Kerl." Das ließ nichts Gutes hoffen, warum war der Ewald ein armer Kerl? Die Ankömmlinge machten sich Gedanken.

Vorsichtig klopfte Elisabeth an die Tür, nach langer Zeit trat ein stattlicher Mann aus der Stube und sah sie fragend an. Elisabeth stellte sich und den Jungen vor, „Gustav aus Brüx schickt uns, lässt dir Grüße bestellen und dachte, du hättest ein Nachtlager für uns." Beim Namen Gustav blitzte eine Erinnerung in den Augen des Mannes. Doch er forderte sie nicht auf einzutreten, deutete dagegen auf eine Bank an der Giebelwand und ging dorthin. Er setzte sich und schien zu warten, dass die Fremden ihm gleichtaten. Jan stieß seine Tante an und bedeutete ihr, der Aufforderung zu folgen. Ihre Tornister legten sie ins Gras und setzten sich neben Ewald.

Lange sagte der kein Wort, sah zum nahen Wald hin, als hätte er sie vergessen. Als das Schweigen langsam eigenartig wurde, konnte Jan sich nicht mehr zurückhalten und erzählte, er sei der Sohn von Gustav, dem Schuster. Der Mann wandte sich dem Jungen zu, sah ihn lange an und strich zart über dessen Kopf. Jan war die Geste peinlich. Aber selbst, als er auch noch in den Arm genommen wurde, brachte er es nicht fertig, sich zurückzuziehen. Auch Elisabeth konnte das Gebaren nicht einordnen. Als Ewald nach einer Weile laut aufschluchzte und Tränen über sein Gesicht rannen, ahnte sie, was die Frau am Brunnen sagen wollte. Der arme Kerl..., aber was bedrückte ihn so sehr, dass er seine Erschütterung vor ihm doch völlig Fremden nicht verbergen konnte? Sie spürte, dass ihrem Neffen das Verhalten des Mannes unangenehm war. Vorsichtig legte sie Ewald die Hand auf den Rücken, „was grämt euch so sehr?" Sofort ließ er Jan los, wischte sich die Tränen ab, „verzeiht, der Anblick dieses Jungen hat mich an meinen eigenen erinnert." Nach einer langen Stille begann er zu erzählen. „Vor wenigen Wochen war ich oben im Gebirge unterwegs, wollte einem Kunden Stiefel bringen. Meine Frau und unser Junge waren allein daheim. Das war nichts Besonderes, oft musste ich über Land. Sie kamen auch ohne mich zurecht. An diesem Tag waren die beiden dort drüben am Hang." Er zeigte in Richtung der untergehenden Sonne. „Wollten wohl Holz für den Ofen zusammentragen. Als ich sie fand, lagen sie neben einem Stapel, dürrer Buchenäste." Mit zunehmendem Grauen folgten Jan und Elisabeth seiner Schilderung. „Als ich sie fand...", wieder konnte Ewald ein trockenes Schluchzen nicht verbergen.

„Man hat sie erschlagen, so viel Blut! Meine arme Eva! Geschändet lag sie im Moos. Unser Junge wollte anscheinend seiner Mutter zu Hilfe eilen, da haben sie ihm den Kopf gespalten. Man konnte sehen, dass sie sich wehren wollten..." Lange war der Mann stumm, hatte die Hände vors Gesicht geschlagen und wurde von seinem Leid nahezu erdrückt.

Hinter dem Wald kam der Mond hervor, Dunkelheit kroch heran. Weder die Tante noch ihr Neffe wagten sich zu rühren. Beide spürten die unmenschliche Trauer dieses Mannes und wussten, Worte konnten ihn nicht trösten. Mit vor Tränen erstickter Stimme brachte er schließlich hervor und es klang wie das Heulen eines weidwunden Tieres: „Sie haben meiner Eva den Hals durchgeschnitten!" Sacht streichelte Elisabeth den Rücken des Verzweifelten. Nach einer langen Zeit schien er wie aus einem Albtraum zu erwachen: „Verzeiht, der Schmerz bringt mich fast um. Kommt rein, es wird kühl. Ein Lager wird sich finden. Sicher habt ihr Hunger und Durst."

Er stellte Brot und einen Topf mit Fett auf den Tisch, auch einen Krug frisches Wasser brachte er herbei. Während seine Gäste ihren Hunger stillten, holte er ein paar Sackdecken herzu. „Wir beide machen es uns vor dem Ofen bequem", wandte er sich an den Jungen, „die Tante mag im Bett schlafen."

Jan spürte, dass ihm die Augen zufielen. Was hatte er an diesem einen Tag alles erlebt! Erschöpft wickelte er sich in die Decke und war sogleich eingeschlafen. Ewald setzte sich zu Elisabeth, deutete auf den Topf: „Das hat meine Frau noch gemacht. Majoran und Zwiebel gab sie hinzu, wenn das Schmer ausgelassen war." Und wieder drohte ihn das Leid zu übermannen. Doch er unterdrückte die Tränen und bat: „Nehmt es mir nicht übel, der Kummer ist noch zu frisch." Die Frau griff nach seiner Hand und wollte so zeigen, sie verstand. „Gut, dass ihr heute gekommen seid. Ich wollte auch hinüber nach Sachsen. Hier halte ich es nicht mehr aus. Alles erinnert mich an die Zeit mit meinen Lieben. Der Junge war ein so gescheites und flinkes Kerlchen, die Eva fleißig und liebevoll", stöhnte er auf. „Wir waren glücklich und ein paar verrohte Landsknechte zerstören unser Leben. Die Emma, weiter oben im Dorf, will sich um die Gräber kümmern. Wenn ich weiter leben will, muss ich in der Fremde neu anfangen."

Elisabeth merkte erleichtert, er sucht einen Neuanfang. Bald erkannte sie auch den Grund. „Der Hansmüller hat mir die Mordbuben beschrieben. Einer mit einer Augenbinde soll dabei gewesen sein. Die finde ich! Dann Gnade ihnen Gott! Sie werden zahlen für die Mordtat, das schwöre ich beim Andenken an meine Frau und den Sohn." Hasserfüllt stieß er diese Worte hervor. „Gehen wir zur Ruhe, auf uns wartet morgen ein anstrengender Weg", damit legte er sich neben Jan auf die Erde.

Vogelgesang weckte Elisabeth. Es brauchte eine Zeit, bis sie zu sich kam. Im Halbdunkel sah sie den Mann am Ofen hantieren. Nach und nach erinnerte sie sich an den gestrigen Tag und ihr wurde bewusst, dass sie nur knapp einem Schicksal entgangen war, wie es Ewalds Frau erleiden musste. Tiefe Dankbarkeit gegenüber dem Jungen erfasste sie. Seiner Geistesgegenwart war es zu verdanken, dass sie noch lebten. Jetzt schlief er noch, zusammengerollt wie ein Kätzchen und glich einem Kind, unschuldig und vertrauensvoll. Leise erhob sie sich, nickte Ewald zu und ging vor die Tür. Der Wald reichte fast bis an die Hütte und sie konnte ungesehen ihre Notdurft verrichten. Ein kleiner Bach, dessen klares Wasser munter über Steine hüpfte, kam ihr gerade recht. Schnell zog sie die Bluse aus und ließ das Wasser über ihre Arme rinnen. Kalt war es und erfrischend! Die Gelegenheit nutzend, wusch sie sich Gesicht, Hals und Brust. Dabei spähte sie immer wieder nach dem Häuschen, aber Ewald schien mit der Morgensuppe beschäftigt zu sein und Jan schlief noch. Elisabeth musste über sich selbst lächeln, wie sie da im Wasser planschte und mit nacktem Oberkörper herum sprang, das gehörte sich nun wirklich nicht für eine Respekt gebietende Tante.

Mit roten Wangen und nassem Haar kehrte sie in die Stube zurück. Der Mann sah sie erstaunt an und wunderte sich, wie verändert sein Gast daherkam. Gestern war ihm gar nicht aufgefallen, dass er eine junge und überaus hübsche Frau beherbergte. Seufzend gestand er sich ein, der Kummer hat mich blind und taub gemacht. Er war gefangen im Käfig seines Unglücks. Fort musste er von hier! Er empfand es an diesem Morgen wie einen Wink des Himmels, dass die beiden Brüxer seine Hilfe brauchten. Er würde mit ihnen hinübergehen nach Sachsen. Dort soll zwar auch große Not herrschen, aber wenigstens gab es dort noch keinen Krieg.

Der Kurfürst hatte sich bis jetzt aus den Händeln herausgehalten. Viele Leute waren schon im Dorf vorbeigekommen, die hinüber wollten, weil man sie hier nicht in Ruhe ihrem Glauben nachgehen ließ. Eigentlich war es Ewald egal, ob katholisch oder protestantisch gebetet wurde. Er wollte in Frieden leben, seine Familie ernähren und Kinder aufziehen. So sah sein Lebensplan aus. Anscheinend konnte man sich jedoch nicht aus den Kämpfen der hohen Herren heraushalten und diese Erfahrung hatte er teuer bezahlt. Der Mann beschloss, in Zukunft würde er nicht mehr hinnehmen, was man ihm antat und er als Unrecht erkannte. Er würde sich zu wehren wissen, noch war er jung genug, um ein neues Leben zu beginnen.

Jan, der stolz seine Aufgabe als Beschützer der Tante angenommen und diese am ersten Tag hervorragend mutig und umsichtig gemeistert hatte, gab diese Pflicht wortlos an Ewald ab. Nicht einmal beleidigt fühlte er sich. Der Mann kannte sich so gut in den Wäldern aus und führte sie auf sicheren Pfaden bergan. Irrwege kamen bei ihm nicht vor. Jeden Steg, jedes Bächlein und auch die fernen Gipfel konnte er benennen. Seine Geschichten gefielen dem Jungen und er lauschte begierig dessen Worten. Bei einer kurzen Rast erzählte er eine alte Sage von einer Seejungfrau. Obwohl sich Jan für Märchen schon zu erwachsen fühlte, war er gebannt Ewalds Worten gefolgt.

„Vorzeiten ging eine Frau von Eisenberg in den Wald, um Holz zu sammeln. Als sie am Seeberg ankam und ihr Bündel Äste absetzte, sah sie ein altes Weib, dass ihr bei der Arbeit aufmerksam zusah. Die Frau fragte die Alte, wohin sie gehen würde. ‚Ins Gebarsch', antwortete die. Im gleichen Moment war sie verschwunden. Aber die Eisenbergerin hatte genau gesehen, dass sie hinter sich einen Kleiderfetzen herschleppte. Es war also die Seejungfer gewesen, die ihren Fischschwanz unter dem Kittel verbarg."

„Soll sich das wirklich zugetragen haben", zweifelte der Junge beim Weitergehen. „In Sagen, die von den Vorvätern stammen, verbirgt sich immer ein Körnchen Wahrheit", bemerkte Elisabeth.
Der Mann war schon ein Stück voraus gegangen, ihm schien der Anstieg keine Mühe zu machen. Immerhin mussten sie bis auf eine Höhe von über 800 Meter hinauf, wenn sie den Erzgebirgskamm überqueren wollten. Elisabeth keuchte mächtig und auch Jan hüpfte nicht gerade bergan. Nach und nach spürten sie, wie sich die Natur veränderte. Ein kleiner Wind kam auf, der ihnen recht kam, kühlte er doch die erhitzten Gesichter. Der Wald bekam allmählich ein anderes Gesicht. Dicke alte Buchen, die um Schloss Eisenberg das Bild bestimmten wichen dunklen schlanken Fichten. Selbst die Nadelbäume wurden dürftiger in ihrem Wuchs, je höher sie hinauf stiegen. Die ersten roten Beeren der Ebereschen schimmerten. Ewald wartete auf seine Begleiter, zeigte auf die Früchte: „Viele Vogelbeeren tragen die Bäume, das wird einen strengen Winter geben." Diese Weisheit

kannte auch die Tante. Die beiden Erwachsenen waren bald in ein angeregtes Gespräch über die Pflanzen, ihren Nutzen und die Vorzeichen der Natur vertieft. Jan hörte ihnen zu und gestand sich ein, es gab noch viele Dinge, von denen er nichts ahnte. Eigentlich hatte er daheim unter seinen Freunden immer gedacht, er sei der Klügste. Und wenn er mit dem Wissen prahlte, berief er sich auf seinen Großvater, der schließlich Schulmeister war. Ein wenig mitleidig sah er auf die anderen Kinder herab.

Die Erwachsenen wurden aus ihrem Gespräch und der Junge aus seinen Gedanken gerissen. Es rumorte mächtig im nahen Gebüsch, ein riesiges Wildschwein brach hervor, blieb verdutzt einen Moment stehen und trottete, die Menschen nicht achtend, über den Weg. Wer ein größeres Entsetzen davon trug, war offensichtlich. Die Drei verharrten noch eine ganze Weile verdutzt auf dem Steig. Den beiden Stadtleuten stand die Bestürzung noch im Gesicht. Auf einmal ertönte ein erleichtertes Gelächter durch den Wald. Erstaunt sah Elisabeth Ewald an. Der ist wie verwandelt, dachte sie, aus dem gebrochenen, alt scheinenden Mann ist ja ein kraftvoller junger Kerl geworden. „Habt ihr euch erschrocken?" „Eine Wildsau soll gefährlich sein", rechtfertigte sich die Frau. „Nur, wenn sie ihre Jungen beschützen will, sonst gehen sie den Menschen eher aus dem Weg", wurde sie aufgeklärt. „Weiter geht 's!" Der Befehlston konnte nicht verbergen, dass Ewald immer noch das Lachen im Bauch kribbelte.

Nach einer kurzen Zeit schienen sie den Kamm erreicht zu haben, sie traten auf eine freie Waldwiese und hatten einen wundervollen Blick auf die Berge rundum. Ewald zeigte, „dort drüben nicht mehr weit, liegt Rottendorf." Jan meldete sich: „Wir sollen aber nach Gebirgsneudorf, hat Vater gesagt." Schon wieder lächelte Ewald und wusste eine Geschichte zu erzählen. „Früher hieß das mal Rottendorf, manchmal nennen wir es noch mit dem alten Namen. Vor etwa 100 Jahren lebten auf Schloss Brüx zwei Schwestern, Anna und Magdalena Weitmühl. Die gaben einigen Untertanen Grundstücke und Weideland hier oben. Dafür mussten die Siedler zweimal im Jahr Zins zahlen und zwei Tage Holz hauen. Später kam das Land an die Lobkowitzer Herrschaft. Von da an hieß das Dorf Neudorf im Gebirge und jetzt sagt man einfach Gebirgsneudorf."

Am Kamm entlang verlief der Weg weiter und schien direkt ins Dorf zu führen. Der Tag ging allmählich zur Neige und es war Zeit, dass sie eine Unterkunft erreichten. Ehe noch die Sonne untergegangen war, klopfte Ewald an die Tür eines kleinen Hauses. Ein älterer Mann öffnete und Ewald flüsterte kurz mit ihm. Der winkte den Ankömmlingen zu, sie mögen eintreten. In der Stube brannte nur ein Kienspan und erleuchtete notdürftig den Raum.

Im hinteren Teil nahmen sie eine Frau wahr, die am Ofen stand und in einem Kessel rührte. „Setzt euch, gleich ist die Suppe fertig", forderte sie die Ankömmlinge auf. Elisabeth bedankte sich für die Gastfreundschaft. Eine große Schüssel stellte die Gastgeberin auf den Tisch, jeder erhielt einen geschnitzten Holzlöffel. Ganz selbstverständlich boten ihnen die Leute Unterkunft und teilten ihr karges Mahl mit den Fremden.

9 NEUE AUFGABEN

Ein ganzes Haus hatte er für sich allein, der neue Pastor. Hunger musste er auch nicht leiden. Seine Magd setzt ihm drei Mahlzeiten am Tag vor. Manchmal dachte er wehmütig an die Kochkünste seiner Amanda, an denen sich die Resi nicht messen konnte. Aber er musste zufrieden sein. Wenn er an die karge Zeit dachte, die er als Schulmeister oben in Sayda erdulden musste, lebte er jetzt in Wohlstand. Die Pfründe der Pfarre brachten genug ein, dass er auch eine Familie damit ernähren könnte. Eben das war sein Kummer. Wie glücklich wäre seine liebe Frau gewesen, wenn sie das Pfarrhaus mit seiner großen Küche hätte wohnlich einrichten können.

Er übernahm alles so, wie es sein Vorgänger und Freund Naarhammer hinterlassen hatte. Resignierend dachte er, für wen soll ich etwas ändern? Amanda lebt nicht mehr, Kinder und Enkel sind fern. Die Freude fehlte in seinem Leben. Manchmal schalt er sich undankbar zu sein. Seine Gemeinde vertraute ihm, die meisten besuchten regelmäßig die Gottesdienste. Den Leuten schienen seine Kanzelreden zu gefallen. Er nutzte jene Erfahrungen, die er als Lehrer erworben hatte und predigte recht anschaulich und verständlich. Selbst die Kinder hörten ihm aufmerksam zu.

Besonders stolz konnte er darauf sein, dass ihm die Herrschaft oben im Schloss Achtung entgegen brachte. Schon öfter durfte er an deren Tafel Platz nehmen. Der Herr unterhielt sich sogar mit ihm, einem einfachen Schulmeister und Pastor! Erst vorige Woche hatte er von seinen Sorgen berichtet.

Bis jetzt war es zwar gelungen, die feindlichen Heere von Sachsen fernzuhalten, was man jedoch vom Wüten der kaiserlichen Truppen in anderen Teilen des Landes hörte, war beängstigend. Der Herr hatte tiefere Einblicke in das Geschehen im Land, genoss er doch das Vertrauen des Kurfürsten Johann Georg von Sachsen.

Der Kaiser drängte seit Jahren die Reformation zurück. Ämter und Herrschaften protestantischer Herren schanzte man zunehmend katholischen Anhängern zu. Der mächtige General Wallenstein ließ seine Armeen im ganzen Reich mit größter Brutalität vorgehen. Es kam soweit, dass die meisten Großen des Reiches, gleich welchen Glaubens, die Absetzung Wallensteins forderten und schließlich durchsetzten. Das alles hatte der Purschensteiner mit seinem Pastor besprochen – ein großer Vertrauensbeweis.

Das Wissen um die Zustände im Lande nährte jedoch auch die schrecklichsten Befürchtungen. Es konnte durchaus geschehen, dass der Kurfürst in den Krieg eingreifen würde. Was dann Sachsen und den Menschen bevorstand, daran mochte der Seelsorger gar nicht denken.

Wie klein erschienen ihm angesichts dieser Gefahren seine eigenen Nöte. Denn alle guten und richtigen Einsichten konnten die Tatsache nicht aus der Welt schaffen, er, der aus Böhmen vertriebene Christoph Knorr, war einsam! Wie sehnte er sich nach einem guten Gespräch mit seinem Schwiegersohn Gustav, wie tat ihm das Herz weh, wenn er an seinen erstgeborenen Enkel dachte. Wie mag es seinen Töchtern ergehen? Elisabeth war allein in Brüx geblieben, auch dort sollen die Landsknechte wüten. Er kam schließlich zu dem Schluss, seine Sorgen seien auch drückend genug.

Doch er musste sich um die Gemeinde kümmern. Sollte es zu Überfällen kommen, hatte er für seine Schäflein da zu sein. Mit diesen Gedanken beendete der Mann seine

Morgenmahlzeit. Er wollte sich auf den Weg machen, um nach dem alten Großvater der Müllerfamlie zu sehen. Schon eine Woche lag der krank daheim, sein Sohn machte sich Sorgen und befürchtete, der Vater würde nicht mehr lange leben. Gestern war er im Pfarrhaus gewesen. „Unser Vater will nicht mehr", hatte er geklagt, „reden sie ihm zu, Herr Pastor, wir brauchen ihn doch noch." Knorr bezweifelte zwar, dass mit Zureden ein Leben zu verlängern war, wollte aber doch einmal nach dem Alten sehen. Nach kurzem Weg betrat er das Haus der Familie. Die Schwiegertochter empfing ihn und geleitete den Seelsorger an das Bett des Kranken. Als die Frau die Stube verlassen hatte, zog sich Knorr einen Schemel ans Bett und betrachtet den alten Mann. Mit geschlossenen Augen lag er still, die Wangen waren eingefallen und tiefe Furchen durchzogen sein Gesicht. Friedlich lag er da, sein Atem war kaum wahrzunehmen. Leicht berührte der Pastor seine Hand. Da schlug der Großvater die Augen auf, ungewöhnlich klar war sein Blick. „Der Herr Pastor besucht mich", flüsterte er mit schwacher Stimme, „da freue ich mich aber." Knorr nickte nur und streichelte behutsam seine Hand. Dicke Adern, verkrümmte Finger zeugten von einem harten, von schwerer Arbeit geprägten Leben.

Nach langer Zeit fragte er den Mann, was ihn bedrücke. Wohl wissend, dass der nicht unter einer Krankheit des Leibes litt. Dankbar schien er die Frage zu empfinden. Seine Kinder und Enkel suchten den Grund für die Hinfälligkeit an falscher Stelle. Sie wollten ihm Gutes tun.

Die Schwiegertochter reichte dem Kranken kräftigende Suppen, der Sohn erzählte von den Kühen und die Enkel wollten den Opa durch Späße zum Lachen bringen. Sie alle sahen nicht, dass ihr Ahne einfach nur lebensmüde war. Beim Herrn Pfarrer fand er Verständnis. Wenn es auch keine Beichte war, die der Alte ablegte, so öffnete er doch sein Herz. „Über 80 Jahre hat mir der Herrgott geschenkt. Viele schlimme, aber auch gute Zeiten durfte ich erleben. Meine Trine hat mir fünf Kinder geboren. Zwei starben schon früh. Doch an meinen beiden Söhnen und der Tochter hatten wir unsere Freude ..."

Lange war es still in der Kammer. Der Müllerbauer schien sein vergangenes Leben ganz tief aus der Erinnerung zu holen. Knorr dachte, er wäre eingeschlafen. Dann begann er doch wieder zu reden, es schien ihm schwer zu fallen. „Vor zwei Jahren musste ich die schlimmste Zeit erleben. Die Pest! Die Frau, den älteren Sohn und die Tochter hat sie mir genommen..." Nach einer Weile, er schien trotz des Leides voller Dankbarkeit, „Hans, der jüngere Sohn, eine liebe Schwiegertochter und zwei brave Enkel sind mir geblieben, sie wollen, dass ich weiter leben soll. Aber wissen Sie, Herr Pastor, ich bin so müde! Schwer gearbeitet, das ganze Leben ..., die Frau und die Kinder sind gegangen, ich will ihnen folgen." Damit schloss der Mann die Augen und schien den Gast vergessen zu haben.

Ein stilles Gebet sprach Christoph Knorr, schlug das Kreuz über den Alten und verließ leise den Raum. Die Kinder und Enkel warteten und sahen ihn hoffnungsvoll an. „Lasst ihn schlafen, euer Vater ist des Lebens müde und mit sich im Reinen." Er wendete sich zum Gehen. „Wenn es soweit ist, sagt mir Bescheid."

Auf dem Heimweg dachte der Mann, wie sich die Sorgen der Menschen gleichen. Auch mir nahm diese Gottesgeißel die Frau. Allein lebe ich in der Fremde, eigentlich bin ich noch schlechter bestellt als der Sterbende. Er fragte sich: Sollte ich auch lebensmüde sein? Dann ermannte er sich und bedachte, er sei schließlich gerade mal fünfzig

Jahre alt, habe noch Kraft und sei gesund, es stehe ihm nicht zu, solchen Gedanken nachzuhängen.

Nach dieser inneren Einkehr schritt er schneller aus und bemühte sich den Rücken gerade zu halten. Was sollte seine Gemeinde denken, wenn er wie ein Greis daherkam, sie mussten ihm und seinem Beistand vertrauen können. Wer weiß, welche Aufgaben der Herrgott noch für ihn bereithielt!

Als er sich seinem Haus näherte, glaubte der Mann ein Wunder zu erleben. Wer stand denn da vor seiner Tür? Überrascht blieb er stehen, er glaubte seinen Augen nicht zu trauen. Das war doch seine Elisabeth ... und Enkelsohn Jan! Ein fremder Mann hielt sich im Hintergrund. Mit jugendlichem Schwung lief er auf die Ankömmlinge zu, breitete die Arme aus und rief laut: „Herrgott, ich danke dir!" Tochter und Enkelsohn kamen ihm entgegen und schlossen ihn in die Arme. Solch eine glückliche Stunde war Christoph seit vielen Monaten nicht beschert gewesen. Lachend wischte er Elisabeth die Tränen vom Gesicht, „welch eine Freude, welch ein Glück", rief er immer wieder aus.

Jan spürte, dass auch ihm Freudentränen übers Gesicht rannen. Verschämt schaute er nach Ewald, er wollte doch keine Schwäche zeigen. Der lächelte ihm zu: „Wenn das Herz voll ist, laufen die Augen über." Da gönnte sich der Junge, ganz unmännlich, Gefühle zu zeigen.

10 WALLENSTEINS WAFFEN

Pastor Knorr lebte regelrecht auf. Sein Haus war nun voller Leben. Elisabeth nahm die Wirtschaftsführung fest in ihre Hände. Magd Resi lernte in kürzester Zeit, die schmackhaftesten Speisen zuzubereiten.

Das Haus sah bald wohnlich aus. Platz hatten sie genug, so konnte auch Ewald eine Stube beziehen. Ihm schien es recht zu sein. Mit dem Herrn Pfarrer verstand er sich gut. Nächtelang führten die beiden Männer Gespräche. Wenn auch Ewald nicht so wortgewandt wie des Pfarrers Schwiegersohn Gustav war, so schätze Knorr an ihm bald den guten Zuhörer. Nach wenigen Wochen merkte er, dass der Mann begierig war, alles zu verstehen und seine eigenen Gedanken klar und gescheit äußern konnte. Elisabeths Vater gefiel, was er da beobachten konnte. Auch gegen die heimlichen und sehnsüchtigen Blicke, die Ewald seiner Tochter nachschickte, hatte er ganz und gar nichts einzuwenden. Er malte sich aus, wie schön es doch wäre, wenn seine Jüngste einen so ordentlichen und fleißigen Mann nehmen würde.

Die schien jedoch von der Verehrung nichts zu spüren. Den ganzen Tag war sie auf den Beinen, sorgte für Ordnung im Haus, gute und regelmäßige Mahlzeiten und wenn im Dorf ein Kind krank wurde, war ihre Hilfe schon bald gefragt. Knorr dachte, eigentlich führt sie ihr Leben fast genauso weiter wie daheim in Böhmen. Für Männer scheint sie sich überhaupt nicht zu interessieren.

Hier irrte der Herr Pastor!

Elisabeth spürte sehr wohl das stille Werben Ewalds. Es war ihr nicht unangenehm. Wenn sie sich am späten Abend manchmal zu den Männern setzte, hörte sie aufmerksam zu und wunderte sich, wie sachlich und überlegt er mit dem Vater sprach. Auch tagsüber machte er sich nützlich, führte die Kühe auf die Weide, mähte das Grünfutter und sorgte im Stall und auf dem Hof für Ordnung. Manch kleine Reparatur am Pfarrhaus erledigte er, ohne dass ihn dazu jemand aufforderte.

Der Ewald sieht wo Arbeit nötig ist, dachte sie oft, und auch das gefiel ihr an dem Mann. Eigentlich war er ja genau wie Schwager Gustav ein Schuhmacher. Da seine Werkzeuge jedoch daheim in Böhmen geblieben waren, suchte er nach einer Möglichkeit, deren Transport irgendwie zu bewerkstelligen. Noch waren auf der alten Salzstraße einzelne Händler unterwegs.

Aber von Tag zu Tag wurde es gefährlicher zu reisen oder Handelsware nach Böhmen zu bringen. Wenn auch die kaiserlichen Truppen seit der Absetzung Wallensteins von General Tilly befehligt wurden, raubten und plünderten die Söldner nach wie vor. Wallensteins Devise „Der Krieg muss den Krieg ernähren" blieb Gesetz. Woher sollten die Landsknechte Nahrung für sich und ihre Pferde bekommen? Dem Volk, Bauern, Handwerkern und Händlern nahm man, was gebraucht wurde. Ganze Landstriche lagen verödet.

Glücklicherweise führten sie im Pfarrhaus und auch im Dorf noch ein fast friedliches Leben. Elisabeth sah erleichtert, dass sich der Vater in seiner Gemeinde Achtung verschafft hatte. Gewissenhaft, wie er schon immer gewesen war, versah er seine neue Aufgabe als Seelsorger. Manchmal dachte sie, er würde durch die viele Arbeit den Verlust der Mutter verdrängen wollen. Aber er schien zufrieden zu sein. Wann immer es möglich war, nahm er sich seines Enkels an. Nach wenigen Wochen befahl er dem Jungen zum Unterricht in die hiesige Schule. Schulmeister John gab sich alle Mühe, den Knaben ein wenig Lesen und Rechnen beizubringen. Auch die Biblische Geschichte und das Erlernen der Kirchenlieder standen auf seinem Lehrprogramm. Meist blieb es beim Bemühen des Lehrers, die Lernerfolge bei seinen Schützlingen waren mehr als dürftig. Die Jungen kamen nur zum Unterricht, wenn sie bei der Hofarbeit zu entbehren waren.

Als eines Tages in der Schulstube der Enkelsohn des Pastors auftauchte, fühlte sich der Schulmeister geehrt und stellte den anderen Knaben den Neuling sogleich als Vorbild dar. Jan setzte sich in die hinterste Bank und hörte sich die Unterweisungen eine Weile an. Es dauerte nicht lange und er stellte fest, es sei völlig unter seiner Würde mit diesen Bauerntölpeln den Tag zu verbringen. Was der Lehrer vortrug, hatte ihm sein Großvater beigebracht als er noch ein Knirps war. Er stand einfach auf und wollte die Schulstube verlassen. Erstaunt und auch ein wenig aufgebracht fragte John, was das zu bedeuten habe. Ziemlich von oben herab verkündete der neue Schüler, was der Lehrer erzähle, wisse er schon lange und es wäre schade um seine Zeit, wenn er unnütz hier herumsäße. Nicht nur der Lehrer auch die Schüler waren sprachlos, ob dieser Unverschämtheit. John wollte schon nach dem Rohrstock fassen, besann sich aber, dass der Junge fast so groß wie er selbst war und es vielleicht nicht angebracht sei, sich mit dem Herrn Pastor anzulegen. Aber die Meinung wollte er dem schon geigen über seinen eingebildeten Enkel.

So verließ Jan ungeschoren die Schulstube und entschied, sich erst mal das Schloss der Herrschaft näher anzusehen. Bis jetzt hatte er dazu noch keine Gelegenheit gehabt, es interessierte ihn sehr, wie die feinen Leute lebten. Der Großvater hatte mit viel Respekt von dem Herrn erzählt und auch nicht unerwähnt gelassen, wie er als Prediger dort geachtet würde. Jan nahm an, er als Enkel hätte somit ebenfalls eine Sonderstellung inne und meinte dort oben einfach herumspazieren zu können.

Ohne jede Bedenken, betrat er den Schlosshof und wollte rechterhand in das prachtvolle Gebäude eintreten. Plötzlich spürte er eine Pranke in seinem Nacken. Unsanft wurde er zurück gerissen und ein Wächter mit einer Pike in der Faust herrschte den Eindringling an: „Was hast du Bauernlümmel hier zu suchen?" „Lass mich los, du Grobian! Ich will mir das Schloss ansehen." Der „Grobian", konnte über den dreisten Flegel nur staunen. Er fasst noch etwas fester zu, schleifte ihn zum Tor und beförderte den Eindringling mit einem Fußtritt aus den herrschaftlichen Gefilden. Vor Empörung über diese Missachtung seiner Person schrie Jan: „Das wirst du bereuen, das erzähle ich meinen Großvater, der ist nämlich der Schlossprediger!" Dem Wächter schien das nicht zu interessieren, er schlug das Tor zu und würdigte den Gernegroß keines Wortes mehr.

Das unerschütterliche Selbstbewusstsein des Pastorenenkels bekam einen kleinen Riss. Aber nur einen winzigen. Wütend und beleidigt lief er heim, mit dem festen Vorsatz, dem Großvater all die Ungerechtigkeiten, die ihm widerfahren waren, zu erzählen und ihn aufzufordern, die Erniedrigungen zu rächen. „Der Großvater ist unterwegs und kommt erst zum Abend wieder", erfuhr er von Elisabeth. „Solltest du nicht in der Schule sein?" Jan murrte als Antwort nur etwas vor sich hin und wollte sich davon machen. „Komm mit in die Küche", kommandierte die Tante. Sie befahl dem Jungen, sich an den Tisch zu setzen, stellte einen Topf Milch hin und wartete auf eine Erklärung. Trotzig senkte er den Kopf und schwieg. „Was ist los?" Nach einer ganzen Weile presste er zornig hervor: „Diesen Kinderkram kann ich schon lange, mein Lehrer daheim wollte mich sogar auf die höhere Schule schicken." Da war sie wieder, die Überheblichkeit des Neffen. Elisabeth hatte noch die sorgenvollen Klagen ihrer Schwester in Erinnerung. Sie wusste auch, dass Gustav den Sohn zu sehr vergötterte. Na warte, mein Freund, bei mir kommst du mit deinen Unarten nicht durch, dachte sie. Die Frau wusste, belehrende Worte würden dem Neffen seinen Größenwahn nicht austreiben. Als er empört erzählte, was er auf dem Schloss ertragen musste, dankte sie dem Wachsoldaten innerlich von Herzen für den Fußtritt. Sie liebte den Jungen, wusste aber, zu viel Liebe und Nachsicht konnten aus einem niedlichen Kind ein Scheusal machen. „Dem Großvater hast du heute mit deinem Verhalten sicher keinen guten Dienst erwiesen." Verständnislos sah er sie an, „er wird doch dem Lehrer und auch auf dem Schloss erklären, dass man mit mir nicht so umgehen kann!" Nun sah sich Elisabeth doch gezwungen, einige deutliche Worte zu sagen. „Der Lehrer John tut nur seine Arbeit, er hat mit den wenigen Groschen Schulgeld fünf Kinder und eine Frau zu ernähren. Ihm muss man das Leben nicht noch zusätzlich schwer machen. Dein Großvater wird vom Herrn von Schönberg nur geschätzt, weil er sein Amt im Schloss und als Pastor im Dorf mit sehr viel Mühe und Hingabe versieht. Hohes Ansehen erwirbt man sich nur, wenn man etwas leistet." Halt, dachte sich Elisabeth, das reicht an Belehrungen. Sie merkte, Jan hörte nur widerwillig zu und konnte nur hoffen, dass ihn ihre Worte erreicht hatten.

Gegen Abend kam der Hausherr heim. Elisabeth hatte sich vorgenommen, sofort mit dem Vater über Jans Kapriolen zu reden. Doch er winkte nur ab und befahl, sie und Ewald mögen sofort in die Stube kommen. So aufgeregt hatte sie ihn selten gesehen, es musste etwas passiert sein. Ewald fand sie mit Jan auf der Wiese hinterm Haus. Sie waren dabei, die ersten reifen Früchte vom Apfelbaum zu ernten. „Der Vater will mit uns reden." Ewald wunderte sich, zum Reden fanden sie sich eigentlich immer erst später in der Küche zusammen. Dass er ins Studierzimmer des Pastors kommen sollte, erstaunte ihn. Als sich Jan anschließen wollte, erklärte Elisabeth: „Von dir hat der Großvater nichts gesagt." Auch gut, dachte sich der Junge, dann geht es auch nicht um mich. Er trottete zum Apfelbaum zurück. Freilich hatte er über die Worte der Tante nachgedacht. Sein Besuch im Schloss war vielleicht nicht ganz richtig gewesen, aber dass er in diese Dummenschule gehen sollte, konnte er nicht einsehen.

Als Ewald und Elisabeth die Studierstube betraten, sah ihnen Knorr mit ernstem Gesicht entgegen. „Wir müssen reden. Setzt euch." Nun berichtete er, der Herr von Schönberg habe ihn heute direkt aus der Kirche holen lassen, um Wichtiges mit ihm zu bereden. „Es droht Gefahr für das Land! Auch Sachsen kann dem Krieg nicht mehr entgehen." „Aber Kurfürst Johann Georg hat sich bis jetzt ganz gut aus den Händeln herausgehalten", wandte Ewald ein. Sinnend nickte der Seelsorger, „bis jetzt!" Dann versuchte er zu erklären, was ihm der Herr berichtet hatte. „Das hat mit den Schweden zu tun, deren König Gustav Adolf hängt wie unser Kurfürst dem protestantischen Glauben an. Im vorigen Jahr besetzte der Schwede mit einem Heer von über 1000 Mann die Insel Usedom und baute seine Macht an der Ostsee aus. Ein Fuchs, dieser Schwedenkönig, nutzt die Uneinigkeit im Reich, um die Herrschaft über die norddeutschen Gebiete zu bekommen." Warum die Ostsee und der Schwedenkönig eine Gefahr für Sachsen sein sollten, konnte weder Ewald und gleich gar nicht Elisabeth einsehen. Da musste der Herr Pastor die große Politik noch etwas genauer erklären.

Als er gerade mit seinem Vortrag beginnen wollte, betrat Jan die Stube. Die Neugier trieb ihn her, vielleicht auch sein schlechtes Gewissen. Eigentlich wollte sich der Vater nur mit den Erwachsenen beraten, besann sich jedoch und kam zu dem Schluss, der Enkel sei klug genug, um zu verstehen, was im Lande geschah. Knorr legte die Zusammenhänge dar. Der Sachsenkurfürst war in einem Zwiespalt. Kaisertreu war er immer gewesen, auch wenn er mit dessen Glaubensrichtung haderte. Es war nicht sein Wille, fremde Mächte ins Land zu holen. Als nun aber des Kaisers Truppen sogar das Land seiner protestantischen Reichsfürsten bedrängten, stellte er sich gegen den Kaiser und schloss mit Gustav Adolf ein Bündnis. „Vor wenigen Tagen, am 11. September anno 1631 unterstellte Johann Georg seine Truppen, 20.000 Mann, dem schwedischen König. Nun ist es nach nur sechs Tagen bei Breitenfeld, nördlich von Leipzig, zu einer gewaltigen Schlacht gekommen. Des Kaisers Armee unter General Tilly wurde vernichtet. Tilly verwundet, entging nur knapp der Gefangenschaft. Unzählige Söldner der verschiedensten Herkunft, die im kaiserlichen Heer gedient hatten, liefen zu den Schweden über. Jetzt strömt eine riesige Heeresmacht unter Gustav Adolf ins südwestliche Reichsgebiet. Ihr Ziel scheint Böhmen zu sein."

Ehe Ewald und Elisabeth das Gehörte recht aufnahmen, platzte Jan schon heraus: „Wenn sie nach Böhmen ziehen und die Jesuiten vertreiben, dann können wir doch auch alle wieder heim!" Der Großvater gebot dem Jungen still zu sein, im geheimen aber bewunderte er dessen schnelle Auffassungsgabe. Bedächtig meldete sich Ewald. „Wenn Heere das Land durchströmen, wollen sie ernährt werden ..., man kann sich denken, was das bedeutet. Söldner bleiben Söldner, am Ende sind sie Raubgesindel, ob sie sich kaiserlich oder schwedisch nennen." Seine schrecklichen Erlebnisse ließen ihn die drohenden Gefahren richtig einschätzen. Er hielt auch sofort praktischen Rat bereit. „Wir müssen die Leute warnen. Alles, was Wert hat, sollten sie gut verstecken. Auch gilt es, Vorräte beiseite zu schaffen ... es kommen schlimme Zeiten." Elisabeth gab ihm Recht und staunte wieder einmal über des Mannes Weitsicht und sachlichen Verstand. Die beiden Männer und auch sie ahnten, schreckliches Unglück nahte.

Allein der Halbwüchsige freute sich über die jähe Wendung. Er spekulierte, dass seine vergangenen Streiche angesichts der Sorgen, die die Erwachsenen jetzt beschäftigten, vergessen werden würden. Und es lockte schon wieder das große Abenteuer.

II DER ROSENKREUZER

Die Schusterfamlie in Brüx bemühte sich, ein einigermaßen normales Leben zu führen, obwohl das kaum möglich war. Weitere Einquartierungen mussten sie vorläufig zwar nicht erleiden, die Gefahr neuer Repressalien drohte jedoch täglich. Mit immer brutaleren Mitteln gingen die Jesuiten gegen Andersgläubige vor.

Viele Protestanten, wie auch Marias Eltern, der Sohn und zwei ihrer Schwestern mit Familien, waren ausgewandert. Etliche Freunde hielten dem Druck nicht stand und kehrten zum katholischen Glauben zurück. Es wurde einsam um Maria und Gustav. Kaum traute sich noch Kundschaft in die Werkstatt. Wer sich mit „Ungläubigen" einließ, den schüchterten Verwünschungen von der Kanzel ein. Die einzige Freude der Eheleute war die kleine Hilda. Das Mädchen entwickelte sich prächtig, gescheit war es ebenso wie sein Bruder. Maria stellte befriedigt fest, dass die Kleine glücklicherweise nicht so altklug daher kam wie ihr Großer.

Gerüchte geisterten durch die Stadt. Je unruhiger die Zeiten wurden, umso öfter tauchten Propheten aller Art auf. Den nahen Weltuntergang und sämtliche biblischen Plagen sagten sie voraus. Fasziniert hörte ihnen das Volk zu, täglich machten andere Schauergeschichten die Runde, als wenn die Zeiten nicht schon schlimm genug wären.

Von Elisabeth, Jan und dem Vater kam vor einigen Tagen eine Nachricht, sie schienen wohlauf zu sein. Der Vater habe sich im Dorf Neuhausen und auch auf dem Schloss Purschenstein einen guten Ruf erworben. Ein Handelsmann, der weiter nach Prag wollte, kehrte mit dieser Botschaft im Schusterhaus ein. Ein wenig erleichtert hörten sie dem Mann zu. Er berichtete auch von einem gewissen Ewald, der im Pfarrhaus zugange sei und anscheinend zur Familie gehöre.

Gustav wusste, das konnte nur der Freund aus Eisenberg sein, zu dem er Elisabeth und Jan geschickt hatte. Was der allerdings jetzt im Sächsischen mache, konnte er sich nicht erklären.

„Endlich mal eine gute Nachricht", seufzte Maria, als ein Brief von Schwester Anna eintraf. Neuigkeiten waren in dem Schreiben zu lesen. Anna war schon vor Monaten mit ihrem Ehemann und dem Töchterchen nach Sachsen hinüber gegangen. Der Mann war Schulmeister und hatte eine freie Stelle in der Hüttenschule in Grünthal angenommen.

Sie schrieben, es gehe ihnen gut, sie seien aber sehr in Sorge, da der Sachsenkurfürst sich mit den Schweden verbündet habe und der Krieg sie womöglich auch hier einholen würde. Von diesem Bündnis hatten Gustav und Maria schon gehört. Allerdings schöpften sie daraus Hoffnung. Es hieß, eine verbündete Armee aus Schweden und Sachsen sei unterwegs nach Böhmen. Nun hofften sie, die Kaiserlichen und die Jesuiten würden aus der Stadt vertrieben und sie könnten wieder in Frieden leben. Es ging sogar das Gerücht um, etliche Ausgewanderte wollten wieder heimkehren.

All diese widersprüchlichen Nachrichten hielten das Schusterpaar in ständiger Spannung. Zwischen Hoffnung und Verzweiflung hin und her gerissen, hatten es sich bis heute nicht entschließen können, die Heimat zu verlassen. Gustav hielt noch etwas anderes in der Stadt, wovon er aber weder seiner Maria noch sonst einem Menschen erzählte.

Vor Monaten war ein Mann in seiner Werkstatt aufgetaucht, den er noch nie gesehen hatte. Ein Paar Stiefel aus dem feinsten Leder wollte er sich anmessen lassen. Der Schuster war erfreut gewesen. Er konnte Aufträge brauchen. Dem Kunden schien es nicht an Geld zu fehlen, seine Kleidung und sein Auftreten, ließen ahnen, dass er zu einem gehobenen Stand gehörte. Als das Maß genommen war, blieb der Unbekannte noch sitzen und man sprach über die Not in der Stadt und im Land. Über das Treiben der Landsknechte, Jesuiten und der kaiserlichen Truppen klagte der Herr. Gustav äußerte sich nur vorsichtig, er wusste ja nicht, mit wem er es zu tun hatte. Lange Pausen unterbrachen das Gespräch. Still sah ihm der Fremde bei der Arbeit zu. Schließlich deutete er vorsichtig an, es gäbe etliche Leute, die gegen die kaiserliche Partei auftreten würden. Freilich nicht mit Waffen kämpften sie, ihre Waffe sei die geistige Aufklärung. Schließlich fiel ein Name. Ob der Schuster schon mal von den Rosenkreuzern gehört habe. Erstaunt sah der von seiner Arbeit hoch und schüttelte den Kopf. „ Wir wollen den Menschen helfen, die Welt und ihre Geheimnisse tiefer zu erkennen."

Gustav dachte, wenn er „wir" sagt, gehört er sicher dazu. Der Schuster wurde sofort wachsam. Zu viele Seher und Künder geisterten gegenwärtig umher. Alle behaupteten, die echte Lehre zu vertreten und den einzig richtigen Weg aus dem Elend auf der Erde zu kennen. Zögernd sagte Gustav, er sei nur ein einfacher Schuhmacher und wisse nichts über so hochtrabende Sachen. Er verstände es, für den Herrn ein Paar anständige Stiefel zu machen, das sei seine Sache, von anderen Dingen habe er keine Ahnung. „Wovon man nichts versteht, da soll man auch nicht mitreden", fügte er seine Lebensweisheit an.

Nun kam der Besucher erst recht in Fahrt. Seine Lehre habe ein einfacher Schuster namens Jacob Böhme verkündet. Sehr gründlich habe der sich mit den Wissenschaften und der Heiligen Schrift beschäftigt und über seine Erkenntnisse kluge Bücher geschrieben. Und alles stimme mit dem protestantischen Glauben überein, wie ihn auch Gustav verstände. Sie wüssten, dass er ein treuer und standhafter Anhänger der reformierten Kirche sei.

Nun wurde der Schuster erst recht hellhörig. Woher wollte der Feine wissen, wie er denken und handeln würde. Bald verabschiedete sich der Fremde. Gustav hatte nachzudenken. Schon nach zwei Tagen stand der Mann wieder in der Werkstatt. Gustav wunderte sich und gab zu verstehen, mit der Anprobe würde es noch einige Tage dauern. Trotzdem setzte sich der Besucher wieder auf Jans Schemel und sah dem Schuster bei der Arbeit zu.

Diesmal stellte er sich mit Namen vor. Er sei der Graf von Sternberg und in geheimer Mission in Böhmen unterwegs. Gustav war überhaupt nicht wohl, als er von geheimer Mission hörte. Er ahnte Gefahr, wenn er sich mit dem Mann einließe. Aber was sollte er machen? Der Auftrag war gut und für einen Grafen Stiefel zu machen, ehrte ihn natürlich auch. Er beschloss, so wenig wie möglich von seiner Meinung durchblicken zu lassen und lenkte das Gespräch auf rein handwerkliche Belange. Den Fachmann herauskehrend, erklärte er die Qualität des Leders, welches er für den Auftrag verwenden wollte und erläuterte einzelne Arbeitsschritte. Höflich hörte der Graf eine Weile zu, aber Gustav spürte, er war nicht bei der Sache. Schließlich kam er direkt zu seinem eigentlichen Anliegen. „Die Reformation muss weitergehen, sie muss die ganze Welt erfassen. Die bösen Kräfte sind auf dem Vormarsch. Unsere Bruderschaft wird dem Guten zum Durchbruch verhelfen. Nicht mit Schwert und Feuer, mit echter Durchdringung der Heiligen Schrift, durch Glaube und Erkennen, werden wir die Menschheit retten."

Menschheit retten – wie viele Eiferer ziehen jetzt durchs Land und verkünden dieses Ziel, als wäre es eine Kleinigkeit, dachte sich Gustav. Nach einer Weile äußerte er diese Gedanken laut und drückte offen seine Zweifel aus. Der Besucher ließ nicht ab von seinen Überzeugungsversuchen. Mit einem Gleichnis, das jener Schuster, Jakob Böhme, angeführt hatte, meinte der Graf, würde auch dessen Berufsgenosse einsehen, worum es ginge. Anschaulich und eindringlich erzählte er von einem Apfelbaum auf dem gute Früchte gedeihen. Wie aber, wenn schädliche Einflüsse, Wetter oder Ungeziefer, die Ernte verderben? „Auch bei den Menschen ist es so, aus einem Mutterleibe geboren, wachsen doch Früchte heran, die gute und schlechte Eigenschaften haben. Das Gute und das Böse sind im ständigen Kampf." Der Schuster lauschte aufmerksam und ließ merken, das könne er verstehen.

Als der Gast Interesse spürte, begann er aus einer Schrift jenes Schuhmachers Böhme zu zitieren. Er legte dar, wie der Prophet am Beispiel aus der Natur die biblischen Lehren erklärte. Gustav verstand zwar nicht alles genau, entdeckte aber viele Wahrheiten, die ihm einleuchteten. Als der Besucher gegangen war, gestand er sich ein, die Gespräche mit dem Grafen gefielen ihm.

Es kam soweit, dass er auf dessen Besuche wartete und in eifrigen Disputen viele Zusammenhänge erkannte. Trotzdem weigerte er sich, Mitglied in dessen Bruderschaft zu werden. Als der Graf jedoch die Frage stellte, ob andere seiner Glaubensgenossen beim Schuster Gustav Nachrichten hinterlassen oder abholen könnten, sträubte er sich nicht. Er versprach, so lange er mit seiner Familie noch in der Stadt bliebe, wolle er helfen, wo er könne.

Er habe verstanden, die den Menschen innewohnenden göttlichen Kräfte müssten gefunden und genutzt werden.

Als Graf Sternberg zum letzten Besuch kam, seine Stiefel abholte und eine ansehnliche Summe dafür bezahlte, hinterließ er ein zerbrochenes Amulett. „Kommt ein Fremder und spricht von den Rosenkreuzern, dann traue ihm nur, wenn er dir den anderen Teil dieses Kleinods zeigt." Damit ging er und Gustav hatte das Gefühl, sich von einem Freund verabschiedet zu haben. Ehe der die Tür schloss, drehte er sich noch einmal um und lobte: „Die Stiefel sitzen wie eine zweite Haut, ich glaube, dieses Handwerk verstehst du sogar besser als Jakob Böhme." Gustav freute sich über das Lob, von Stunde an wusste er aber auch, dass er sich eine Pflicht aufgeladen hatte, die ihn in der Stadt festhielt.

Die Gerüchte bestätigten sich. Es dauerte nur wenige Wochen und es traf ein sächsisches Heer in Böhmen ein. Im November erreichte es Prag. Die katholischen Truppen leisteten kaum Widerstand. Unter Androhung der Todesstrafe mussten die Jesuiten binnen 24 Stunden die Stadt verlassen. Etliche Protestanten, unter ihnen einige Geistliche, kamen in die Heimat zurück. In Gustavs Werkstatt kehrten bis zum Jahresende fast jede Woche Abgesandte seines Grafen ein, hinterließen dicke Briefe, die nach wenigen Tagen von anderen Unbekannten abgeholt wurden. Der Schuster wunderte sich, wie oft er sein Erkennungszeichen hervorholen musste und dass es bei jedem der Boten haargenau passte. Von Geheimhaltung war nun keine Rede mehr. Die Bruderschaft schien sich unter den jetzigen Machtverhältnissen nicht verstecken zu müssen.

Über Auswanderung aus der Heimat sprachen die Eheleute in diesen Monaten kaum. Eine Zeit lang glaubten sie, ihre Hoffnungen auf ein friedliches Leben würden sich erfüllen. Mit umso größerer Enttäuschung merkten sie aber bald, von Frieden konnte keine Rede sein. Sächsische Truppen plünderten die Stadt, weder katholische noch evangelische Bürger blieben verschont. In aller Eile versteckten sie ihre wenigen Vorräte und Maria ging nicht mehr aus dem Haus. Raub und Brandschatzungen, Schändungen und Gewalttaten unterschieden sich in keiner Weise von dem, was unter Wallensteins Horden geschehen war. Man hörte, die kaiserliche Partei verlöre eine Schlacht nach der anderen, der Kaiser habe seinen entlassenen General wieder zurückgeholt. Nur Wallenstein sei in der Lage, einen Sieg über die Schweden zu erringen. Immer neue Mächte traten in das Kriegsgeschehen ein.

Armeen zogen durchs Land, deren Soldaten Schweden, Kroaten, Bayern oder Dänen waren, allesamt Söldner, die für Geld oder Beute, gleich, für welchen Herrn, in die Schlacht zogen. Mit Hellebarde, Degen, Muskete oder Pistole übten sie ihr blutiges Handwerk. Feind oder Freund, kaum einer fragte danach, rauben und morden standen auf ihren Bannern.

Trotz der eigenen Unsicherheit lag Maria ihrem Angetrauten in den Ohren, man müsse sich endlich einmal erkundigen, wie es ihrer Schwester Rosi und deren Familie in Kaaden gehen würde. Jetzt, wo die Jesuiten vertrieben seien, sei es keine Gefahr, nach protestantischen Verwandten zu fragen. Gustav gefiel der Gedanke gar nicht, seine „beiden Weibsbilder", wie er Frau und Tochter in Gedanken nannte, tagelang ohne männlichen Schutz zu lassen. Er meinte, jetzt im Winter sei keine gute Zeit auf Reisen zugehen, sobald die Tage wieder länger würden, wolle er sich auf den Weg machen.

Dann kam ihm der Zufall zu Hilfe. Eines Tages stand wieder einmal ein Unbekannter in der Werkstatt, er hinterließ ein kleines Päckchen und gab zu verstehen, er müsse weiter, in zwei Tagen erwarte man ihn in Kaaden. Gustav horchte auf! Er sah eine Gelegenheit, sich selbst den Weg in die Stadt zu ersparen. Er erzählte dem Mann von seinen Sorgen. Der versprach sofort, auf dem Rückweg wieder bei ihm einzukehren und Nachricht zu bringen. „Wir Glaubensbrüder müssen einander doch helfen", waren seine Abschiedsworte.

Dieser Ausspruch hinterließ beim Schuster allerdings eine kleine Unruhe, hatte er dem Grafen nicht eindeutig zu verstehen gegeben, dass er zwar helfen wolle, aber kein Rosenkreuzer werden würde. Vielleicht rührt ihr Entgegenkommen daher, dass auch ich bereit war, ihnen Dienste zu leisten, tröstet er sich.

Nach einer Woche war der „Glaubensbruder" wieder da. Was er herausgefunden hatte, würde die Sorge Marias um die Schwester nicht geringer machen. Am Abend erzählte er wie beiläufig, er habe heute einen Kunden gesprochen, der über Rosi und deren Familie etwas wusste. Erstaunt fragte Maria nach, wie er zu Kundschaft aus Kaaden käme. Es sei ein Mann aus dem Gebirge gewesen, der in der Stadt einen Bruder hätte und der wusste, die Familie sei schon vor über einem Jahr ins Sächsische gegangen. Ein wenig misstrauisch sah Maria Gustav in die Augen: „Du denkst dir was aus, damit du nicht hinüber musst", äußerste sie ziemlich unverblümt ihre Meinung. Gustav schwor, beim Leben seiner Kinder, die Nachricht entspräche der Wahrheit. Es wäre schließlich auch egal, wie er dazu gekommen sei. Jedenfalls wüssten sie jetzt, sie selbst seien die einzigen aus der Familie, die noch in Böhmen lebten. Man solle doch noch einmal überdenken, ob man bleiben wolle.

„Sicherheit haben wir nicht. Wenn der Wallenstein dem Kaiser zu neuen Siegen verhilft und er kommt hierher, um Rache zu nehmen, dann Gnade uns Gott."

Wieder einmal erwies sich Schuster Gustav als Prophet. Wochen nach dem Gespräch tauchte der Graf höchstpersönlich im Schusterhaus auf. Gustav wunderte sich über den unerwarteten Besuch. Wie immer setzte der sich auf Jans Schemel und fragte nach dem Befinden der Familie. Er habe gehört, auch die Schwägerin aus Kaaden mit ihrer Familie sei nach Sachsen hinüber gewechselt. Der Schuster wunderte sich schon lange nicht mehr über die Allwissenheit der Rosenkreuzer. So teilte er auch ohne Umschweife seine Sorgen mit. „Es sieht aus, als würde auch ich mit Frau und Tochter diesen Weg gehen müssen." Sternberg seufzte tief auf, „ gefährliche Zeiten, wo ist man heute schon noch sicher? Das Böse ist auf den Vormarsch. Wallenstein wurde vom Kaiser geradezu angefleht, sein Amt wieder anzutreten. Der zierte sich erst, ließ seine Verstimmung merken."

Lange herrschte Stillschweigen in der Werkstatt. Plötzlich ging die Tür auf und Maria kam herein. Erstaunt sah sie auf den Gast. Der gab alle Geheimnistuerei auf, trat auf die Frau zu und begrüßte sie freundlich. Sogar seinen Namen murmelte er. Die Schustersfrau glaubte, sich verhört zu haben, hatte sich der Mann tatsächlich Graf genannt? Welch vornehme Leute kehrten bei ihrem Gustav ein? Der unterbrach ihre Grübelei, „bring uns doch einen Krug Warmbier, unser Gast kann anscheinend eine Stärkung vertragen." Nun erwachte die Hausfrau in Maria. „Willst du den Herrn Graf nicht in die Stube bitten, damit er sich ordentlich aufwärmen kann. Ein richtiger Stuhl und ein Tisch wären angebracht, denke ich." Kritisch sah sie auf den Schemel, auf dem sich der Mann niedergelassen hatte. Sie meinte, das sei keine angemessene Sitzgelegenheit für einen so hohen Herren. Gustav sah Sternberg zweifelnd an. Doch der zeigte sich sehr angetan von der Einladung und schien es auch nicht eilig zu haben. Die Männer setzten sich in die Stube und bald dampfte das warme Bier im Krug. Maria ließ die Männer allein und machte sich im Haus zu schaffen. Sie ahnte, hier sollten wichtige Gespräche geführt werden. Über Gustavs heimliches Gebaren wunderte sie sich schon lange und erkannte mit weiblichem Spürsinn, dass bei dem Herrn Graf die Lösung für all ihre Fragen zu finden sei. Fest nahm sie sich vor, ihren Mann ins Gebet zu nehmen, sobald der Gast gegangen war.

In der Stube führten die Männer tatsächlich wichtige Gespräche. Sternberg kannte Hintergründe und Zusammenhänge, die der Schuster in seinen Kreisen nie erfahren konnte. Staunend hörte er die neuesten Nachrichten über den Kriegsverlauf. Der Wallenstein war zum Generalissimus über das gesamte kaiserliche Heer ernannt worden. Er besaß unvorstellbare Macht. In Militärfragen bestimmte er uneingeschränkt. Ehe er zurückgekommen sei, habe er sich seine Herzogsrechte über Mecklenburg besiegeln lassen. „Wallensteins Astrologe sagte voraus, der Stern des Generals befinde sich im Steigen, das gab endlich den Ausschlag. Er trat sein Amt wieder an. Jetzt besitzt er praktisch die Rechte eines Reichsfürsten. Im ganzen Land sammelt er wie eh und je Truppen und bezahlt alles aus eigenem Vermögen. Das zeigt, welch ungeheure Reichtümer er angehäuft hat und dass er sich ganz sicher ist, der Krieg wird ihm die Taschen bald wieder füllen."

Gustav hörte mit Staunen und voller Sorge der Rede zu, dann äußerte er seine Ahnungen: „Da wird er wohl seine Truppen bald nach Böhmen führen und hier die

Herrschaft des Kaisers und der Jesuiten wieder sichern." Der Graf sah ihm gerade in die Augen und sprach offen und sehr ernst: „Ihr solltet eurer Familie ins Sächsische folgen."

Am Abend saßen die Eheleute noch lange beisammen. Maria verlangte Aufklärung. Von seiner Verbindung zu den Rosenkreuzern erwähnte der Mann nichts. Er blieb insofern bei der Wahrheit, dass er von den feinen Stiefeln, die er für den Herrn Graf gemacht hatte und den interessanten Gesprächen erzählte. Heute sei der Herr vorbei gekommen, um ihn zu warnen. Die Kaiserlichen sind auf dem Marsch nach Böhmen und die Jesuiten kommen bestimmt zurück. Maria verstand sofort: „Also gehen wir auch hinüber!"

Am nächsten Tag packten sie die allernötigsten Dinge zusammen. Ein kleiner Karren wurde beladen. Gustav sicherte so gut es ging, Haus und Werkstatt. Am übernächsten Morgen in aller Frühe, die Nacht wich erst langsam der Morgendämmerung, verließen Vater, Mutter und Tochter die Heimat. Was sie mit Mühe und Liebe geschaffen, ließen sie zurück. Maria drehte sich noch einmal um und sprach mit tränenerstickter Stimme: „Ob wir wohl je wieder heimkehren werden?" Gustav nahm seine beiden Frauen in den Arm: „Das wichtigste ist, dass wir beisammen sind. Wenn Gott will, werden wir auch bald unseren Jan, den Vater und Elisabeth wieder sehen." Die Familie zog gegen das Gebirge.

12 AUF DER FLUCHT

Da sie sich mit ihrem Karren nicht auf unwegsamen Pfaden durch den Wald bewegen konnten, mussten sie die alte Salzstraße nutzen. Hier war die Gefahr auf Raubgesindel zu stoßen wesentlich größer. Allerdings kam man auch schneller voran. Glücklicherweise begegneten ihnen keine Bewaffneten, dafür stießen Leute zu ihnen, die in gleiche Richtung unterwegs waren. Familien mit größeren und kleineren Kindern, alte Leute, Ehepaare und einige junge Männer kamen aus den umliegenden Dörfern hinzu. Schnell verständigte man sich über Ziel und Grund der Wanderschaft. Durchweg Protestanten, von denen Gustav einige sogar kannte, strebten der sächsischen Grenze zu. Der Weg wurde damit nicht nur kurzweiliger; da man sich gegenseitig an schwierigen Stellen half, kam man auch gut voran. Die Menschen fühlten sich sicherer und außerdem tauschte man Meinungen über die Lage an der Grenze aus.

Ein langer Kerl, der allein auf dem Marsch war, wusste, der Kurfürst von Sachsen ließe alle Grenzübergänge verhauen. Diese Nachricht beunruhigte Maria. „Hoffentlich kommen wir überhaupt über die Grenze", flüsterte sie ihrem Mann zu. Der tröstete: „Wir finden schon einen Pfad. Glücklicherweise wissen wir, wo ein Dach auf uns wartet." Diesen Vorteil hatten nur wenige aus der Truppe. Die meisten gingen auf gut Glück ins Unbekannte.

Als die Abenddämmerung über die Berge zog, hatten sie den Kamm erreicht. „Nun ist es nicht mehr weit bis zum Einsiedler Pass", wusste der Lange. Der Pfad senkte sich allmählich abwärts und plötzlich versperrten Holzstämme und Gestrüpp den Weg. Hier war kein Durchkommen! Ratlos blieben die Menschen stehen, einige

Männer gingen in den Wald hinein, vielleicht konnte man irgendwo an der Seite das Verhau umgehen. „Halt! Wer da?", tönte es aus dem Gehölz. Gustav ahnte, auch die Waldwege waren versperrt. Nun war guter Rat teuer! Wieder machte sich der lange Kerl, einige nannten ihn Michel, nützlich. „Hier sind allesamt gut protestantisch. Der Wallenstein will uns an den Kragen, wir suchen Hilfe und Sicherheit im Sächsischen." Nach dieser Botschaft war es eine ganze Weile still hinter dem Buschwerk, dann hörte man Stimmen, als würde man sich beraten. Schließlich tat sich im Verhau ein kleiner Durchlass auf. Ein Uniformierter, anscheinend der Anführer der Grenzwächter, nahm die Ankömmlinge in Augenschein. „Habt ihr Waffen?" Als das alle laut und durcheinander redend verneinten, gab er Anweisung: „Erst die Frauen und Kinder, danach kommen die Männer einzeln herüber."

Da die Ankömmlinge keine bösen Absichten hatten, ging der Übertritt nach Sachsen schnell vonstatten. Danach wurde die Sperre gewissenhaft wieder geschlossen. Auf sächsischer Seite leuchteten einige Lagerfeuer. Männer saßen auf der Erde, sie trugen graue Röcke mit roten Aufschlägen, rote lange Tuchstrümpfe und schwarze Hüte. Michel gab seinen Reisegefährten Aufklärung: „Das sind Landwehrmänner, man nennt sie Defensioner, sie sollen die innere Grenze schützen. Jeder Ort in der Umgegend muss eine bestimmte Zahl Männer stellen, so hat es der Landtag in Dresden beschlossen."

Die böhmischen Grenzgänger standen eine Zeit lang ein wenig ratlos herum, bis einer, der anscheinend zu befehlen hatte, auf sie zutrat: „Wer über die Nacht hier bleiben will, mag sich dort drüben auf dem Feld einrichten. Morgen früh müsst ihr aber weiter." Einige der Flüchtlinge machten sich auf, ihren Marsch ins sächsische

Land hinein fortzusetzen. Maria und Gustav berieten sich kurz und beschlossen, eine Ruhepause einzulegen. Ein anstrengender Tag lag hinter ihnen und die halbwüchsige Hilda schien Schlaf zu brauchen. Die Kinder trugen Holzstücke und Äste zusammen und gemeinsam mit anderen Männern stapelte der Schuster einen Stoß für ein Lagerfeuer. Bei den Defensionern hing ein Kessel über dem Feuer, aus dem es verführerisch nach einer guten Mahlzeit roch. Eine der Frauen brachte einen großen Topf herbei, alle gaben aus ihren mitgebrachten Vorräten und bald brodelte auch bei ihnen eine Suppe. Etwa ein Dutzend Leute versammelten sich um das Feuer, man sah ihnen die Müdigkeit an. Als alle gegessen hatten, legten sich die ersten, in ihre Decken gewickelt, zum Schlafen auf die Wiese.

Auch Hilda kuschelte sich eng an Maria. Gustav sah sich noch im Lager um, sprach mit den Leuten und fragte, ob jemand aus dem Dorf Neuhausen stamme. Ein älterer Mann meldete sich. „Der Vater meiner Frau ist bei euch der Pastor", gab sich der Schuster zu erkennen. „Der Knorr – ein guter Seelsorger, hat ein Herz für die Armen", ließ sich der Neuhausener vernehmen. Plötzlich stutzte er. „Der Enkelsohn von unserem Pastor ist doch auch mit hier." Gustav glaubte sich verhört zu haben. „Was für eine Enkel?" „So ein Hallodri, kann gar nicht genug von den Kriegsspielen bekommen." Gustav wurde ganz aufgeregt, „wo finde ich den Jungen?" „Keine Ahnung, wo der sich wieder rum treibt."

Der besorgte Vater ging zurück ans Feuer und sah, dass seine Maria und Hilda schliefen. Er legte sich zu ihnen und beschloss, erst mal über das Gehörte nachzudenken, ehe er seine Frau beunruhigte. Die Müdigkeit vertrieb seine Gedanken nicht, er drehte sich hin und her und konnte keinen Schlaf finden. Bestimmt hatte sich der

Defensionier geirrt. Jan war doch noch ein halbes Kind, was sollte er bei der Landwehr zu schaffen haben? Doch ganz im Inneren sagte ihm eine Stimme, die Beschreibung passt genau auf deinen Sohn. Hatte der nicht schon immer die Landsknechte bewundert?

Schließlich war Gustav doch eingeschlafen und der Morgen nahm ihm die Entscheidung ab, wie und ob er seiner Frau von Jan erzählen sollte. Sacht rüttelte ihn Maria und zeigte auf zwei Menschen, die in einiger Entfernung beisammen standen und sich eng umschlugen hielten. Langsam kam er zu sich und erkannte überrascht seine beiden Kinder. Deren Mutter flüsterte mit Tränen in der Stimme: „Sieh doch nur, unser Jan! Hilda hat ihn entdeckt."

Die Eltern bewegten sich wie in einem Traum auf Tochter und Sohn zu. Ja, das war er! Ihr Jan! Das offene Lachen, die Freude stand ihm ins Gesicht geschrieben. Mit ausgebreiteten Armen kam er auf die Eltern zu: „Das ihr nur endlich da seid! Der Großvater und die Tante haben sich solche Sorgen gemacht."

Maria bemerkte sogleich, dass ihr Sohn stolz darauf war, zu den Männern zu gehören, die die Grenze bewachten, und er war stolz auf seine Uniform. Es war eben ihr Jan, wie er schon immer gewesen war, musste sie sich eingestehen. Plötzlich schien dem ein Gedanke zu kommen, „ich komme gleich wieder!" Sie sahen, wie er mit seinem Hauptmann sprach, auf die Eltern und die Schwester zeigte. Schon stand er wieder bei ihnen, „er hat mir frei gegeben, ich darf euch heim zum Großvater bringen", rief er freudestrahlend. Die ganze Familie machte sich auf den Weg, Jan kannte sich aus und so ratterte ihr Karren noch vor der Mittagszeit in den Pfarrhof ein.

Das Wiedersehen bescherte allen eine der glücklichsten Stunden seit langer Zeit. Die beiden Schwestern verschwanden in der Küche und bereiteten ein köstliches Mahl vor. Elisabeth opferte sogar ein Huhn aus ihrem Stall, was sie sonst nur unter Protest tat. Bald tauchte auch Ewald auf und Maria bemerkte die zärtlichen Blicke, die zwischen Ewald und Elisabeth ausgetauscht wurden. „Na, Kleine hast wohl auch einen Liebsten gefunden?", neckte sie die Schwester. Der stieg die Röte ins Gesicht, aber abstreiten konnte und wollte sie nicht, dass ihr der Ewald lieb und wert geworden sei. „Da werden wir also bald eine Hochzeit feiern", orakelte die Ältere. „Wenn nur die Zeiten nicht so ungewiss wären", klagte Elisabeth. „Wenn ihr nicht heiratet, werden die auch nicht besser", ließ sich die praktische Schustersfrau vernehmen.

Nach dem Essen saßen alle noch beisammen, viele Neuigkeiten mussten ausgetauscht werden. Die Angekommenen erfuhren, Anna mit Mann und der kleinen Tochter würden in Grünthal leben. Das wussten sie allerdings schon aus dem Brief, der sie erreicht hatte. Von Rosi und ihrer Familie konnten sie nur erfahren, sie hätten wahrscheinlich in einem sächsischen Grenzdorf nahe Marienberg eine Bleibe gefunden. Trotz dieser Ungewissheit spürten sie Erleichterung, alle waren am Leben und vor den Glaubensverfolgungen sicher. Traurig war nur, dass die Mutter den heutigen Tag nicht mehr erleben durfte. „Was die Zeit uns bringen wird, müssen wir tragen. Vertrauen wir auf Gott", fasste der Großvater das Gespräch zusammen.

Am späteren Abend, Jan war schon wieder hinauf zur Grenze unterwegs und die Frauen zur Ruhe gegangen, saßen die drei Männer noch in der Küche. Der Vater stellte eine Flasche Branntwein auf den Tisch und meinte, man müsse das Wiedersehen feiern. Nun wurde auch Gustav endlich seine Sorge los. „Warum drückt sich der

Junge bei der Landwehr herum? Dafür ist er noch viel zu grün hinter den Ohren", brachte er seine Bedenken vor. Hier mischte sich Ewald ins Gespräch. „Das war nicht des Vaters Entscheidung. Jeder Ort an der sächsisch/böhmischen Grenze muss eine bestimmte Anzahl von Burschen stellen. Der Kurfürst befürchtet mit Recht, der Kaiser wird sich rächen, weil Sachsen mit den Schweden gemeinsame Sache macht. Die Gemeinden haben die Ausstattung und alle Kosten für die Grenzschützer zu übernehmen. Für jede Hufe Land zahlen die Bauern zwei Gulden. Die Städte trifft es noch härter. Marienberg, so hat mir einer dieser Tage erzählt, muss 513 Gulden, 9 Groschen und 2 Pfennige zahlen. Dazu haben die Bürger noch über 43 Scheffel Hafer zu liefern. Waffen, Ausrüstung und Pferde gehen auch zu Lasten der Bevölkerung."

Gustav musste eingestehen, die Bedrückung sei ziemlich hart, zweifelte aber, eine Heeresmacht würde sich von einigen Schanzen und Verhauen sicher nicht abschrecken lassen. „Abhalten nicht", erklärte der Pastor, „aber die Heere sind mit einem Tross von unzähligen Leuten unterwegs, da bringt jedes Hindernis eine Verzögerung beim Vorrücken. Und diese Zeit hilft den Leuten, in die Wälder fliehen und ihre Vorräte in sichere Verstecke bringen zu können."

Dem Schuster dämmerte, auch hier in Sachsen blieben er und seine Familie vor Sorgen und Gefahren nicht verschont. Resignierend sagte er: „Vor dem Krieg kann man wahrscheinlich nicht fliehen. Diese Geißel, wie auch die Pest, holt einen überall ein." Das war für Ewald das Stichwort. „In Freiberg soll die Seuche in den letzten Monaten 5000 Menschen dahingerafft haben, ein Drittel aller Einwohner." „Beten wir, dass uns die Krankheit diesmal verschont ", meldete sich Knorr besorgt zu Wort. „Aber nun wollen wir auch einmal etwas Freudiges bereden." Er hob er seinen Becher. „Wann soll ich euch denn endlich trauen?", fragte er Ewald. Davon hatte Gustav noch gar nichts gehört, aber er freute sich, dass sein alter Zunftgenosse sein Schwager werden sollte. Über das Unglück, das den Mann getroffen hatte, waren sie auf dem Weg vom Kamm nach Neuhausen von Jan schon aufgeklärt worden. Haarklein hatte der ihnen erzählt, wie sie vor Monaten nach Neuhausen gekommen waren und seine Heldentat zur Rettung der Tante hatte er natürlich auch nicht verschwiegen. Die Eltern sollten wissen, wie erwachsen er schon war und dass er mit Recht beim Schutz der Grenze half.

Der Pastor war unruhig, als ahne er, große Not würde bald auf sie alle zukommen. Jeden Tag lag er Elisabeth und Ewald in den Ohren, man müsse endlich Hochzeit halten. Als seine Tochter sich immer noch zögerlich gab, führte er moralische Gründe ins Feld. Es gehöre sich nicht, dass die Liebesleute ohne den Segen der Kirche unter einem Dach lebten. Die jungen Leute mussten einsehen, er habe nicht Unrecht. Schon mehrmals hatten sie mit angehört, wie er bei seinen Predigten über die Unzucht hergezogen war. Einmal lehnte er sogar eine Trauung ab, weil die Braut einen geschlossenen Kranz tragen wollte, obwohl die Folgen „außerehelicher Sünde" nicht zu übersehen waren. Schließlich ließ der gestrenge Herr Pastor sich überreden die Sünder zu trauen, verlangte aber eine stille Hochzeit.

Ewald sah ein, sein künftiger Schwiegervater befand sich in Gewissenskonflikten. Es gelang ihm schließlich, seine Elisabeth zu überzeugen, noch bevor der Winter ins Land käme, die Hochzeit auszurichten. Als man sich auf einen Sonntag Mitte Oktober geeinigt hatte, begann im Pfarrhaus ein Marathon der Vorbereitung. Mit den Frauen war über nichts anderes mehr zu reden. Die Braut versuchte anfangs, das Fest bescheiden zu halten. Man müsse, so mahnte sie immer wieder, die schweren Zeiten berücksichtigen. „Kleid, Schleier, Gäste und ein kleines Festmahl müssen sein" vertrat Schwester Maria rigoros ihre Meinung. Selbst Hilda wollte mitreden und entwickelte die kühnsten Träume über Schleier, Spitzen und Schleppe. Gäste? „Anna und Rosi mit ihren Familien müssen eingeladen werden", verkündete Gustavs Angetraute. Der wollte bremsen: „Wie willst du die einladen und herbringen?"

Auch der Vater wurde in den Strudel hinein gezogen: „Ein Hochzeitsbitter muss sich auf den Weg machen. Bei Anna ist das nicht schwer, Grünthal ist an einem Tag zu erreichen." „Aber Rosi ..., wir wissen doch nicht mal genau, wo sie, ihr Mann und die Kinder jetzt leben", gab Elisabeth zu bedenken. Knorr schien keine Hindernisse anzuerkennen: „Ich red mit dem Herrn, vielleicht kann der helfen, sein Verwalter ist oft in der Gegend um Marienberg unterwegs."

An einem der nächsten Tage, stand Schullehrer John im Pfarrhaus. Knorr hatte ihn herbestellt. Ewald und Elisabeth kamen hinzu, alle begaben sich in das Studierzimmer des Pastors. Der Lehrer wartete gespannt, was man von ihm wolle. Angesichts der beiden jungen Leute konnte er sich fast vorstellen, welcher Auftrag ihn erwartete. Innerlich sehr erfreut, gab er sich jedoch gelassen. Sollte er als Hochzeitsbitter auserkoren sein? Das schien mehr als gewiss, denn diese Ehre stand ihm als Schulmeister zu, dann würde das seine ständige Notlage ein wenig bessern.

Er ließ den Herrn Pfarrer reden, tat unentschlossen, schließlich seien die Kinder zu unterrichten und da könne er nicht so einfach tagelang andere Aufgaben erfüllen. Das Brautpaar war enttäuscht, doch der Vater kannte sich aus. Nicht umsonst war er schon in ähnlicher Lage gewesen, wie John. „Die meisten der Knaben helfen doch in dieser Zeit den Eltern bei der Ernte auf dem Feld und kommen gar nicht zum Schulunterricht."

John sah sich durchschaut, trotzdem wollte er so viel wie möglich für seine immer hungrigen Kinder Nutzen ziehen. Als er hörte, er müsse gar bis nach Grünthal hinunter, gab er sofort zu bedenken, die üblichen 16 Groschen müssten bei diesen weiten Weg aufgebessert werden. Man gab sich großzügig. Selbstverständlich bekäme er, was ihm zustände. Elisabeth mischte sich ein: „ Die Livree wird von bester Güte sein. Bratenrock, Schnupftuch, Band, Kranz und Hut aus feinstem Material." Sie wusste, das würde sie wenigstens 16 Groschen kosten. Man heiratet nur einmal tröstete sie sich, jahrelang habe ich jeden Pfennig zurückgelegt, mir nie etwas von den Händlern gekauft. Ihre Überzeugung von der bescheidenen Hochzeit geriet ins Wanken. Der Vater würde die Bewirtung der Hochzeitsgäste und die Ausstattung der Braut übernehmen. Seit sie ihr Zögern überwunden, schien die junge Frau entschlossen, keine Mühen und Kosten zu scheuen, um sich und Ewald einen wahren Feiertag zu bereiten.

An die darauf folgende Nacht durfte sie gar nicht denken, da bekam sie immer ganz weiche Knie. Zärtlichkeiten hatte sie mit ihrem Liebsten schon heimlich ausgetauscht, niemals war er aber über die Grenze des Erlaubten gegangen. Die erfahrene Schwester Maria klärte sie auf und prophezeite, ungeahnte Wonnen würden auf sie warten. Elisabeth schwebte auf Wolken, befand sich in einem Taumel von Anspannung und Glück.

Die Vorbereitungen gingen gut voran. Vier Wochen vor dem angesetzten Hochzeitstag stand der Hochzeitsbitter bereit. Die Braut hatte Wort gehalten. Am Rock befestigt, hing das Schnupftuch aus bestem Leinen lang herab. Das Haupt des Mannes schmückte ein feiner Filzhut. Durch den Kranz verziert und ein langes Band nach hinten schwebend, stellte der ein echtes Prachtstück dar. Frau und Kinder des Lehrers standen am Pfarrhaus und bewunderten den herausgeputzten Vater. „Die vornehmen Kleider, darf der Vater behalten und vom Hochzeitsessen bringe ich euch was mit heim", versprach die Lehrersfrau ihrer Schar. Sie hoffte, beim Auftragen helfen zu dürfen und war sicher, mancher Bissen würde für ihre hungrigen Mäuler abfallen. Vielleicht ließ der Bräutigam unter den Gästen auch noch einen Teller herumgehen. Die Gäste spendeten bestimmt noch eine Kleinigkeit für den wichtigen Auftrag, den ihr Gemahl sicher hervorragend erfüllte.

Würdevoll verabschiedete der sich vom Herrn Pastor und den Brautleuten, winkte seiner Familie kurz zu und machte sich auf den Weg, um die Schwester mit Mann und Kind zum Fest zu bitten. John glaubte fest an einen erfolgreichen Ausgang seiner Mission, zumal er wusste, in Grünthal werde er es mit einem Lehrerkollegen zu tun haben.

All die vielen Vorbereitungen hatten sich gelohnt. Das ganze Dorf füllte die Kirche, es war, als wollten die Leute noch einmal einen schönen Tag so recht genießen. Wenn sie auch nicht an der Hochzeitstafel Platz nehmen konnten, freuten sie sich über die schöne Braut und den stattlichen Auserwählten. Elisabeth hatte im Dorf schon so oft geholfen, Kinder betreut und Alte gepflegt, man gönnte ihr dieses Glück und die guten Wünsche kamen allesamt von Herzen.

Anna war mit ihrer Familie von Grünthal herauf gekommen und das Wiedersehen ließ manche Freudenträne fließen. Rosi war nicht aufzufinden gewesen. Der Verwalter des Herrn fand in Marienberg keinen Hinweis auf die Familie. Zu viele Menschen seien in den letzten Monaten über die Grenze gekommen. Für genaue Untersuchungen in den Dörfern fehlte ihm die Zeit.

Er ließ wissen, die Angst würde unter den Flüchtlingen und Einwohnern umgehen. Der Wallenstein habe seinen General Holk beauftragt, baldmöglichst mit einer Strafexpedition in Sachsen einzumarschieren. „Von dem Holk hört man nur Schauergeschichten", erzählte der Mann dem Pastor. „Alle halten sich still und ziehen die Köpfe ein", nach einer Pause, „schlimme Zeiten kommen auf uns zu, Herr Pastor!" So war die Festtafel nicht so sehr groß geworden, was dem Herrn Lehrer und besonders dessen Frau freute. Sie durfte mit am Tisch sitzen und für ihre Kinder fielen allerhand Leckerbissen ab. Auch der Teller wurde herumgereicht. Für Lehrer John und seine Familie war Elisabeths Hochzeit ein Segen.

Aber auch das frisch vermählte Ehepaar war glücklich. Es freute sich über die vielen Wünsche. Sogar vom Schloss war ein wertvolles Geschenk gekommen: ein halbes Dutzend feine grüne Trinkgläser, die Meister Preußler oben in der Heidelbacher Glashütte gefertigt hatte. Diesen schönen Tag wollten sie nie vergessen, das versprachen sie sich gegenseitig. Elisabeth war zutiefst überzeugt, sie hätte keinen besseren Mann finden können. Liebevoll und zärtlich war er auch in jener bewussten Nacht gewesen, die Schwester hatte mit ihrem Wonneversprechen nicht übertrieben. Aber nur vor sich selbst legte sie dieses Geständnis ab, über intime Dinge, die nur die Eheleute angingen, sprach man nicht. Das war ihre feste Meinung und daran hielt sie sich ein Leben lang.

Das Jahr 1632 neigte sich seinem Ende zu. Im Hause des Pastors Knorr war seit dem Sommer wieder Leben eingekehrt. Maria mit ihrer Familie und das jung vermählte Paar mussten im Pfarrhaus Platz finden. Manchmal wurde es dem Seelsorger sogar ein wenig zu laut. Selbst in seinem Studierzimmer machten sich Lachen und Unruhe breit. Sein Amtsbereich beschränkte sich nicht nur auf Neuhausen, schließlich hatte er auch die Schäflein in den umliegenden Gemeinden zu betreuen. Taufen, Hochzeiten und Beerdigungen mussten vorbereitet werden. Es war nicht immer leicht, die passenden Worte zu finden, er brauchte Ruhe zum Nachdenken.

Maria und Elisabeth merkten wohl, dass dem Vater der ganze Trubel oft zu viel wurde. Das Pfarrhaus platze aus allen Nähten. Gustav und Ewald unterhielten sich fast jeden Tag darüber, wie sie weiter leben wollten. Gustav hätte gerne, wie daheim, eine Schusterwerkstatt gehabt. Der Schwager gab zu bedenken, Erzgebirgsdörfer seien keine große Stadt wie Brüx. „Im Dorf betreibt schon ein Schuster sein Gewerbe. Hier ziehen die Leute den ganzen Sommer ihre Holzpantoffeln an. Wenn sie sich ein Paar Schuhe anschaffen, dann müssen die ein Leben lang halten. Wie willst du da dein Auskommen finden?" Er habe sich von dem Gedanken verabschiedet, seine Werkzeuge herzuholen. In der Pfarrwirtschaft hätte er genug zu tun. Marias Mann musste einsehen, Ewald hatte Recht. Aber ihm war auch klar, das Pfarrgut konnte nicht auch noch seine Familie ernähren, er musste sich nach einer Arbeit umsehen.

Bei der Hochzeit hatte Anna von ihrem Leben in Grünthal erzählt, sie schien zufrieden. Ihr Mann, der Hüttenschulmeister, verdiente so viel, dass sie einigermaßen zurechtkamen.

Gustav ging tagelang mit schweren Gedanken im Kopf herum. Was sollte er nur anfangen? Er war nun mal kein Schulmeister. Als Bauer, wie der Ewald, konnte er sich sein Leben auch nicht vorstellen. Der schien sich als solcher sehr wohl zu fühlen. Der Schuster beschloss, sich in den Nachbardörfern umzuhören, nicht nur eine Arbeit, auch eine eigene Bleibe für seine Familie galt es zu finden.

Das Weihnachtsfest verlebten sie noch alle im Pfarrhaus, es waren glückliche Stunden und sie hofften, im neuen Jahr von Krankheit und Krieg verschont zu bleiben.

Diese Hoffnung erfüllte sich nicht. Kaum hatte das Jahr begonnen, kam der Vater eines Tages vom Schloss und brachte schreckliche Botschaften mit. Der Wallenstein saß wieder fest im Sattel. Nachdem er Böhmen von den Protestanten gesäubert hatte, zog er mit großer Heeresmacht gegen die Schweden. 6000 Mann seiner Truppen unterstellte er dem dänischen Generalwachtmeister Holk, der eigentlich dem evangelischen Glauben anhing, aber im Dienste der kaiserlichen Armee stand. „Dieses Heer schickte er gegen Sachsen, mit dem Auftrag ...in Sachsen eine Diversion zu machen, das Land mit Plündern, Vieh wegtreiben und etwas brennen und ruinieren", zitierte Knorr, was er erfahren hatte. „Der Holk muss ein echter Teufel sein, eine Spur von Blut, Asche und Trümmern pflügt er durch unser Gebirge, einen gehorsameren Knecht konnte der Wallenstein wahrlich nicht finden", beschloss der Vater seinen Bericht.

„Wo mögen sich nur unsere Rosi, ihr Mann und die beiden Buben aufhalten? Wenn die Räuber von Böhmen her einfallen, sind sie sicher in allergrößter Gefahr", sprach Elisabeth aus, was sie alle fürchteten.

13 SCHLIMME ZEITEN

Hätte die Familie gewusst, wie schlimm das Schicksal der Schwester tatsächlich war, ihre Sorgen wären noch weitaus größer gewesen.

Schon ein halbes Jahr später, nachdem Knorr und seine Frau Böhmen verlassen hatten, war auch sie aus Kaaden vertrieben worden.

Die Familie wollte sich nach Marienberg wenden. Nach tagelangen Irrwegen gelangte sie vor den Mauern der Stadt an. Was sie hier sah, ließ alle Hoffnung auf eine sichere Bleibe schwinden. Die Bürger brauchten selbst Hilfe. Vor noch nicht einmal zwei Jahrzehnten war die Stadt durch ein verheerendes Feuer vernichtet worden. Noch jetzt lebten in armseligen Hütten viele Einwohner außerhalb der Mauern. Nein, aufgegeben hatten sie ihr Marienberg nicht, aber die Not war noch immer groß, denn all ihre Habe hatte die Feuersbrunst verschlungen.

So standen nun in größter Armseligkeit Rosi, ihr Mann Heinrich und die beiden Knaben am Stadttor und wussten nicht, wo sie eine Unterkunft finden sollten. Schließlich erbarmte sich einer der Wächter und forderte sie auf, herein zu kommen. Trotz der eigenen Sorgen taten dem Mann die Kinder leid. „Mein Wachdienst ist für heute zu ende, kommt mit!"

Sie trotteten ohne zu fragen hinter ihm her. Vor einem Haus, von dem noch die Grundmauern standen, das aber ansonsten einer Baustelle glich, blieb der Stadtwächter stehen. „Wir, meine alte Mutter und meine Schwester, wohnen noch außerhalb in einer Hütte." Mit einer Geste auf das halbfertige Gebäude zeigend, „das hier bauen wir wieder auf. Bis zum Winter soll es dicht sein." Er wies ihnen eine halbfertige Stube zu. „Wenn ihr euch nützlich macht und mir helft, will ich euch gerne eine Bleibe geben." Damit verschwand er. Die wenigen Kleidungsstücke und zwei Decken legten die Flüchtigen auf den Boden, Rosi teile die Reste ihrer Nahrungsvorräte auf. „Das sind die letzten Bissen", flüsterte sie ihrem Heinrich zu.

Ein größeres Elend konnte sich die Frau nicht vorstellen und verbrachte schlaflos ihre erste Nacht in der Stadt, wo noch viel Schlimmeres auf sie warten sollte.

Am frühen Morgen, die Kinder schliefen noch und Heinrich sah sich auf der Baustelle um, tauchte eine Frau auf. Rosi dachte erst, es wäre der Wächter. Einen robusten männlichen Eindruck machte diese Person, aber das Kopftuch wollte nicht recht zu einem Stadtwächter passen. Mit einem gemurmelten Gruß sah sie auf die am Boden liegenden Knaben. Dann wendete sie sich an Rosi und gab missbilligend zu verstehen, das sei keine Schlafstelle für Kinder. Der verzweifelten Mutter liefen sogleich die Tränen übers Gesicht. „Wir sind schon froh, wenigstens nicht im Freien übernachten zu müssen." Die Bekopftuchte schien erschüttert und murmelte etwas wie: Hilfe müsse her. Endlich ließ sie sich zu einer klaren Aussage herab. Sie sei die Schwester von Bruno, dem Wächter. Gemeinsam würden sie das abgebrannte Haus wieder aufbauen. Rosi sah auf die kräftige Figur und die muskulösen Arme und konnte sich gut vorstellen, was sie hörte. „Ihr wollt helfen?" Eifrig und verängstigt nickte sie und lockte um Wohlwollen: „Heinrich, mein Mann, ist Zimmerer, er versteht was vom Bauen." Diese Bemerkung brachte sofort die erhoffte Wirkung. „Gut, ihr helft alle mit und bekommt diese Stube. Ich gebe euch einige Lumpen, damit ihr was zum Zudecken habt." Dann befahl sie: „Jetzt kommt mit, in unserer Hütte ist eine Kochstelle und ein Kessel mit Suppe steht bereit."

Rosi glaubte, die Grobe habe sich in einen Engel verwandelt, rief ihren Mann, weckte die Kinder und alle vier liefen der Frau hinterher. Bald erreichten sie außerhalb der Stadtmauer ein einfaches, aber sauberes Häuschen, erhielten alle einen Holzlöffel und eine Schüssel voller Grützsuppe. Bruno der Wächter und Heinrich der Zimmerer befanden sich bald in einem Gespräch. Die Schwester hielt sich zurück, aber Rosi bemerkte, dass sie jedes der Worte aufmerksam verfolgte. Am Ende mischte sie sich mit einer Frage ein: „Wann könnten wir das Haus beziehen?" Heinrich überlegte nicht lange und versprach: „ Wenn wir alle zugreifen und ihr genug Holz heranschafft, ist es bis zum Herbst fertig."

Er hielt sein Versprechen. Bruno kümmerte sich ständig um Balken und Bretter, seine Mutter und die Schwester arbeiteten fleißig mit, selbst die Buben halfen. Sie reichten Werkzeug zu und sorgten für Ordnung auf der Baustelle. Rosi versuchte sich anfangs auch nützlich zu machen. Nach wenigen Tagen meinte Brunos Schwester, sie solle die „Weiberarbeit" übernehmen, auf dem Bau brächte sie keinen Nutzen.

So hielt sich Rosi in der Hütte vor der Stadtmauer auf, kümmerte sich um das Essen, säuberte und wusch. Linda schien mit dieser Arbeitsteilung äußerst zufrieden. Täglich veränderte sich die Baustelle. Das Haus, von dem nur noch die Grundmauern erhalten geblieben waren, ähnelte immer mehr dem, was es vor dem Brand gewesen sein mochte. Die Mutter von Linda und Bruno behauptete sogar, Heinrich sei ein Künstler und es wäre viel schöner als vor dem Unglück.

An einem sonnigen Herbsttag konnten sie einziehen. Rosis Familie war eine große Hilfe gewesen, das verkündete lautstark die sonst eher mürrische Linda. Als Dank erhielten die Zugewanderten zwei Stuben, der geschickte Heinrich sorgte nebenher für einige Möbelstücke. Auf dem Fußboden mussten sie schon lange nicht mehr schlafen.

In der Stadt sprach sich herum, beim Wächter Bruno wohne ein Mann, der zwei goldene Hände besäße. Bald konnte sich der Zimmerer vor Aufträgen kaum retten. Und wieder griff die praktische und resolute Linda ein. „Wenn du in der freien Hütte vor der Stadt eine Werkstatt einrichtest, könntest du ein gutes Einkommen für deine Familie haben."

Heinrich überlegte nicht lange und schon im darauf folgenden Jahr bot man ihm das Bürgerrecht in der Stadt an. Er dachte heimlich sogar darüber nach, sich innerhalb der Stadtmauern anzusiedeln. Baugrund würden ihm die Stadtherren sicher zur Verfügung stellen. Er könnte sich ein eigenes Haus mit Werkstatt aufbauen. Nach reiflicher Überlegung teilte er eines Tages diese Gedanken seiner Rosi mit. Sie war so stolz auf ihren Heinrich! Eifrig stimmte sie zu und gemeinsam machten sie Pläne. Wenn die Frau in einer stillen Stunde ihr Leben überdachte, glaubte sie, noch nie so glücklich gewesen zu sein, wie hier in der neuen Heimat. Auch ihre beiden Buben schienen sich eingewöhnt zu haben. Sie besuchten die Schule und der Herr Rektor Pistorius war sehr angetan von ihrem Lerneifer. Manchmal kam er bei ihnen vorbei, dann sprachen sie über die Heimat jenseits der Grenze. Er stammte ebenfalls aus Böhmen. In seiner Heimatstadt Joachimsthal war er sieben Jahre lang Rektor gewesen und konnte sich an seinen Amtsbruder in Brüx, Rosis Vater, gut erinnern. Der Kurfürst kommandierte den Mann höchstpersönlich nach Marienberg.

Oft hatte Pistorius einen Auftrag für Heinrich. Da der Herr Lehrer wie auch die Leute in der Stadt, die durch den Bergbau ihr Auskommen hatten, die gute Arbeit

Heinrichs schätzten und meist bezahlten, kamen sie aus ihrer Notlage heraus und der Traum vom eigenen Haus nahm Gestalt an. Rosi blühte regelrecht auf und man sah ihr das Glück an.

Aber die Zeiten schienen nicht fürs Glücklichsein gemacht. Wie ein Dieb in der Nacht schlich sich die Krankheit in die Häuser und Stuben. Die Bürger kannten die Anzeichen! Oft war sie schon eingedrungen, hatte zu viele Opfer gefordert.

Diesmal machte sie selbst vor den Schulstuben nicht halt. Lehrer Pistorius sah besorgt auf die Kinder. Der Kleine von Rosi und Heinrich schien zu fiebern. Dem Älteren war noch nichts anzumerken, deshalb rief er den zu sich und befahl ihm, seinen kleinen Bruder heim zu bringen. „Komm auch du erst wieder, wenn ihr beide gesund seid", erklärte er dem Jungen. Der schaute ihn verwundert an, konnte nicht recht verstehen, warum er schulfrei haben sollte. Zu widersprechen wagte er nicht, das war nicht seine Art.

Der Rektor ahnte, was auf sie zukam. Vorkehrungen musste er jedenfalls treffen, obwohl er wusste, er würde diese verfluchte Seuche nicht aufhalten können. Kaum hatten die Leute ihre Stadt einigermaßen aufgebaut, drohte schon wieder eine schreckliche Gefahr. In den letzten Tagen waren einige Kinder nicht zum Unterricht gekommen und es hieß, in deren Haus sei jemand an der Pest erkrankt. Dass es nun womöglich seine Freunde treffen würde, erschütterte ihn besonders. Die Frau war in der letzten Zeit so froh daher gekommen, die Eheleute waren voller Pläne. Als ihre beiden Jungen am Vormittag daheim auftauchten, ahnte Rosi sofort den Grund. „Der Lehrer hat uns heimgeschickt, der Kleine hat Fieber." Die Mutter fasste ihn an die Stirn, „du bist ja ganz heiß." Sie legte den Jungen ins Bett, flößte ihm Tee ein und umwickelte seine Beine mit kalten Tüchern. Am Abend war er schon nicht mehr ansprechbar. An seinem Hals zeigten sich dicke Beulen. Als Heinrich aus der Werkstatt kam, fand er eine verzweifelte Frau und seinen älteren Sohn völlig verstört. Rosi flüsterte ihm zu, „die Pestilenz hat zugeschlagen."

Im Haus war das Unglück nicht unbemerkt geblieben. Linda rief nach Heinrich, ließ ihn aber nicht zu nahe an sich heran, die Angst war ihr ins Gesicht geschrieben: „Du solltest mit deiner Familie vor die Stadt ziehen. In der Werkstatt ist Platz, wir haben ja auch Jahre dort gelebt." Linda, sonst der Inbegriff von Hilfsbereitschaft, hatte Panik erfasst. Sie musste sich, die Mutter und den Bruder schützen.

Heinrich verstand sie, von Pestkranken galt es sich fern zu halten. So brachte er noch am gleichen Abend seine Lieben hinaus aus der Stadt und sorgte dafür, dass sie sich in der Hütte behelfsmäßig einrichteten. Er sah in den nächsten Tagen, wie sich etliche Leute in den nahen Wald schleppten, um in einfachsten Hütten auf den Tod zu warten. Der hielt nach kaum einer Woche auch bei ihm Einzug, der Kleine war unter Qualen gestorben und er, der Vater, begrub ihn auf dem Pestacker. Tiefste Verzweiflung erfasste ihn, er musste mit ansehen, wie auch sein zweites Kind starb. Mit der Frau war nicht mehr zu reden, sie saß auf einem Schemel, nahm keinerlei Anteil an dem, was um sie her geschah. Heinrich glaubte, sie warte ebenfalls auf den Sensenmann.

Es gab jedoch weder bei Rosi noch bei ihm die geringsten Anzeichen der Krankheit. Als Segen empfand er das nicht, wofür sollten er und die Frau jetzt noch leben? Die beiden Jungen waren so gut geraten, gescheit, fleißig und folgsam. Auch er saß grübelnd und hoffnungslos in der

Werkstatt. Manchmal versuchte er die Frau zu bewegen, einen Bissen Brot zu essen. Ablehnend schüttelte sie den Kopf, der Mann hatte keine Kraft mehr ihr zu zureden. Sie warteten. Worauf, wussten sie nicht. Sterben schien ihnen noch nicht vergönnt zu sein. Zum Weiterleben fehlte den unglücklichen Eltern der Wille. So vegetierten sie einige Wochen, wussten nicht was in der Stadt geschah. Es war ihnen auch egal.

An einem Morgen pochte es an die Tür, Heinrich öffnete. „Ihr könnt wieder einziehen, es scheint vorbei zu sein", sprudelte Linda hervor. Die Seuche hatte sie, die Mutter und den Bruder verschont. „Es tut mir so leid um die lieben Buben", die Tränen rannen über ihr Gesicht, „ich hatte sie gern, als wären sie meine eigenen." Ohne Umstände trat sie in die Hütte. Als sie die verwahrloste Rosi sah, nahm sie die Frau in den Arm: „Komm heim, wir päppeln dich schon wieder auf." Heinrich flüsterte sie zu: „Über 300 Leute sind in der Stadt gestorben."

Linda gelang es, die verzweifelte Rosi körperlich einigermaßen wieder aufzurichten, sie ließ nicht nach, sie zum Essen aufzufordern. Manchmal setzte sie sich sogar zu ihr an den Tisch, um zu kontrollieren, ob sie etwas zu sich nähme. Der Seele der Frau halfen weder Butter, Eier noch fette Fleischsuppe, sie fiel in eine tiefe Schwermut. Stundenlang saß sie am Fenster, erledigte nicht einmal mehr die notwendigsten Hausarbeiten. Selbst Heinrich schien ihr gleichgültig zu sein, wenn er nicht von Linda bekocht worden wäre, hätte er selten ein Mittagsmahl bekommen.

Der Mann tröstete sich mit seiner Zimmerei, vom Hell- bis zum Dunkelwerden war er in der Werkstatt zugange. Was sollte er daheim? Mit der Frau war nicht mehr zu reden. Manchmal dachte er, sie könne nicht verstehen, dass er ganz in seiner Arbeit aufging und sich nicht ausschließlich der Trauer ergab. Er versuchte Rosi zu erklären, jeder trauere auf andere Weise. Für ihn sei Arbeit der Weg ins Weiterleben. Sie sah ihn bei diesen Worten nur vorwurfsvoll an, er wusste nicht, ob sie ihn verstand. Resignierend gab er auf, er drang einfach nicht mehr bis zu ihrem Inneren vor.

Häufig plagten ihn Gewissensbisse, womöglich sollte er seine Frau nicht so oft allein lassen? Früher war sie doch auch hinaus in die Werkstatt gekommen, hatte ihm das Essen gebracht und manchmal sogar ein wenig geholfen. Es fühlte sich an, als würde er für seine Rosi, die er doch so sehr geliebt hatte, nicht mehr existieren. Bei diesen Gedanken stutzte er, „geliebt hatte?" Empfand er denn nichts mehr für sie? Nein, das konnte nicht sein! Sein Bemühen, die Frau zu erreichen, war erfolglos. Als würde er mit einem leblosen Wesen reden! Schließlich kam er zu der Einsicht, aus der Liebe sei unendliches Mitleid geworden. Einen Ausweg konnte er nirgends entdecken. So fand er immer mehr Erfüllung darin, dass man in der Stadt seine Tätigkeit anerkannte und sogar sein Rat gefragt war. Nicht nur Freund Pistorius schätzte seine Meinung, auch angesehene Ratsherren kamen in seine Werkstatt und sprachen mit ihm. Auf diese Weise erfuhr er auch, schon wieder walze eine neue Gefahr auf die Stadt und das ganze Gebirge zu. 6000 Söldner unter General Holk seien im Auftrag von Wallenstein unterwegs, um die Sachsen dafür zu strafen, dass ihr Kurfürst sich mit den Schweden eingelassen habe. Bis Annaberg seien sie schon heran. Auf ihrem Weg würden sie Tod und Verderben hinterlassen, erzählten die Besucher.

Der Hochsommer des Jahres 1632 brachte nur schlechte Nachrichten. Aus vielen Dörfern und Städten erreichten Marienberg grausamste Gerüchte. Obwohl man im vergangenen Jahr sämtliche Pässe über das Gebirge gesperrt hatte und dafür viele 1000 Bäume fällte, konnten die Verhaue das herannahende Unglück zwar ein wenig aufhalten, aber nicht verhindern. So waren die Horden über den Rittersgrüner Pass eingedrungen, hatten erbärmlich gehaust und auf ihrem Weg unvorstellbare Verwüstung hinterlassen.

„In Elterlein fielen Kroaten über einen gewissen Johannes Teucher und 27 seiner Mitbürger her und spalteten ihnen allesamt den Kopf bis auf die Nase herunter", berichtete einer der Herren, die bei Heinrich eingekehrt waren. Fast jeden Tag verwandelte sich seine Werkstatt in einen Disputierraum. Die Bürger schätzten die kluge und besonnene Art, mit der Heinrich die Lage beurteilte. Man würdigte den Mann nicht nur für seine guten Fenster, Türen und Möbel, die er herstellte und seine klaren Gedanken, auch, wie er das Unglück in seiner eigenen Familie mit Anstand ertrug, brachte ihm Hochachtung ein.

Mitten hinein in ein Gespräch platzte der Stadtschreiber, er war ziemlich aufgeregt und wollte eine Nachricht loswerden. Dass die Holkschen bis Annaberg gekommen waren, hatte sich schon herum gesprochen. Was der Mann berichtete, ließ bei den Marienbergern zwiespältige Gefühle aufkommen. Nachdem der Schreiber mehrmals „eine Sensation, eine Sensation … unglaublich" ausrief, forderte der dicke Fleischermeister: „Nun komm zur Sache, was ist denn so Unglaubliches geschehen?"

Heinrich schob einen Schemel hin und man reichte dem Aufgeregten einen Krug Bier. Diese Aufmerksamkeit hatte sich der kleine dürre Mann ersehnt, er stand im Mittelpunkt und all die gescheiten Herren hörten ihm zu. Einen Moment gönnt er sich noch, um das zu genießen. Er trank bedächtig und räusperte sich mehrmals. Schlau wie er war, merkte er, dass er die Geduld der Männer nicht zu lange strapazieren durfte und zögerte nicht länger, seine Neuigkeiten vorzubringen: „Der Holk mit 4000 Mann stand vor Annaberg. Natürlich gehörten mehr als die Hälfte Weiber, Kinder, Handwerksleute zum Tross." Mit einem hämischen Augenzwinkern, „freilich auch etliche leichte Dirnen." „Komm zur Sache", forderte der Stadtwächter. „Also, die Bande wollte in die Stadt eindringen und wie überall plündern und morden. Die Stadttore waren zwar noch geschlossen, was, wie ihr alle wisst, jedoch kein Hindernis ist. Bürger und Räte befürchteten das Schlimmste."

Hier gönnte sich der Schreiber wieder einen kräftigen Schluck. Aus den Augenwinkeln registrierte er befriedigte die Spannung bei den Herren. Erfreut über seinen Erfolg fuhr er fort: „Derzeit lebt in Annaberg eine gewisse Gräfin von Haßenstein, die bewies einen heldenhaften Mut und erbot sich, vor die Mauern zu gehen und General Holk um Schonung für die Stadt zu bitten. Zwei von den Senatoren beschämte diese Haltung, sie erklärten sich bereit, sie zu begleiten. Als die Abordnung aus dem Tor trat, preschte sofort ein Dutzend Kroaten auf sie zu. Die Gräfin bewahrte Ruhe und verlangte den Heerführer zu sprechen. Verblüfft über so viel Courage, erfüllte man ihr Verlangen."

Jetzt musste der Schreiber noch mal den Krug heben, was man ihm ohne Murren zugestand. „Die Frau Gräfin von Haßenstein fand gute und anschauliche Worte, die Not der armen Stadtbewohner zu schildern. Es gelang ihr, diesen Unhold zu rühren. Er verbot die Plünderung Annabergs und gab sich mit 500 Talern zu frieden."

Triumphierend sah der Berichterstatter in die Runde, wohl wissend, allgemeine Aufmerksamkeit erlangt zu haben. Genüsslich leerte er seinen Krug und machte sich mit dem Hinweis, auf ihn warte noch viel Arbeit, davon. Das bewog auch die anderen Herren aufzubrechen. Heinrich konnte sich seinem Hobel widmen, der an diesem Tag tiefsinnig über das Holz geschoben wurde.

Auch die Stadtherren hatten zu grübeln und es war kein Wunder, dass sie in Gedanken ihre Stadt nach einer Gräfin durchsuchten. Es blieb ihnen aber keine Zeit. Holk schickte eine Truppe unter Oberst Preuß sogleich gegen Marienberg. Als man in der Stadt davon erfuhr, flüchtete sich die gesamte Obrigkeit in aller Eile in die Wälder und sämtliche Bewohner nahmen den gleichen Weg. Am 21. August 1632 erschien ein Trompeter vor dem Stadttor und befahl, dieses zu öffnen. Als auch nach dem zweiten und dritten Befehl nichts geschah, sprengte man das Tor und zog in die Stadt ein. Überall herrschte absolute Ruhe, vorsichtig zogen die Söldner bis auf den großen Markt. Die Stille war ihnen unheimlich, man vermutete einen Hinterhalt. Als sie merkten, dass keine Gefahr drohte, begann das große Plündern. Die Marodeure fanden jedes noch so geheime Versteck. Sie drangen in die hintersten Keller vor, suchten in den Bergwerksschächten, durchstöberten Bürgerhäuser und Rathaus. Nahrung, Betten, Kleidung, Schmuckstücke und Taler fielen ihnen in die Hände. Ein lohnender Raubzug!

Als Heinrich von der nahenden Streitmacht erfuhr, eilte er sofort heim, raffte einige Nahrung und warme Decken und einen Beutel mit gesparten Talern zusammen und rief seiner Rosi zu, sie möge sich mit ihm auf den Weg in den Wald machen. Als die keinerlei Anstalten zeigte, ihm zu folgen, zog er die Frau einfach hinter sich her. Willenlos stolperte sie mit. An einer verborgenen Stelle tief im Gebüsch fand er die anderen Hausbewohner. Linda klagte, sie hätte versucht, Rosi mitzunehmen, die habe sich jedoch geweigert, die Stube zu verlassen. Heinrich ließ seine Frau in der Obhut der Nachbarin zurück und suchte mit Bruno im Dickicht nach anderen Bürgern. Bald stießen sie auf die Männer, die noch vor wenigen Tagen in seiner Werkstatt die Lage so eifrig diskutiert hatten. „Warum seid ihr so schnell geflohen", fragte er den Bürgermeister. Der stotterte verschämt, es sei alles so schnell gegangen, man sei von den Ereignissen überrascht worden. „Überrascht?!", rief Heinrich empört aus, „seit Wochen wussten wir, was uns droht!" Voller Wut ging er zurück zu den Frauen.

Am nächsten Tag stellte sich eine Abordnung von Senatoren bei Heinrich ein. Man habe überlegt, vielleicht könnten durch Verhandlungen doch noch die schlimmsten Zerstörungen abgewendet werden. 500 Taler würden sie gerne aus der Stadtkasse bieten, wenn man sich damit freikaufen könne. Heinrich wäre der richtige Mann, um als Parlamentär behilflich zu sein. Die Stadt sei ihm zu unendlichem Dank verpflichtet, wenn er diese schwere Aufgabe übernehmen würde. Bruno der Stadtwächter solle ihn begleiten und die weiße Fahne schwenken. Rosi hörte dem Gespräch anscheinend gespannt zu. Plötzlich erhob sie sich von der Erde, klammerte sich an ihren Gemahl und hob abwehrend die Hände gegen die Herren. Erschrocken über diese Reaktion traten die Senatoren einige Schritte zurück und flüsterten sich zu, nun habe die Frau wohl endgültig den Verstand verloren. Der auserwählte Parlamentär erkannte, Angst bestimmte das Verhalten seiner Frau. Sie wollte nicht auch noch den Mann verlieren. Doch er fühlte sich verpflichtet, wenigstens den Versuch zu unternehmen, den Bürgern zu helfen. Er hatte miterlebt, wie schwer sie in den Jahren davor gelitten und gearbeitet hatten, um nach dem Brand zu einem normalen Leben zurück zu kehren. Sie hatten seine Familie aufgenommen und ihnen eine neue Heimat gegeben. Er musste helfen! Es wird schon nicht gleich das Leben kosten, tröstete er sich und machte sich noch in der gleichen Stunde, gemeinsam mit Bruno, auf den Weg.

An diesem Tag irrte der Mann.

Außerhalb der Mauern fing ein Trupp Kroaten die Parlamentäre ab, sie hatten keine Gelegenheit, ihr Anliegen auch nur vorzutragen. Mit wenigen Säbelhieben war ihre Mission beendet, ehe sie begonnen.

Rosis Furcht war berechtigt gewesen, nun war sie ganz allein. Noch bevor ihr jemand die Nachricht vom Tot des Mannes überbringen konnte, war sie spurlos in den Wäldern verschwunden.

14 HOLKS HORDEN

Jan brachte von seinen Wachdiensten an der Grenze stets Neuigkeiten mit. Er wusste über die Truppenbewegungen der Kaiserlichen zu berichten. Grausamste Ausschreitungen soll es in den Dörfern gegeben haben. „Dem Generalwachtmeister Holk ist eine Truppe von Kroaten unterstellt, die über Marienberg auf Freiberg zu marschieren und mit Mord, Raub und Folterungen die Menschen in den Dörfern unsäglich quälen. Auch in Grünthal sollen sie eingefallen sein." Diese Nachricht beunruhigte die Familie sehr, schließlich lebte dort Schwester Anna mit ihrem Schulmeister und der kleinen Tochter. Der Junge goss noch Öl ins Feuer: „Bei den Defensionern da unten herrscht aber auch keinerlei Ordnung. Die Männer kommen und gehen, wie sie wollen. Dort fehlt ein anständiger Anführer."

Vater Gustav sah seinen Großen zweifelnd an. Jan erklärte: „Unser Hauptmann hat das erzählt, dem kann man glauben. Ihr habt es doch selbst erlebt, bei uns kommt keiner leicht durch die Verhaue." Ein wenig großspurig setzte er hinzu: „Bei Gefahr könnt ihr sicher sein, dass ihr zeitig gewarnt werdet."

Eines Tages kam der „große Krieger" mit einer guten Botschaft. Im nahen Bergflecken Seiffen sei vor Monaten der Schuster verstorben und da er keinen Nachfolger habe, wüssten die Leute nicht, wo sie ihr Schuhwerk reparieren lassen sollten. Maria und Gustav sahen sich an und beide hatten den gleichen Gedanken. Schon am nächsten Tag machte sich Gustav auf den Weg, er wollte sich in dem schusterlosen Dorf umhören. Am Abend kam er zuversichtlich wieder ins Pfarrhaus zurück und erzählte, ein kleines Häuschen mit einer winzigen Werkstatt stehe leer und der Gemeindevorsteher habe ihm zugesagt, er könne das Anwesen übernehmen.

Es dauerte nur wenige Wochen, bis die Schusterfamilie umgezogen war. War ihr Defensioner dienstfrei, half er tüchtig mit, das ziemlich verfallene Anwesen herzurichten. Freilich, die armselige Hütte konnte man nicht vergleichen mit dem schönen Haus in Brüx. Trotzdem fühlten sie sich schnell heimisch, zumal noch einige andere Familien, die ebenfalls aus dem Böhmischen stammten, im Dorf lebten. Jan kam der Umzug ebenfalls recht, verkürzte sich so sein Weg zum Grenzposten doch beträchtlich.

Es dauerte nicht lange und er fand unter den Jugendlichen Freunde und nicht nur eines der Mädchen machte ihm schöne Augen. Vater Gustav saß wieder jeden Tag auf seinem Schemel, Maria hatte ihren Mann lange nicht so zufrieden erlebt. Da fast ein Jahr kein Schuster im Ort tätig gewesen war, mangelte es nicht an Aufträgen. Selbst aus den Nachbardörfern brachte man kaputtes Schuhwerk. Er stellte zufrieden fest, richtig gehandelt zu haben, als er bei der Flucht seine Werkzeuge mit auf den Karren geladen hatte. Geschickt und fleißig war er schon immer gewesen, das sprach sich auch hier bald herum. Selbst vom Schloss erhielt Gustav Aufträge. Maria und seine beiden Kinder neckten ihn, er sei jetzt „Hofschuhmacher." Das empfand er als eine große Ehre und nahm die Herausforderung an seine Handwerkerkunst glücklich an.

Als er für den Herrn auf Purschenstein feinstes Leder zuschnitt, musste er an den Grafen denken, für den er damals so edle Stiefel fertigte. Seit vielen Monaten kam ihm der Mann erstmals wieder in den Sinn. Was mag wohl aus dem Bund der Rosenkreuzer geworden sein? Zurzeit sah es nicht so aus, als würden deren Ideen von einer besseren Welt irgendwo Wirkung zeigen. Wohin man auch sah, was man auch hörte, überall hatten die einfachen Leute unter Mord und Totschlag, Raub und Schändung zu leiden.

Der Schuster fragte sich, ob der Doktor Martin Luther mit seiner Lehre von der reformierten Kirche so ein Elend gewollt hatte. Schließlich kam Gustav aber immer wieder zu der Einsicht, in diesem Krieg geht es gar nicht um Glaubensfragen. Um Besitz, Reichtum und Macht ging es allen Parteien. Der evangelische Schwedenkönig fand erst nach jahrelangem Zögern die Unterstützung durch den sächsischen Kurfürsten, obwohl der doch demselben Glauben anhing. Der Holk, dieser Abgesandte der Hölle, diente ohne Rücksicht auf seine evangelischen Glaubensbrüder dem Wallenstein und damit der katholisch kaiserlichen Partei. Auch die einfachen Söldner fragte man nicht, in welcher Kirche sie getauft waren. Wenn sie sich nur zum Schlagen und Hauen bereit fanden, nahm sie jeder Heerführer auf. Gelockt von der Aussicht auf Sold, angetrieben von der Hoffnung durch Plündern reich zu werden, interessierte es keinen der gedungenen Räuber, welcher Glaubensrichtung ihre Opfer angehörten.

Resignierend dachte Gustav: Die Menschheit verroht, Anstand, Mitleid und Nächstenliebe sterben aus. Auch das geplagte Volk, wer wollte es ihm verübeln, begann mit gleicher Münze zurückzuzahlen. Man hörte, die Bauern rotten sich zusammen und schlagen jeden Söldner, der ihnen in die Hände fällt, ohne zu zögern tot.

Aufmerksam hatte er am vergangen Abend zugehört, als sein Sohn sich mit einem Nachbarsjungen besprach. Die Burschen glaubten sich unbeobachtet. Von einer Schar tapferer Kerle, die es den Räubern schon zeigen würden, flüsterten sie. Der Vater müsste sich sehr täuschen, wenn sein abenteuerlicher Jan nicht auch allzu gerne zu diesen „tapferen Kerlen" gehören wollte. Ihm war bewusst, er würde ihn nicht zurück halten können. Bald sollte sich zeigen, dass seine Ahnungen wieder einmal zutrafen.

Das Frühjahr hatte oben im Gebirge kaum begonnen, da brauste es heran, das Unglück. Ohne Vorwarnung fielen 500 Kroaten in das Dorf ein. Die Grenzverhaue konnten sie nicht aufhalten. Alles Vieh aus den Ställen trieben sie fort, raubten und plünderten in Häusern. Frauen und junge Mädchen wurden geschändet.

Einige Männer versuchten sich zu wehren, auch Gustav stellte sich an ihre Seite. Der Übermacht dieser kampferprobten Marodeure hatten sie nichts entgegen zu setzen. Sieben Einwohner wurden erschossen und etliche verwundet. Auch der Schuster trug eine Kopfwunde davon, die glücklicherweise nicht sehr tief war. Er hatte dem Säbel in letzter Minute ausweichen können. Er dankte dem Herrgott, dass seine beiden Frauen gerade an diesem Tag zum Großvater gegangen waren. Wo sich Jan zur Stunde aufhielt, wusste er nicht und konnte nur hoffen, er sei in Sicherheit.

Die Kroaten verschwand mit dem geraubten Gut und dem Vieh zurück über die Grenze. Vorher fesselte sie noch die neun reichsten Bürger und schleppten sie mit sich. Erst nach vielen Wochen kehrten die Männer wieder zurück, ihre Familien hatten die Geiseln mit einem hohen Lösegeld freikaufen müssen.

Nach Neuhausen gelangte die Nachricht vom Überfall auf die Nachbargemeinde in kürzester Zeit. Maria, tief beunruhigt, wollte sofort den Heimweg antreten. Schwager Ewald mahnte zur Vorsicht. „Ich bringe euch bis zur Heidelbacher Glashütte, dort erkundigen wir uns, ob die Luft rein ist. Wenn ihr, dabei sah er Maria und Hilda besorgt an, allein den Kroaten in die Hände fallt, dann Gnade euch Gott!" Nachdem sie die hochschwangere

Elisabeth und den Vater umarmt und sie sich gegenseitig ermahnt hatten, gut auf sich aufzupassen, machten sie sich auf den Weg. Ewald führte sie auf verborgenen Pfaden hinauf bis kurz vor die Glashütte. Dort gebot er den beiden Frauen, sich im Gebüsch zu verbergen und ging allein zu dem Anwesen. Nach kurzer Zeit traten er wieder aus dem Haus und winkte ihnen, näher zu kommen. Meister Preußler hatte dem Schwager genauen Bericht geben können. So erfuhren Maria und ihre Tochter schon, ehe sie das Dorf betreten hatten, all die Schandtaten, die sich an diesem Tag in Seiffen zugetragen hatten. Auch, dass sich der Schuster mit einigen anderen Männern zur Wehr gesetzt und dabei verwundet worden war, wusste der Hüttenmeister. Als er sah, dass Maria einen gehörigen Schreck bekam und sich die Angst um den Mann in ihren Augen spiegelte, beruhigte er: „Euer Angetrauter soll nicht um sein Leben bangen müssen, er hat wohl noch mal Glück gehabt." Warnend setzte er hinzu: „Gegen so eine Übermacht kommen wir nicht an, es ist klüger, in die Wäldern zu fliehen."

Maria wollte schnellstens weiter, die Furcht um Gustav trieb sie heim. Von Jan wusste der Glasmacher nichts, so eilte sie in doppelter Sorge bergab, Hilda konnte der Mutter kaum folgen. Als sie von Ferne ihr Häuschen unversehrt entdeckten, atmeten sie ein wenig auf. Wenigstens hatten die Verbrecher das Haus nicht angezündet. Gustav trat mit einem dicken Verband um den Kopf aus der Tür und die Eheleute fielen sich in die Arme, als hätten sie sich Jahre nicht gesehen. Hilda stand dabei und dachte sich, die tun, als wären sie jung verliebt. Sie nahm sich vor, dem großmäuligen Bruder anständig die Meinung zu sagen. Hatte er nicht lautstark verkündet, sie würden zeitig genug gewarnt, wenn Truppen im Anmarsch seien?

Als der Defensioner nach Stunden heimkehrte, sah er gar nicht wie ein großer Held aus. Er kam ziemlich erschöpft in die Stube geschlichen, drückte Vater und Mutter an sich und klagte verzweifelt: „Wir konnten sie nicht aufhalten, es waren so viele." Hilda stand am Ofen und vermochte sich nicht zu verkneifen, wenigsten einen kleinen Pfeil abzuschießen: „Man sollte eben nicht immer so große Worte machen." Maria sah die Tochter missbilligend an: „Siehst du nicht, wie erschöpft und bekümmert dein Bruder ist?" Trotzig stieß das Mädchen hervor: „Er soll nicht immer ein so großes Maul haben!" Dann machte es sich aber schnellstens aus dem Staub. „Ich guck nur mal nach Alwine", fort war sie.

Jene Alwine war ihre beste Freundin und wohnte nicht weit von ihnen. Außerdem war die bis über beide Ohren in ihren Bruder Jan verliebt. Sie wollte eigentlich nur Nachricht geben, ihm sei nichts passiert. Im Grunde liebte sie ihren großen Bruder sehr, konnte es nur nicht vertragen, wenn er gar so sehr prahlte.

Was weder Hilda noch die Eltern ahnten, Jan machte nicht nur große Worte, er war drauf und dran, mutige Taten zu vollbringen. Im Dienste der Purschensteiner Herrschaft stand ein Förster namens Georg Kaden. Ein tapferer und streitbarer Mann, der die Überfälle durch das Kriegsvolk nicht einfach hinnehmen wollte. Er scharte eine Truppe junger Männer um sich, zu denen auch Jan gehörte. Heimlich trafen sie sich oben am Einsiedler Wald. Georg Kaden brachte seiner Truppe bei, wie man mit Spieß und Schwert umzugehen hat, damit man nicht selbst zum Opfer wird. Auch das Gewehr beherrschten seine Leute bald perfekt. Stunde um Stunde übten sie die Handgriffe. Als er sah, dass seine Kompanie, wie er sie scherzhaft nannte, die Waffen richtig nutzen konnte, begann er den Burschen beizubringen, wie man sich im Wald lautlos vorwärts bewegte. „Wenn ihr durchs Dickicht trampelt, hört man euch bis nach Brüx hinein", tadelte er. Immer wieder schickte er kleine Gruppen aus, setzte sich mit dem anderen Teil im Wald nieder und befahl absolute Stille. Kam der Spähtrupp näher, durfte derjenige, der die Anschleichenden zuerst bemerkte, als nächster den Anführer spielen. Mit größter Begeisterung hingen die jungen Kerle an seinen Lippen und mühten sich, jeden seiner Befehle gewissenhaft auszuführen.

Jan stellte sich so gelehrig an, dass er bald zum Adjutanten des Försters aufstieg. Wie gern hätte er von seinem Erfolg daheim erzählt, aber Kaden verlangte unbedingte Verschwiegenheit. „Wenn wir unseren Leuten helfen wollen, sich vor dem Raubgesindel zu schützen, müssen wir überraschend zuschlagen", mahnte er. „Wir sind nur wenige, unsere einzigen Vorteile sind der schnelle Angriff und der sofortige Rückzug. Die Eindringlinge dürfen nicht einmal ahnen, dass es uns gibt. Je sorgloser die daher kommen, umso eher können wir sie unschädlich machen."

Sie exerzierten viele Wochen. Manchmal kamen kleine Räuberbanden über die Grenze. Es war des Försters Truppe gelungen, im Laufe des Sommers zwölf von ihnen außer Gefecht zu setzen. Die jungen Kämpfer waren so stolz auf ihren Erfolg, dass sie in den Stamm einer alten Linde für „jeden Abschuss" wie sie es nannten, eine Kerbe einschlugen. Kaden ermahnte sie immer wieder, nicht übermütig zu werden. Die Übermacht sei groß und jederzeit könnten auch sie zu Kerben in einem Stamm werden.

An einem warmen Augusttag kam einer seiner Leute atemlos angerannt. „Kroaten im Anmarsch!" „Sofort sammeln!", befahl der Förster. Nach kaum einer halben

Stunde lagen alle im Unterholz und beobachteten, wie sich etwa fünfzig Bewaffnete auf der Salzstraße ohne jede Vorsicht auf Purschenstein zu bewegten. Jan lag neben dem Anführer. „Jetzt können wir sie nicht mehr aufhalten, aber die kommen zurück", flüsterte der. Als er keine Antwort erhielt, sah er erstaunt nach seinem Adjutanten. Der lag wie erstarrt neben ihm. Hat ihn Panik gepackt? Sacht stieß er den Jungen an. Der reagierte nicht und sah wie gebannt auf die vorbei ziehenden Marodeure. Als die sich weit genug entfernt hatten, rief er seine Truppe zusammen. Jan schien immer noch über irgendetwas erschüttert zu sein. Fragend sah ihn der Förster an. „Da waren etliche von meinen Klassenkameraden aus Brüx dabei", stieß er hervor.

Der Anführer nickte nur, „jetzt ist es soweit, dass jeder nur noch auf Beute aus ist. Ich habe schon gehört, im Böhmischen drüben schließen sich bei Raubzügen immer wieder junge Kerle den Kroaten an. Die versprechen ihnen einen Anteil am Diebesgut, wenn sie wenigstens einen Einwohner dazu bringen, das Versteck seiner Habe zu verraten. Für die ist es wie ein Abenteuer." Mahnend setzte er hinzu: „ Uns geht es nicht darum, Abenteuer zu erleben, wir wollen unsere Eltern und Geschwister schützen. Das werden wir nicht erreichen, wenn wir zart mit den Räubern umgehen." Sich an Jan wendend: „Auch wenn sie deine Schulkameraden waren, jetzt sind sie unter die Banditen gegangen und als solche müssen wir sie strafen." Immer noch blass, nickte der Angesprochene.

Der Befehlshaber, erläuterte seinen Plan. „Wenn sie zurückkommen, sind sie mit ihrem Raubgut beladen, meist haben sie sich auch über die Bier und Weinvorräte hergemacht. Wir werden sie niedermachen!" Einen der Jungen schickte er über Schleichwege hinunter nach Neuhausen, er sollte die Leute warnen. Dann legte er sich mit seiner Kompanie auf die Lauer, um den Banditen den Rückzug abzuschneiden. Erst gegen Abend kehrte der grölende und schwer beladene Haufen zurück, sie strebten auf die böhmische Grenze zu.

Der Forstmann gab Befehl, sie schossen und zwei Kroaten schienen getroffen. Vom Erfolg angestachelt, rannten die unerfahrenen Angreifer aus dem sicheren Schutz des Waldes. Georg Kaden konnte es nicht verhindern, er musste sich an die Spitze stellen! Mit lautem „Hurra!" stürmte er voran. Jan befand sich unmittelbar hinter dem Anführer. Plötzlich sah er ihn straucheln. Noch einige Schritte taumelte er vorwärts und brach zusammen. Jan warf sich zu Boden und wollte seinem Hauptmann helfen. Der gab kein Lebenszeichen von sich, mitten in die Brust hatte es ihn getroffen. Auch die anderen merkten, was geschehen war. Mit Entsetzen sahen sie, wie einige Dutzend Kroaten auf sie zu stürmten. Zu groß war die Übermacht, keiner sagte ihnen, was sie tun sollten. Es galt nur noch das eigene Leben zu retten. Wie ein aufgeschreckter Hühnerhaufen stoben sie in alle Richtungen auseinander.

Jan schlug sich in die Büsche und kämpfte sich in die Richtung voran, aus der die Bande gekommen war. Völlig atemlos ließ er sich endlich auf den Waldboden fallen. Er lauschte. Weder Schüsse noch Geschrei waren zu hören. Friedlich rauschte der Wald, ein einzelner Vogel versuchte sich an einem Triller. Von Ferne stieß der Eichelhäher einen Warnruf aus. Menschliche Wesen schienen nicht in der Nähe zu sein. Als er wieder zu Atem gekommen war, überdachte er das Geschehen. Er haderte mit sich. War er feige gewesen? Einfach davon gerannt waren all seine Kameraden und er mit ihnen. Er versuchte, sein schlechtes Gewissen zu beruhigen. Förster Kaden hat es uns immer wieder eingebläut, „bei Gefahr sofort in den Wald verschwinden!" Aber dass sie ihren Anführer einfach liegen gelassen hatten, konnte er sich nicht verzeihen. Wir müssen ihn holen und den tapferen Mann anständig begraben, fasste er einen Entschluss. Nun wusste er auch, wohin er sich zu wenden hatte. Mit dem Großvater musste er reden! Als Pastor wusste der sicher, was zu tun war.

Bei diesem Gedanken wurde ihm bewusst, die Kroaten hatten das Dorf ja überfallen! Dass sie erfolgreich gewesen waren, konnte man an der schweren Last sehen, die sie bei sich trugen. Mit einem Schlag wurde ihm klar, es könnten womöglich der Großvater, Ewald und seine liebe Tante bei dem Überfall ums Leben gekommen sein. Elisabeth konnte in ihrem Zustand bestimmt auch nicht mehr so schnell in den Wald flüchten. Hatte die Mutter nicht erzählt, in wenigen Wochen würde er Onkel werden? Bei seinem letzten Besuch bemerkte er selbst, die Tante trug einen ziemlich großen Bauch vor sich her. Er konnte sich noch dunkel erinnern, bevor seine Schwester Hilda zur Welt kam, hatte die Mutter ähnlich rund ausgesehen.

Bei aller Sorge kam ihm der Gedanke, er wisse nun schon lange wo sich die kleinen Kinder versteckten, ehe sie auf die Welt kamen. Nur wie sie in die Mutter hineinkommen, darüber hatte er nur verschwommene Vorstellungen. Seine Kameraden machten oft Andeutungen, dass sie sich mit den Mädchen auf wunderbare Weise vergnügen würden. So richtig wusste er nicht, was gemeint war. Wenn er mit Alwine im Wald spazieren ging, bekam er zwar immer Herzklopfen und es trieb ihn, sie zu berühren. Einmal hatten sie sich sogar einen Kuss gegeben. Aber davon bekommt man wohl keine Kinder?

Aus diesen angenehmen Hirngespinsten wachte er schließlich auf. Wollte er nicht nachsehen, wie es der

Tante ergangen war? Aber nun los, ermahnte sich der Junge. Beim Weitergehen nahm er sich trotzdem vor, die Sache mit dem Kinderkriegen in nächster Zeit mit der Alwine gemeinsam näher zu erforschen.

Schon von Ferne bemerkte er, wie im Dorf die Leute aufgeregt hin und her liefen. Bald sah er die entsetzlichen Verwüstungen. Zerschlagene Türen, aufgerissene Federbetten, Trümmer und Scherben überall. Selbst die Kirche schien die Horde aufgebrochen zu haben.

Der Großvater trat völlig verstört aus dem Gotteshaus und sprach mit sich selbst: „Diese Barbaren, diese Verbrecher, den Altar beschmutzt, die Kanzel besudelt." Als er Jan herankommen sah, schluchzte er: „Du lebst, mein Junge!"

Man hatte im Dorf erzählt, oben im Einsiedler Wald habe der Förster mit etlichen jungen Burschen die Kroaten angegriffen und sie seien alle erschossen worden. Sein Enkel sei auch mit dabei gewesen. Der Gottesmann hielt Jan noch im Arm, da kam eine Frau die Straße herunter gerannt, sie schrie verzweifelt: „Herr Pastor, kommen sie schnell, mein Mann stirbt, die Sauhunde haben ihm den Jauchetrank eingefüllt." Gemeinsam liefen sie der Schreienden nach.

Deren Mann lag leblos an seinem Haus vor dem Stall, ein schrecklicher Gestank herrschte. Der Mund des Gemarterten war mit einem Holzpflock geöffnet worden. Ein Eimer, mit dem man Fäkalien aus der Grube geschöpft hatte, lag entleert neben ihm. Gewaltsam war ihm der Unrat in den Rachen geschüttet und der Rest über ihm ausgegossen worden. Pastor Knorr wandte sich an die Frau, „Warum ist er nicht mit in den Wald geflohen? Wir hatten doch Nachricht, dass sie kommen."

Mit einer kleinen Befriedigung hörte Jan, ihr Abgesandter konnte die Neuhausener rechtzeitig warnen.

„Er wollte unsere Kuh mitnehmen, sie ist uns doch als einzige geblieben", heulte die Frau auf. Dem Bauer war nicht mehr zu helfen, er hatte weder sich noch die Kuh retten können.

„Geh ins Pfarrhaus", schickte Knorr den Enkelsohn fort. Er wollte ihm wohl den schrecklichen Anblick nicht weiter zumuten. Wortlos ging Jan davon und dachte: So viel Unglück und Grauen an einem einzigen Tag. Ganz tief in ihm ging ein Samenkorn auf, das zu der Einsicht führen konnte, der Krieg bedeute nicht Abenteuer und Reichwerden.

Die Gemeinden der Purschensteiner Herrschaft kamen nicht zur Ruhe. Die ständigen Überfälle brachten unsagbares Leid über die Bewohner. Pastor Knorr haderte manchmal mit Gott, wenn sie immer wieder in die Wälder fliehen mussten und bei ihrer Rückkehr Chaos und Verwüstung vorfanden. Aber es schien immer noch nicht genug zu sein, was ihnen der Herr an Not auferlegen wollte.

Die Pest forderte erneut ihre Opfer. Noch bevor das Jahr zu Ende ging musste der Seelsorger 142 Mal in das Kirchenbuch eintragen .".. an der Pestilenz verstorben." Der Satz aus dem Hebräerbrief, der da lautet: „welchen der Herr lieb hat, den züchtigt er...", kam ihm in den Sinn. Verzweifelt klagte er manchmal: „Gott muss uns sehr sehr lieb haben."

Eines Abends klopfte es an seine Tür und er musste erfahren, nicht nur er und seine Gemeinde litten Not. Ein Mann trat aus der Dunkelheit und gab sich als ein Amtsbruder zu erkennen, der ein Nachtlager suchte. Nachdem der Gast sich aufgewärmt und eine Suppe gelöffelt hatte, nahm ihn Knorr mit in sein Studierzimmer. Er wollte Näheres über den Mann und auch über die Lage im

Lande erfahren. Was er dann anhören musste ließen ihn die eigenen Sorgen klein erscheinen.

Als Pastor Michael Koch aus Waldkirchen stellte sich der Besucher vor. Ein gebildeter Herr, der die Landesschule in Schulpforta und die Leipziger Universität absolviert hatte. Acht Jahre übte er als Pastor in Waldkirchen gewissenhaft sein Amt aus. Jetzt wolle er nach Böhmen, dort lebten noch Verwandte von ihm. Der Neuhausener konnte nicht recht verstehen, warum sich ein protestantischer Prediger nach Böhmen begeben wollte. „Ich und meine ganze Familie sind aus der Heimat geflohen, weil uns die Jesuiten nicht in Ruhe glauben und leben ließen. Warum begibst du dich in Gefahr?" „Ich kann nicht mehr da bleiben, wo ich so Schweres erdulden musste", stöhnte der Mann. Knorr schwieg lange und ließ ihm Zeit. Unter dem Schreibpult holte er eine Flasche mit Branntwein hervor und goss zwei Gläser randvoll. Koch nahm einen kleinen Schluck und begann endlich von seinem Herzeleid zu erzählen. „Als der Holk nahte, brachte ich die Kirchenschätze in ein Versteck. Die Kaiserlichen wollten, dass ich ihnen den Platz zeige und misshandelten mich vor den Augen meiner Familie. Eine gute Frau und zwei liebe Kinderlein, hat mir der Herrgott beschert. Mein Töchterlein Susanna-Sybilla. Sie hat sich darüber so erschreckt, dass es an der Fallsucht erkrankte und nach wenigen Tagen musste ich es begraben. Nur drei Jahren ist das Engelchen geworden." Der Mann brach in lautes Weinen aus und Knorr wollte ihn trösten, indem er seine Hand streichelte. „Hört weiter", schluchzte der Verzweifelte. „Mein kleiner Sohn, acht Jahre alt, sah entsetzt auf das Geschehen. Einer dieser Bluthunde zerrte ihn an den Haaren zu sich heran und verlangte, er solle verraten, wo ich das Kirchengut verborgen hätte. Da das Kind nichts sagen konnte, weil es davon nichts wusste, schlug es der Wüstling mit einem Säbel vor die Stirn. Sie marterten den Jungen aufs Grässlichste." Diesen letzten Satz schrie der unglückliche Vater förmlich heraus. Sprach aber danach unheimlich gefasst weiter. „In einem unbeobachteten Augenblick ist mein Sohn aus der Stube entflohen und in den nahen Wald gerannt. Eine frostige Nacht, nur ein Höschen, ohne Wams und ohne Schuh, barfüßig...", wie in Trance redete der Mann. „Wir haben ihn alle gesucht... nicht gefunden. Nach fünf Wochen und vier Tagen, entdeckte ihn ein Weib beim Holz sammeln. Erfroren!" Nach einer langen Pause: „ Gott wird ihnen nie verzeihen, zwei Kinderlein haben sie mir umgebracht." Pastor Koch schwieg, Knorr ebenfalls.

Am nächsten Morgen ließ er ihn weiter ziehen, nach Böhmen. Der Neuhausener ahnte, sein Amtsbruder musste weit weg vom Ort des Unglücks. Ihm wunderte nur, dass er von seiner Frau nichts erzählte. Nach Monaten erfuhr er, dass die Mutter der beiden kleinen Kinder, sich in der Stube erhängt hatte.

An diesem Tag ging Knorr allein in seine Kirche, kniete nieder und flehte laut und voller Inbrunst zu seinem Gott: „Beschütze meine Gemeinde und meine Familie, lass sie nicht umkommen im Strudel des Krieges und bewahre sie vor der schrecklichen Krankheit."

15 „DES HIMMELS VERGELTUNG"

Das ganze Land stöhnte unter der Last, die der Krieg den Menschen jeden neuen Tag aufbürdete. Es gab kaum ein Dorf, keine Stadt im Gebirge, die von Plünderungen, Mord und Totschlag verschont blieb. Umherstreifende Kroaten, Räuberbanden gleich, spürten selbst die kleinste Siedlung auf. In Zöblitz erschossen sie zwei Bürger, Sorgau und Ansprung beklagte drei ermordete Bauern und in Lauterbach brachten kroatische Kugeln vier Einwohner um. Der Ruf „die Krabaten kommen" klang in jedem noch so abgelegenen Weiler und scheuchte die Bewohner in die Wälder. Fanden die Eindringlinge die Ortschaften verlassen, tobten sie sich an Häusern und Kirchen aus. Sie zerschlugen allen Hausrat, zündeten die Behausungen an und raubten die Kirchen aus. Elf Wohnhäuser und neun Scheunen, in denen Getreide und Futter für die Tiere lagerten, fielen allein in Zöblitz den Flammen zum Opfer. Mancherorts war man froh, mit Tributzahlungen davonzukommen, aber auch geplünderte und gebrandschatzte Orte mussten nicht selten zusätzlich hunderte Taler entrichten.

Die Saigerhütte Grünthal schien den Kaiserlichen Truppen ein besonders lohnenswertes Ziel. Mit 5500 Mann waren sie vor die Hütte gezogen und konnten sie, ohne auf Widerstand zu stoßen, einnehmen. Die Hüttenarbeiter waren allesamt geflohen. Der kaiserliche Hauptmann sah in den vorgefundenen Rohstoffen eine gute Möglichkeit, sein Kriegsmaterial aufzubessern. Gießen und Schmelzen verstanden seine Söldner jedoch nicht. Die Arbeiter aber waren weder durch Versprechungen noch durch Drohungen zu bewegen, die Arbeit wieder aufzunehmen. Er ließ das aufgefundene Blei von seinen Leuten zu

Kugeln gießen. Alles Kupfer schaffte man nach Böhmen und zerstörte die Hochöfen. Nach diesen „glorreichen" Taten zogen sie weiter in Richtung Freiberg, ließen aber 200 Musketiere noch wochenlang zurück, sie mussten den Pass bei Grünthal bewachen.

Ein schlimmes Los ereilte protestantische Geistliche, wenn sie in die Hände der Kroaten fielen. Die grausamsten Folterungen mussten sie durchleiden. Pfarrer Homelius in Pfaffroda traktierte man so, dass er an seinen Kopfverletzungen starb. Wen wunderte es da, dass der Seelsorger Horn in Olbernhau schnellstens das Weite suchte und in seine Heimat Oschatz floh. Schulrektor Pistorius aus Marienberg übernahm die Stelle. Kaum hatte er sein Amt angetreten, musste er sich mit seinen Schäflein im Forst bei Rothenthal verbergen.

Mit beginnendem Herbst kehrten die Flüchtigen wieder in ihre Häuser. Tagelang galt es, die Trümmer zu beseitigen und den Dreck weg zu räumen. Sie wussten zwar, dass all ihre Mühen umsonst sein würden, ihr Überlebenswille gebot ihnen aber, immer wieder neu zu beginnen.

An einem Tag im Oktober klopfte ein Kroate im Pfarrhaus an, verwundert und auch ein wenig unsicher, ließ Pistorius, der neue Pastor von Olbernhau, den Mann ein. Staunend hörte er sich das radebrechend vorgebrachte Ansinnen des Söldners an. Der verlangte, der Pastor möge für ihn und seine Braut in der Kirche einen Hochzeitsgottesdienst abhalten. Aus dem Tross, der dem Heer ständig folgte, habe er sich ein schönes Mädchen erwählt und wolle sie zu seiner Frau machen. Das „schöne Mädchen" lege sich jedoch nicht ohne eine christliche Hochzeit mit ihm ins Heu. Pistorius dachte sich, der Mann muss von großer Liebe erfasst sein. Heutzutage nehmen sich die Männer, ohne um Erlaubnis zu bitten, wonach sie begehren. Der Pfarrer war sogar ein wenig gerührt und nahm sich vor, eine würdige Trauung zu zelebrieren. Für den nächsten Tag bestellte er die Brautleute in die Kirche. Zur festgesetzten Stunde traf das Paar und mit ihm einige Kameraden des Bräutigams sowie eine bunte Gesellschaft aus dem Umfeld der Braut vor der Kirche ein. Ziemlich laut und sehr fröhlich gebärdete sich die Schar. Der Hochzeitsprediger ahnte, dass man schon vor der Trauung den geistigen Getränken zugesprochen hatte.

Die Braut ist jedenfalls schön herausgeputzt und der Bräutigam scheint seine Montur gereinigt zu haben, stellt er zufrieden fest. Pistorius hob die Hände und gebot den Hochzeitsgästen, Ruhe und Würde im Gotteshaus zu wahren. Der Prediger ahnte, ein gemeinsamer Gesang sei nicht zu erwarten. Nach der Segnung des Paares zitierte er eindringlich: „Gott, Schöpfer, Stifter heilger Eh, schau auf dies Paar aus deiner Höh, das vor dir steht, den Ehebund zu schließen jetzt mit Hand und Mund. Mit Gnade schau auf sie herab, dass sie zusammen bis ins Grab, geduldig, liebreich, fromm gesinnt, in Christo dir gefällig sind. Lass sie einander inniglich sich lieben, doch nie mehr, als dich; von Untreu fern, im Herzen rein, auch recht in Wort und Wandel sein."

Als er nach dem Gebet, welches alle still verfolgt hatten, auf die Hochzeitsgäste sah, stellte er erstaunt und auch wenig erschüttert fest, einige Frauen, zu Tränen gerührt und laut schluchzend, wünschten den Jungvermählten Glück. Hoffnungsvoll dachte sich der Seelsorger, er habe das verrohte Volk beeindruckt, vielleicht sind ihre Seelen doch noch zu retten. Im November des gleichen Jahres wurde er belehrt und widersprach seiner Hoffnung. Ins Kirchenbuch schrieb er voller Bitterkeit: „Ein undankbarer Gast, der den Pfarrer bald hernach gefangen und ausgeplündert. Gott lohne den Buben nach seinem Werk."

Kroaten hatten Pistorius überfallen und ausgeraubt und sein Bräutigam war einer der Räuber. Gott lohne den Buben nach seinem Werk – ob dieser bittere Wunsch den Übeltäter erreichte, erfuhr der enttäuschte Schreiber wohl nie.

Das Schicksal eines weitaus schlimmeren Räubers sprach sich bald im gesamten Gebirge herum und es gab keinen, der ihn bemitleidet hätte. Holks Banden zogen vom Gebirge aus gegen Zwickau. Es war leicht, die Stadt zu erobern und zu plündern. Gegenwehr gab es nicht, da hier schon Wochen die Pest wütete. Mit fetter Beute beladen, hielt sich die Truppe nur kurz auf und zog gegen Leipzig. Brandschatzung und eine Tributzahlung von 80.000 Talern musste man hier erleiden. Doch das Unglück wetterleuchtete schon in den Reihen der Holkschen. Täglich meldete man dem General neue Pestfälle. Fliehend wendete man sich gegen das Vogtland. Obwohl das Heer schon stark reduziert, verwandelte man das Städtchen Aue noch in eine Brandstätte. Tausende Söldner starben den Pesttod und auch den General verschonte die Seuche nicht. In Turchenreide bei Adorf warf es ihn auf das Krankenlager. Als er mit dem Tod rang, war nur seine Konkubine bei ihm. Da muss ihn wohl die Reue für all seine Untaten gepackt haben. Der mächtige Heerführer, der so viele Menschen ins Unglück gestürzt hatte, verlange nach einem Pastor. Man schickte Boten aus, mit Drohworten, Bitten und Versprechungen versuchten sie, einen Seelsorger an das Sterbebett Holks zu bringen. Es fand sich nicht einer, der bereit war, ihm die letzte Beichte abzunehmen! Ungetröstet und in größtem Elend ging er von dieser Welt und niemand trauerte um ihn.

Ein Dichter jener Zeit fasste die Volksmeinung in ein Epigramm: „Wer will hier leugnen des Himmel gerechte Vergeltung? Der eine Pest dir war, den tötete die Pest."

16 WIEDER UNTERWEGS

Der Knotenstock sank bei jedem Schritt ein wenig in die feuchte Erde ein, obwohl sich Pistorius kaum aufstützte. Es war ihm leicht zumute wie lange nicht mehr und das Wandern durch den frühlingshaften Wald tat ihm gut. Am Vortag hatte ein warmer Regen den letzten Schnee des Winters fort gespült. Der Waldboden war nass. Tief aufatmend genoss der Mann die frische Luft, es roch nach leicht modrigem Laub. Am Ufer steckten erste Anemonen ihre Blütenköpfe hervor. Der Wasserlauf war in sein Bett zurückgekehrt. In den vergangenen Wochen hatten weder Böschungen noch Mauern die Flöha in Schach halten können. Wie ein ungebändigtes Wesen überwand sie alle Hindernisse und rauschte fröhlich in die Niederungen hinab, überflutete Felder und Wege. Die Schneeschmelze oben am Kamm verwandelte den Fluss in jedem Frühjahr von einem gemächlichen dahin fließenden Gewässer in einen beachtlichen Strom. Den Flößern war es recht, ihre Stämme konnten bis zum nächsten Wehr ungehindert talwärts sausen.

Zufrieden dachte der Wanderer: Große Schäden sind diesmal nicht geblieben. In wenigen Tagen würden die Bauern auf ihren Feldern mit der Aussaat beginnen können. Wie froh waren alle seine Gemeindeschäflein, die schreckliche Zeit der ständigen Überfälle durch die kaiserlichen Truppen schien vorüber zu sein. Alle hofften, nun würde endlich wieder Frieden. Seit der Holk auf erbärmliche Weise umgekommen war, kehrte im Gebirge ein wenig Ruhe ein. Der sächsische Kurfürst und andere evangelische Reichsfürsten sollen mit dem Kaiser verhandeln, wurde überall im Lande erzählt. Diese ruhige hoffnungsvolle Zeit wollte der Olbernhauer Seelsorger nutzen, um endlich seinem Amtsbruder in Neuhausen einen Besuch abzustatten.

Als er vor Monaten seine Stelle angetreten und sogleich in die Rothenthaler Wälder fliehen musste, begegnete ihm oft der Hüttenschulmeister. In langen Gesprächen, die sich auch um beider Erfahrungen in der Pädagogik rankten, waren die Männer Freunde geworden. Auch des Kollegen Angetraute lernte er kennen. Als er die Frau zum ersten Mal sah, starrte er wie gebannt in ihr Gesicht. Anna und auch ihrem Mann wurde es ganz unheimlich zumute. Eigentlich gehörte es sich nicht, eine fremde Frau so ungeniert zu fixieren. Wie aus einer Betäubung erwachend, merkte Pistorius schließlich die Verlegenheit des Ehepaares.

„Verzeiht", stammelte er, „ich glaubte gerade, eine Erscheinung zu haben." Als ihn seine Gegenüber verständnislos ansahen, erklärte er sich. „ In meiner Zeit als Rektor in Marienberg hatte ich zwei Knaben als Schüler, deren Eltern mir gut Freund wurden." Sinnend fügte er hinzu: „Aus Kaadan vertrieben war die Familie. Einen Moment lang dachte ich, die Rosi, was die Mutter der beiden Jungen war, stünde vor mir." Verwundert schüttelte er immer wieder den Kopf, „nein, so eine Ähnlichkeit, so eine Ähnlichkeit."

Anna war plötzlich ganz aufgeregt und fiel dem Pastor ins Wort: „Aus Kaadan sagt ihr und Rosi hieß die Frau? War der Vater der Buben etwa ein Zimmermann?" Als das der Angesprochene bejahte, fiel die Frau ihrem Mann in den Arm und begann laut zu weinen. Nun war es Pistorius, der verständnislos schaute. Der Schulmeister löste das Rätsel auf: „Wie es aussieht, wart ihr mit der Familie meiner Schwägerin befreundet. Rosi ist Annas Schwester und wir suchen schon lange nach ihr. Wir wussten nur, sie hätten sich nach ihrer Vertreibung in Richtung Marienberg gewandt."

Anna, die ihre erste Überraschung überwunden hatte, sprudelte unzählige Fragen hervor: „Geht es ihnen gut? Sind die Kinder gesund? Haben sie ein Heim und ein Auskommen gefunden?" Der Pastor befand sich in einer bösen Lage. Wie sollte er der Schwester das furchtbare Unglück dieser Familie beibringen? Er schwieg lange. Schließlich erzählte er die ganze Geschichte, so wie er sie erleben musste. Das Paar hörte wie versteinert zu, nicht einmal wurde er unterbrochen. Als er endete, stöhnte Anna auf: „ Wie sollen wir das unserem Vater beibringen?" Nun erfuhr er, wo sich der Rest der Familie befand und beschloss, die Aufgabe des Unglücksboten zu übernehmen. „Sobald es die Zeiten zulassen, werde ich hinauf nach Neuhausen gehen und meinem Amtsbruder die Nachricht überbringen. Gott wird mir helfen, die richtigen Worte zu finden."

Nun war er heran, der Tag, an dem er sein Versprechen einlösen wollte. All diese Gedanken beschäftigten den Mann auf dem Weg. Er wanderte den Fluss entlang und freute sich an der erwachenden Natur. Dazwischen bedrückte ihn immer wieder der Gedanke an die schwere Aufgabe, die vor ihm lag. Von der glücklichen Familie, die eine neue Heimat gefunden hatte, vom tüchtigen Schwiegersohn und den klugen und fleißigen Enkeln wollte er erzählen. Aber er wusste wohl, dies ist kein Trost, wenn er dann vom Verlust durch die schreckliche Krankheit und den Krieg würde berichten müssen. Am meisten graute es ihm davor, von Rosis unerklärlichem Verschwinden sprechen zu müssen. Die Knaben und der Mann hatten ein christliches Begräbnis bekommen … aber die Tochter? Was mag aus ihr geworden sein?

Gegen Mittag sah der Wanderer einen Kirchturm durch das Walddickicht schimmern. Beim Näherkommen grüßte linkerhand eine imposante Schlossanlage von einem Felssporn herab. Er hielt auf die Kirche zu und erreichte bald das Pfarrhaus. Bewundernd dachte er, sein Amtskollege habe es gut getroffen, was man aus dem soliden Anwesen schließen konnte. Auf dem Hof vor dem Haus scharrten einige Hühner. Zwischen dem Federvieh entdeckte der Ankömmling ein farbiges Bündel, das einem Huhn gar nicht ähnelte. Auf allen Vieren krabbelte ein kleines Kind und versuchte mit Eifer, die gackernde Gesellschaft zu erreichen. Pistorius blieb stehen und betrachtete belustigt, wie das Hühnervolk bei jeder Annäherung durch das Kind laut protestierend auseinander stob. Der Kleine, es schien ein Junge zu sein, ließ sich nicht abschrecken und versuchte mit erstaunlicher Gewandtheit immer wieder eines der Tiere zu erhaschen.

Dann trat eine junge Frau aus der Tür, sah den Winzling mitten im Hühnerdreck und lief lachend auf das Kind zu. „Du Dreckspatz, gerade habe ich dich frisch angezogen! Du sollst die Hühner nicht immer scheuchen." Der Kleine streckte die Ärmchen nach der Frau und ahmte mit „gack, gack", das Federvieh nach. Zärtlich hob sie das Kind hoch und drückte es an sich. Der Beobachter vermutete, sie müsse die Mutter sein. Er wurde entdeckt und gefragt, ob er zum Herrn Pastor wolle. Als er das bejahte, bat sie ihn näher zu kommen. „Mein Vater ist in der Stube, tretet ein."

Freundlich empfing ihn auch sein Amtsbruder: „Grüß Gott, was ist sein Begehr?" Der Besucher gab sich zu erkennen und richtete zuerst die herzlichsten Grüße von Tochter Anna und deren Mann aus. Dieses Erkennungszeichen öffnete ihm sogleich alle Türen. Die Frau mit dem Kind auf dem Arm rief nach einem Ewald und bald saßen alle um den großen Küchentisch und sahen gespannt auf den Ankömmling. Der beschloss, zuerst alle guten Botschaften zu überbringen. Dem Schulmeister und seiner kleinen Familie gehe es soweit gut, sie seien alle gesund. Nach vielen Monaten der Angst vor den Überfällen durch die Kroaten sei jetzt endlich ein wenig Ruhe eingekehrt und man bemühe sich, zu einem normalen Leben zurück zu finden.

Für Pastor Knorr war das ein Stichwort. Seufzend berichtete er, auch seine Gemeinde habe genug unter diesem unseligen Krieg gelitten. „Wir und unsere Nachbardörfer, die zu meiner Seelsorgergemeinde gehören, mussten vierzehn Überfälle ertragen. Immer, wenn Warnung eintraf, flohen alle in den Wald. Wochenlang hausten wir wie die wilden Tiere. Hunger und Krankheit waren unsere ständigen Gäste. Am schlimmsten war es, wenn die Frauen ihre Niederkunft erwarteten. Liebevoll sah er nach seiner Tochter und dem Enkelchen. Auch meine Elisabeth gebar ihren Sohn in einer Reisighütte. Es grenzt an ein Wunder, dass der Kleine und seine Mutter wohlauf sind. Wie viele Mütter und Neugeborene mussten wir im Wald begraben."

Hier mischte sich der jüngere Mann ins Gespräch: „ Schlimm war es ... Wir konnten doch nicht zulassen, die Kleinen ungetauft vor den Herrgott treten zu lassen. Einen großen Serpentinstein haben wir oben im Dittersbacher Wald ein wenig hergerichtet und der Vater hat die Säuglinge dort mit Quellwasser getauft." Liebevoll legte er seine Hand auf die des Schwiegervaters: „ Er hat uns immer wieder getröstet und dafür gesorgt, dass wir nicht verwildern. Die Hoffnung auf ein Ende der Not hielt er in uns wach. Noch nie habe ich Menschen so getröstet aus der Kirche gehen sehen, wie nach den Predigten, die unser Vater im Schutz des Waldes hielt."

Elisabeth fühlte sich verpflichtet, dem Gast für die guten Nachrichten über die Schwester zu danken. „Nun haben wir wenigstens eine Sorge weniger", sprach sie erleichtert.

Pistorius wusste sogleich, was gemeint war und fühlte, er konnte jetzt nicht mehr umhin, auch die schlimmen Botschaften zu verkünden. Ehe er noch etwas sagen konnte, ergänzte die Frau, sie habe noch eine Schwester, die Rosi. In Kaadan habe sie mit Mann und zwei Buben gelebt. „Von ihr haben wir seit Jahren nichts gehört, wir sind sehr besorgt und fürchten, ihr ist Schlimmes zugestoßen." „Eure Sorge ist berechtigt", setzte der Bote an. Als er in die entsetzten Augen der Schwester sah und die plötzliche Starre des Vaters bemerkte, fiel es ihm unsagbar schwer, all das Leid über die Familie ausgießen zu müssen. Segnend hob er die Hand, „Gott wird uns Kraft geben, auch dieses Unglück zu tragen."

Ganz still saßen Vater, Schwester und Schwager, selbst der Kleine schien die Anspannung zu spüren. Er lehnte sein Köpfchen an die Brust der Mutter und sah mit großen Augen nach den Erwachsenen. Der Olbernhauer Seelsorger berichtet, was er in seiner Zeit in Marienberg erleben musste. Nichts ließ er aus, die Menschen hatten ein Recht darauf, die ganze Wahrheit zu erfahren. Vom Neuanfang, vom Pesttod der beiden Söhne, vom tapferen Heinrich und dessen Tod erzählte er. Verschwieg auch nicht die Seelennot Rosis. „Sie ging wie ein Schatten, ertrug es einfach nicht, dass ihre ganze Familie ausgelöscht worden war."

Stumm hörten sie zu und Pistorius kam es grausam vor, was er ihnen antun musste. Tröstend endete er: „Rosi war eine gute Mutter und Ehefrau, ihr Mann ein angesehenen Bürger der Stadt und die beiden Knaben waren so gescheit und anständig erzogen. Auch mir widerfuhr Leid, ich habe gute Freunde verloren."

Lange saß die Familie mit ihrem Gast zusammen. Anfangs schweigend und ganz der Trauer hingegeben. Der kleine Junge auf Elisabeths Schoß führte sie wieder in die Gegenwart zurück. Er verlangte Aufmerksamkeit und seine Mutter verstand, dass das Leben weiter gehen musste. Sie sorgte nicht nur für das Jüngelchen, sondern auch für die großen Männer und ließ eine Abendmahlzeit auftragen.

Langsam kam das Gespräch zwischen dem Gast und Vater Knorr wieder in Gang. Ewald war an seine täglichen Pflichten gegangen. Das wenige Vieh, das ihnen nach den Überfällen geblieben war, musste versorgt werden. So sehr ihm das Schicksal Rosis und ihrer Familie auch leid tat, fand er schneller in den Alltag zurück, schließlich hatte er die Verwandten seiner Frau nie kennen gelernt. Sinnierend versorgte er die Kuh, die drei Ziegen und das Schwein, dann trieb er die Hühner in den Stall. Er musste sehen, dass der Viehbestand wieder anwuchs. Wenn jetzt ein wenig Frieden einkehrte, wie man allenthalben hörte, sollte er die Kuh zum Nachbarn bringen, der einen tüchtigen Bullen gerettet hatte. Ein Kalb könnte man aufziehen, einige Ferkel wären auch nicht schlecht.

Während Ewald dem Leben zugewandte Gedanken pflegte, saßen die beiden Seelsorger in der Studierstube Knorrs beieinander und besprachen sich darüber, ob dem angeblichen Frieden zu trauen sei. Da ihre Informationen aus verschiedenen Quellen stammten, brauchte es die halbe Nacht, um sich eine Meinung zu bilden. Sie waren sich einig geworden, der Schwede wird den Wechsel des sächsischen Kurfürsten zum Kaiser nicht ungestraft hinnehmen. „Gustav Adolf sorgte immerhin noch für Ordnung in seinem Heer, seit der aber in der

Schlacht bei Lützen gefallen ist, hört man auch von seinen Soldaten allerhand Schandtaten", tat Knorr seine Meinung kund. Pistorius hatte Nachrichten über den einst so mächtigen Wallenstein, den man in Eger ermordet habe, weil er Verrat am Kaiser zum eigenen Vorteil begangen hätte. Schmunzelnd holte er ein Papier aus seiner Tasche: „Hört nur mal, was man auf seinen Grabstein geschrieben haben soll. Wer hätte gedacht, dass der noch vor wenigen Jahren mächtigste Mann im Reich so einer Missachtung ausgesetzt werden könnte." Er las vor:

„Hier liegt und fault mit Haut und Bein
der große Kriegsfürst Wallenstein,
der groß Kriegsmacht zusammengebracht,
doch nie geliefert noch recht eine Schlacht.
Groß Gut tät er gar vielen schenken,
dagegen auch viel unschuldig henken.
Durch Sternengucken und lang Traktieren,
tat er viel Land und Leute verlieren.
Gar zart war ihm sein böhmisch Hirn,
konnt nicht leiden der Sporen Klirren.
Hahn, Hennen, Hund er bandisiert, (verbannte er)
Alles Ortens, wo er logiert.
Doch musst er gehen des Todes Straßen,
Hahn krähen und Hund bellen lassen."

„Unser Georg ist auch nicht ohne Hintergedanken zum Kaiser zurückgekehrt", gab der Neuhausener zu bedenken. „Die Lausitz soll er erb- und eigentümlich für den Seitenwechsel erhalten haben. Musste sich jedoch verpflichten, den katholischen Einwohnern die Glaubensfreiheit zu gewähren." Sein Gast schüttelte den Kopf: „Da soll mir noch mal einer erzählen, es gehe in diesem Krieg um den Glauben."

Elisabeth hatte ihnen am Abend noch einen Krug Bier gebracht, als der Morgen graute, war nicht nur der Krug leer, sondern auch die Disputierfreude der beiden Männer erschöpft. „Gehen wir zur Ruhe", mahnte der Gastgeber, „wir können nur hoffen, dass uns nicht noch einmal so schlimme Zeiten erwarten, wie wir sie in den letzten Jahren durchlitten haben."

Beide ahnten, wie trügerisch diese Hoffnung sein konnte.

17 EINE WICHTIGE AUFGABE

Das Gefecht im Einsiedler Wald sprach sich in den umliegenden Dörfern schnell herum. Die Leute fassten dessen Ausgang nicht als Niederlage auf, selbst wenn die jungen Burschen nach und nach mit blutigen Nasen, verlegen und ziemlich geknickt heimkehrten. Man bewunderte ihren Mut und es verbreitete sich nach Jahren der Hilflosigkeit sogar ein wenig die Einsicht, man müsse nicht alle Quälerei widerstandslos hinnehmen. Den Tod des Anführers bedauerte man und einige meinten, dem Mann müsse ein Gedenkstein gesetzt werden.

Die Helden genossen die Bewunderung, die ihnen besonders von den jungen Mädchen entgegen gebracht wurde. Dass die Heldenmütter und Väter nicht ganz so viel Begeisterung zeigten, störte sie nicht. Des Schusters Jan galt bei seinen Kameraden als ihr Anführer. Schließlich war er der Adjutant des Försters gewesen. Wenn er auch, genau wie alle anderen, die Flucht vor der Übermacht ergriffen hatte, schmälerte das sein Ansehen in keiner Weise.

Seine Liebste himmelte ihn regelrecht an, ohne Widerstreben nahm sie seine Zärtlichkeiten entgegen und sie wäre so gerne seine Frau geworden. Wenn er sie nur fragen würde! Aber das tat er eben nicht. Seine Sehnsucht galt in dieser Zeit „wichtigeren Aufgaben." Erst müsse man sämtliche Landsknechte aus dem Land treiben, ehe man sich friedlichen Dingen widmen könne, war seine Überzeugung.

Der junge Mann genoss die Anerkennung, selbst seine vorlaute Schwester verkniff sich jede Stichelei. Großmütig gab er ihr zu verstehen, er habe nun bewiesen, er sei kein Prahlhans und würde ihr die frechen Reden aber nicht nachtragen.

Seine Heldenträume erhielten alsbald neue Nahrung. Am Einsiedler Pass wurde er nicht mehr gebraucht, da man dort schon etliche Wochen nur noch wenige Wachen aufstellte. Er beschloss, nach Grünthal hinunter zu gehen. Man redete nach wie vor darüber, bei den Defensionern herrsche keine Ordnung. Sie kämen und gingen, wie es ihnen passte, ohne auf Ablösung zu warten. Jan war der Ansicht, dort würde er gebraucht und könne mit seinen Erfahrungen von Nutzen sein. Denn strengste Pflichterfüllung hatte Förster Kaden unerbittlich von seiner Truppe verlangt.

Neuerdings erzählte man sich im Dorf, man habe in Grünthal endlich einen würdigen Kommandanten gefunden. Einen militärisch ausgebildeten Mann, der sich mit Schrot und Korn auskenne. Da er dazu als kurfürstlicher Förster unmittelbar neben der Hütte wohnte, schien seine Eignung für das Amt unumstritten. Für Jan war das Gehörte wie ein Signal. Mit Förstern hatte er gute Erfahrungen, er würde dem Kommandanten Graß seine Dienste anbieten. Weder mit den Eltern noch mit Alwine beriet er sich. Eines Tages war der Junge und mit ihm seine Muskete verschwunden.

Gustav und Maria ahnten wohl, dass er sich wieder in Gefahr begeben würde. Die Mutter war verzweifelt: „Hören denn die Sorgen um den Bengel nie auf", klagte sie, „von Kind an rennt er jedem Landsknecht nach." Gustav versuchte seine Frau zu trösten: „Wenigstens steht er jetzt auf der Seite der gemarterten Leute. Denk nur mal zurück, als er diesen einäugigen Verbrecher anhimmelte. Damals bewunderte er jede Rohheit und versuchte gar, im gleichen Ton wie diese Bande zu reden."

Resignierend gestand Maria ein, dass der Sohn mutig gegen seine einstigen Idole antrat. „Aber in Lebensgefahr bringt er sich immer wieder. Keine ruhige Minute habe ich, wenn der Rumtreiber unterwegs ist."

Um die Mittagszeit erreichte der „Rumtreiber" das Militärlager bei der Grünthaler Hütte. Eine fast friedliche Stille herrschte. Etliche Defensioner saßen beisammen und machten sich an ihren Waffen zu schaffen. Nach Konfusion sah das nicht aus. Er trat an die Männer heran und fragte nach ihrem Kommandanten. Ein langer Kerl zeigt nach einem kleinen Häuschen. Der Ankömmling klopfte an dessen Tür und vernahm ein Knurren, welches dem eines wütigen Hundes glich. Die Tür wurde aufgerissen und ein bärtiger Hüne brüllte ihn an: „Hat man denn hier keine Minute Ruhe!" Ein wenig eingeschüchtert brachte Jan sein Anliegen vor. Der Bärtige sah den jungen Mann kritisch an und brach in ein schallendes Gelächter aus. Angewidert drehte Jan den Kopf ein wenig nach der Seite, eine unangenehme Branntweinfahne wehte ihm entgegen. „Dieser Hänfling will also in des Försters Graß Truppe eintreten", schallte es über den Platz. Die Männer reagierten weder auf das Gebrüll noch schienen sie sich für dessen Ursache zu interessieren. Diese allgemeine Missachtung wurmte Jan, schließlich kam er nicht als unerfahrener Bittsteller.

„Im Wald oben bei Einsiedel in der Mannschaft von Georg Kaden war ich kein Hänfling", stieß er zornig hervor. In den trüben Augen von Graß flammte ein wenig Neugier auf. Nach einem kräftigen Rülpser, der wieder einen Schwall von Alkoholduft mit sich brachte, raunzte er: „Komm Er rein!"

In der Hütte herrschte eine erstaunliche Sauberkeit. Etliche Musketen, Spieße und ein Morgenstern hingen akkurat aufgereiht an der Wand. Eine Pritsche, von der sich Graß wohl gerade erhoben hatte, zwei Schemel und ein großer Tisch stellten die gesamte Einrichtung dar. „Erzählt mir von der Schlacht da oben am Kamm", wurde Jan aufgefordert. Wahrheitsgemäß berichtete er, verschwieg auch nicht, wie die Burschen alle geflohen waren, als man ihren Anführer erschoss. „Dafür bekämt ihr von mir die Kugel", stieß Graß mit einem zynischen Lachen hervor. „Feigheit vor dem Feind, Ungehorsam und Aufwieglertum wird sofort mit Erschießen bestraft." Der Neuankömmling antwortete auf diese Drohung erst einmal gar nicht. „Wenn Ihr bei mir einsteigen wollt, dann vergesst das nie."

Noch am gleichen Tag kam er mit einigen Männern aus der Truppe ins Gespräch. Flüsternd taten sie ihre Meinung über ihren Anführer kund. „Der Kerl ist unberechenbar und die meiste Zeit besoffen", raunte ihm einer zu. Der Vergleich mit seinem Kommandeur oben am Kamm fiel äußerst ungünstig für Graß aus. Jan beschloss, mit dem Mann seiner Tante Anna zu reden. Vielleicht wüsste der Rat, wo er seine Erfahrung besser einbringen könne.

Anna und der Schulmeister staunten, als sie den Neffen vor ihrer Tür stehen sahen. „Wo kommst du denn her?", rief die Tante aus. Der Junge legte sein Anliegen dar und hielt auch mit seinen Zweifeln an Förster Graß nicht hinter dem Berg. Die Eheleute sahen sich nur verstehend an, äußersten sich aber nicht weiter. „Am besten du gehst wieder heim und hilfst deinem Vater in der Werkstatt", empfahl Anna. Empört wies Jan dieses Ansinnen von sich. „So lange noch Landsknechte die Leute drangsalieren setzte ich mich doch nicht auf einen Schusterschemel", erklärte er.

Der Schulmeister ahnte, der „Krieger" war fest entschlossen, mit der Muskete statt mit dem Schustermesser umzugehen. „Geh nach Olbernhau hinunter und suche Pastor Pistorius auf, der wird eine Aufgabe für dich haben, die nach deinem Sinn ist." Von Pistorius hatte er schon von seinem Großvater in Neuhausen gehört. Er soll ein mutiger und anständiger Mann sein und schon viel in diesem unseligen Krieg gelitten haben. Über seine Tante Rosi und deren Familie hätte er schlimme Nachrichten gebracht, erfuhr er vor Wochen von Tante Elisabeth.

Der nächste Tag sah Jan schon durch Olbernhau eilen, die Kirche und ihren Pastor zu finden war nicht schwer. Als er dem Mann berichtete, er sei der Enkel von Pastor Knorr und der Neffe von Rosi und Anna, wurde er sogleich freundlich aufgenommen. „Was ist dein Anliegen?" wollte Pistorius wissen. Als er hörte, mit welcher Begeisterung der junge Mann seine Kampfabenteuer und die Bitte nach einer Aufgabe darlegte, war er erst einmal sprachlos. Nach einer Pause, gab er zu bedenken, jetzt sei glücklicherweise etwas Frieden eingekehrt und er bei seinen Eltern sicher gebraucht würde.

Das gefiel Jan nun ganz und gar nicht. Wollten ihn denn alle nur heim schicken? Sollte sein Kraft denn nirgends gebraucht werden? „Mein Großvater sagt aber, die Gefahr sei noch lange nicht vorbei, jetzt würden sicher bald die Schweden einfallen und Rache nehmen", stieß er hervor.

Dem konnte Pistorius nun absolut nicht widersprechen, er selbst war mit seinem Amtsbruder ja auch schon zu dieser Einsicht gekommen. Der schwedische General Banner, so hörte man, sei mit einer riesigen Armee unterwegs, um die etwa aus Böhmen zurückströmenden Kaiserlichen abzufangen. Ein junger Kerl wie Jan, der mit der Waffe umgehen kann, wäre seiner Gemeinde womöglich von Nutzen. Er kannte noch einige solcher Heißsporne, die lieber mit dem Spieß als mit dem Pflug unterwegs wären. Auf den Graß oben in Grünthal schien kein Verlass zu sein. Mit seinem unbeherrschten Wesen und seiner Trunksucht würde er am Ende mehr schaden als nützen. Bei diesen Überlegungen angekommen, forderte er Jan auf, er möge sich vorläufig im Pfarrhaus und in der Kirche nützlich machen. Er müsse mit einigen Leuten reden, dann würde sich womöglich ein Auftrag für ihn finden lassen.

Nach kaum einer Woche bestellte man Jan vor die Dorfältesten. Die befragten den jungen Mann nach seinen Erfahrungen im Umgang mit Waffen und im Spähdienst. Ohne Verlegenheit berichtete er über seine Zeit bei den Defensionern am Einsiedler Pass und verschwieg auch nicht seine Abenteuer mit Förster Kaden. Über seine Herkunft fragte man ihn aus. Auch hier konnte er nur berichten, was den Männern offenbar gefiel. Großvater Knorr als einstiger Rektor in Brüx und jetziger Pastor in den Purschensteiner Dörfern war ihnen durch die Fürsprache des hiesigen Seelsorgers Pistorius schon ein Begriff. Nachdem man genug über den einsatzfreudigen jungen Mann erfahren hatte, musste er die Amtsstube verlassen.
Jetzt beraten die Herren wo ich eingesetzt werde, dachte sich Jan. Es dauerte auch nicht lange und man rief ihn wieder vor das Gremium. Der Dorfrichter teilte ihm mit, er solle mit noch drei jungen Kerlen die Straße nach Sayda im Blick behalten und bei herannahenden Feinden schnellstens Nachricht geben. Diese Aufgabe war ihm wohl bekannt. Oftmals gelang es oben am Kamm durch seine und seiner Kameraden Wachsamkeit, die Leute vor den anrückenden Feinden zu warnen. Sicher hätte es ohne ihren Alarm noch viel mehr Opfer gekostet. Durchweg junge Burschen wählte man für diesen Dienst aus. Man musste die Schleichwege kennen und ganz schnell flitzen, um schneller als die Eindringlinge bei den Einwohnern zu sein. Diese Gedanken legte er vor den Ältesten dar und sie hofften, den richtigen Mann für

den verantwortungsvollen Dienst gefunden zu haben.

Ein angemessenes Salär, freie Kleidung und Nahrung sowie eine Unterkunft wurden ihm versprochen. Abschließend mahnte einer der Herren eindringlich: „Von eurer Wachsamkeit und Schnelligkeit hängt das Leben unserer Einwohner ab. Dessen müsste ihr euch immer bewusst sein." Feierlich wurde es dem Schusterjungen zumute und er versprach, seine Pflicht ohne Rücksicht auf das eigene Leben treu zu erfüllen.

Am nächsten Tag meldeten sich drei junge Olbernhauer bei ihm, sie seien bereit, unter seiner Führung die Straße in Richtung Sayda zu bewachen. Von Kay, dem Jüngsten, er zählte gerade mal 15 Jahre, erfuhr er, dessen Vater habe ihm erzählt, die Mannschaft des Försters Graß habe den Übergang nach Böhmen zu beobachten. Jedoch setze man wenig Vertrauen in deren Zuverlässigkeit.

Stolz und ein wenig geschmeichelt nahm der neu ernannte Anführer diese Botschaft auf. Seine wenn auch kleine Truppe müsse umso verlässlicher sein, das bläute er ihnen ein. Die jungen Burschen gehorchten Jan widerspruchslos, schließlich verlangte er von sich selbst nicht weniger als von seinen Kameraden. Sofort begann er mit der Ausbildung. Alles, was ihm Förster Kaden beigebracht hatte – lautlos durch den Wald schleichen, tarnen und besonders körperliche Ausdauer – trainierte er in diesem Frühjahr mit seinen Leuten. Unerbittlich ließ er alle Übungen so oft wiederholen, bis sie automatisch abliefen. Und die jungen Kerle folgten seinen Befehlen, zeigten keine Müdigkeit, bald konnte sich Jan auf sie verlassen. Gewissenhaft teilte er seine Leute, die nach wenigen Tagen auf dreizehn junge Männer angewachsen waren, zum Wachdienst ein. In keiner Stunde, weder am Tage noch in der Nacht, blieb die Straße, die aus Richtung

Freiberg heranführte, ohne Beobachtung. Es blieb ruhig. Weder schwedisches noch anderes Kriegsvolk tauchte auf. Die Burschen brannten darauf, Helden zu werden. Sie waren bereit, alles, selbst ihr Leben, aufs Spiel zu setzen, um die Leute in Olbernhau vor erneutem Ungemach zu retten oder wenigstens rechtzeitig vor heraufziehender Gefahr zu warnen.

Des Schusters Sohn ließ die im Kriegsdienst Unerfahrenen täglich exerzieren. Das machte sie kampffähig und vertrieb Langeweile und Müßiggang, die bekanntlich aller Laster Anfang sind.

Doch die Ruhe war trügerisch. Am Gründonnerstag erreichte die kleine Kompanie eine vernichtende Nachricht. Ein Trupp Schweden war in ihren Heimatort eingefallen, hatte geraubt und gemordet. Der alte Georg Bach, über 80 Jahre alt, konnte nicht fliehen. Schüsse und Schläge verwundeten den Greis. Keiner war da, der sich seiner erbarmen konnte, so lag er unversorgt, bis der Tod ihn erlöste. Michel Zenckers schlugen sie halb tot, schleppten den Alten mit bis Blumenau, dort erschossen sie ihn. Seinen Sohn nahmen sie mit nach Marienberg, um ihn dort zu erschlagen. Hans Settler wollte aus seinem Haus für sich und seine Familie heimlich ein Brot holen, die Unmenschen ertappten den Mann und prügelten ihn zu Tode.

Die jungen Männer erschütterte das Schicksal der Opfer, zumal einer von ihnen seinen alten Großvater verloren hatte. Keiner machte ihnen Vorwürfe, das Unglück war schließlich aus einer anderen Richtung gekommen.

Sie wachten weiter. Zum Ende des Monats April beobachteten sie, wie die Marodeure abzogen. In Richtung Pirna waren sie auf dem Marsch, um gegen die vereinigten Truppen von Sachsen und Österreich anzutreten. Als Jan diese Beobachtung nach Olbernhau brachte, kehrten die in die Wälder geflohenen Einwohner nach und nach in ihre Häuser zurück.

Nur wenige Tage nach dieser vorläufig beruhigenden Nachricht, kam atemlos einer seiner Burschen zu Jan gestürmt. Kaum konnte er sprechen vor Aufregung. „Da kommen Schweden ... mit einer feinen Kalesche nahen sie!"

Sogleich sammelte sich seine kleine Einheit in einem Versteck nahe des Weges. Von Ferne hörte man das Rattern von Wagenrädern, ein Dutzend Bewaffnete umkreisten das Gefährt und sicherten nach allen Seiten. „Die sind keine Gefahr, wir lassen sie vorbei ziehen", flüsterte Jan seinen Getreuen zu. Was jedoch in der gleichen Minute geschah, ließ sie erstarren. Ein riesiger Baum krachte über die Straße und mit lautem Gebrüll und um sich schießend stürmte aus dem gegenüber liegenden Dickicht eine Meute Bewaffnete hervor. Der Anführer der Schweden, obwohl verwundet, sprang herbei, riss aus der Kutsche eine feine Dame, setzte diese vor sich auf sein Pferd und sprengte in Richtung Sayda davon. Seine Begleiter taten es ihm nach, nur einer blieb verwundet zurück. So schnell wie der Überfall begonnen, endete er auch. Jetzt bemerkten die jungen Männer, wer die Angreifer waren. Der Förster Graß in Begleitung seiner Söhne und Förster Popp mit seinem Bruder waren die Wegelagerer. Laut jubelnd bemächtigten sie sich des Wagens. In dessen Inneren entdeckten sie etliche Hundert Taler, die man wohl den Bewohnern von Marienberg abgepresst hatte.

Als Graß die kleine Schar um Jan entdeckte, stimmte er ein höhnisches Gelächter an. „Ihr Helden! Da staunt ihr, so führt man Krieg gegen die Schweden! Mit solchen Rotznasen und Feiglingen wie ihr es seid, ist keine Schlacht zu gewinnen."

Schlimmer konnte die Demütigung nicht sein. In einem wahren Triumphzug zogen Graß und seine Leute gen

Olbernhau, die Kutsche samt Inhalt als Beute mit sich führend.

Und wieder musste Jan ohne Erfolg vor die Herren treten. Langsam zweifelte er an sich selbst. Noch keinen einzigen Sieg konnte er verbuchen. Als er Pastor Pistorius seine Zweifel klagte, tröstete der ihn. „Der Überfall wird nicht ohne Folgen bleiben. Die Schweden werden sich an unserem Dorf rächen. Du hast es richtig gemacht, man hätte sie ungeschoren fortziehen lassen sollen."

Einen Gefangenen hatte seine Mannschaft mitgebracht. Ein junger Fähnrich wurde bei dem Überfall leicht verwundet und konnte nicht fliehen. Der Pastor und andere Bewohner pflegten den Mann und baten ihn demütig, er solle seinem Kapitän erklären, der Überfall wäre dem Plan eines Einzelnen entsprungen und die Leute im Dorf seien unschuldig.

Als der Mann nach Tagen so weit hergestellt war, dass er reiten konnte, bekam Jan den Auftrag, den Gefangenen sicher nach Sayda zu bringen. Zwei seiner zuverlässigsten Leute sollten ihn begleiten. Um jedes Wagnis zu meiden, hielt er den Pfad, den er in Richtung Sayda nutzen wollte, streng geheim. An einem klaren Morgen stieg die kleine Gruppe bergan. Jan hatte beschlossen, Dörfer zu umgehen, um jedes Risiko auszuschließen. Sie kamen gut voran und er hoffte, am gleichen Tag dem Pastor berichten zu können, er habe den Fähnrich unversehrt an sein Ziel gebracht.

Doch auch diesen Auftrag sollte er nicht erfolgreich abschließen können. In der Nähe von Heidersdorf traten zwei Vermummte aus dem Gestrüpp. Kein Wort sprachen sie, einer von ihnen schwang ein Schwert, der andere einen Morgenstern, und ehe die Beschützer noch reagieren konnten, lag ihr Schützling erschlagen auf dem Weg. Die Angreifer verschwanden so schnell, wie sie aufgetaucht waren. Fassungslos standen sie. „Habt ihr die erkannt?" fragte der Schusterjunge seine Männer. Die schüttelten hilflos den Kopf. Auch später wurde nie bekannt, wer den Mord begangen hatte.

Das Entsetzen über das Verbrechen war groß im Dorf. Die Angst erfasst nach wenigen Tage auch den letzten Einwohner. Aus Sayda war Nachricht hereingekommen, der überfallene Kapitän habe grausamste Rache geschworen. Er werde Olbernhau ausrotten und keinen verschonen. Jeder brachte seine wenigen Habseligkeiten heimlich in Sicherheit, keine ruhige Minute hatten die Leute, ständig warteten sie auf einen Angriff. Fast alle waren, wie so oft schon, in die Wälder geflohen.

Jan mit seinen Burschen stand zwar immer noch, jede Stunde Wache haltend, im Wald an der Straße. Doch er spürte, die Menschen hatten kein Zutrauen mehr zu seiner Schutztruppe. Nicht einen einzigen Erfolg konnten sie vorweisen, alles war schief gegangen. Der Junge zermarterte sich in Gedanken, was er falsch gemacht hatte, dass er einen Misserfolg nach dem anderen hinnehmen musste? Wenn er ganz ehrlich mit sich ins Gericht ging, endete schließlich auch das Gefecht oben am Einsiedler Wald mit einer Niederlage, auch wenn es ihm noch so viel Ruhm eingebracht hatte. Er verzweifelte an sich selbst, traute sich nichts mehr zu. Das spürte auch seine Mannschaft. Unpünktlichkeit schlich sich ein, seine Befehle führte man längst nicht mehr so prompt aus wie am Anfang. Einige Tage blieb es ruhig, die Drohung des Kapitäns schien wohl doch nicht so ernst gemeint gewesen zu sein. Nachlässig nur versah die Truppe ihren Dienst. Viele vermuteten, dass die Schweden womöglich bei Pirna geschlagen worden seien und keine Gefahr mehr drohe. Einige Leute kehrten sogar wieder in ihre Häuser zurück.

Doch die Ruhe war trügerisch! Am 7. Mai rollte das Unglück auf das Dorf zu. Über 100 Schweden fielen ein, um Rache zu nehmen. Die in ihre Häuser zurück gekehrten Leute wurden drohend aufgefordert, das Versteck der Schuldigen zu nennen. Da jedoch keiner wusste, wo sich der Förster und seine Kumpane aufhielten, nahm der Rachefeldzug seinen Lauf.

Jans kleine Truppe war auseinander gelaufen, jeder versuchte, sich in Sicherheit zu bringen. Die Schweden meinten es ernst. Als auch der Pastor keine Auskunft geben konnte, wo sich Graß aufhielt, wurden zuerst das Pfarrhaus und die Kirche angezündet. Das Jägerhaus des sächsischen Kurfürsten samt Hundezwinger ging in Flammen auf. Lehngericht, Schule, Forstamt und die untere Mühle ereilte dasselbe Schicksal. 30 Häuser mit ihren Scheunen und Ställen brannten die Schweden nieder. Jan sah vom Waldrand oben am Berg, wie die Siedlung vernichtet wurde. Nur einer seiner Kameraden war noch bei ihm. Verzweifelt sahen die beiden jungen Männer dem Unglück zu. Sie fragten sich, wie sie die Katastrophe hätten verhindern können und fanden keine Antwort. Als sie sich vorsichtig dem Unglücksort näherten, mussten sie entsetzt mit ansehen, wie man etliche Männer einfach erschlug. Starr vor Schreck beobachteten sie, wie eine Frau in ihrer Angst in die Flöha sprang und ertrank. Voller Grausen flohen sie wieder bis an den Waldrand zurück und mussten über viele Stunden die Hölle mit ansehen. Endlich zogen die Rächer in Richtung der Grünthaler Hütte. Doch die schützenden Mauern hielten sie ab, ihr Vernichtungswerk weiter zu treiben.

Dann sah Jan, wie sich die Schweden in Richtung Sayda auf den Weg machten. Er fühlte sich schuldig. Hätte er mit seinen Leuten den Graß nicht aufhalten können? War er nicht wachsam genug, um den Fähnrich zu schützen? Der Junge haderte mit sich, fand Argumente für und wider. Seinen letzten Getreuen schickte er heim, bedeutete ihm er möge seinen Eltern helfen. Er wolle den Schweden folgen.

Acht Männer aus dem gestraften Dorf führten die mit sich. An den Händen gefesselt, trieben sie die Bedauernswerten wie Vieh vor sich her. Ständig im Gebüsch sich duckend folgte er dem Zug. Die Leute hatten ihm vertraut, er musste die Gefangenen befreien! Wie er das anstellen wollte, war ihm vorläufig noch völlig unklar. Es wird sich schon eine Gelegenheit ergeben, sprach er sich Mut zu. Die Gefangenen immer im Blick behaltend, folgte er wie ein Jäger Stunde um Stunde der schwedischen Einheit. Es wurde dunkel. Vielleicht hielten sie bald Rast, schürte er seine Hoffnung. Sayda lag schon hinter ihnen, der Zug bewegte sich auf Frauenstein zu.

Endlich! Auf einer Anhöhe ließ der Kapitän halten. Feuer wurden angezündet, bald roch es nach gebratenem Fleisch. Zuvor hörte Jan, wie ein Schwein angstvoll quiekte. Sie hatten ihren Proviant aus einem Stall geraubt und lebend auf einem Wagen mitgeführt. Der Geruch erinnerte den Verfolger, dass er seit dem Vortag keinen Bissen bekommen hatte. Manchmal, wenn er an einem Bächlein vorbei kam, schöpfte er mit den Händen schnell ein wenig Wasser, um seinen Durst zu stillen.

Die Schweden banden ihre Gefangenen etwas abseits an Bäumen fest. Sie bekamen weder Nahrung noch einen Schluck Wasser. Apathisch stierten sie vor sich hin, sie hatten wohl mit dem Leben abgeschlossen. Wie eine Natter schlich sich Jan an den Lagerplatz heran. „Dreht euch nicht um", flüsterte er dem Georg Sandler zu. Er kannte den Mann. Mit einem Messer durchschnitt er dessen Fesseln. „Verschwinde!" Schon erlöste er den schwarzen Fleischer von seinen Stricken. Noch schienen die Schweden nichts gemerkt zu haben. Einer nach dem anderen verschwand im dichten Gestrüpp. Jan schlug das Herz bis zum Hals, er glaubte, es müsse bis zu den Wachen zu hören sein. Nur noch zwei!

Da kam einer geradewegs in ihre Richtung gestolpert. Zuerst reagiert er gar nicht. Er knöpfte seine Hose auf und hockte sich nieder. Es schien, als hätte er Mühe, nicht umzufallen. Der Branntwein macht ihm zu schaffen, dachte Jan und wollte die beiden letzten Gefangenen erlösen. Da stierte der Schwede ein wenig dümmlich nach dem Platz, wo die Gefangenen zu sein hatten. Sein schriller Warnruf tönte laut. Viel zu laut! Etliche seiner Kameraden horchten auf. Ehe die sich noch in Bewegung setzen konnten, gab Jan dem Hockenden einen Stoß, der fiel fluchend in seine eigene Scheiße. Ehe er sich aufrappeln konnte, waren Jan und sechs der Gefangenen unauffindbar im Wald verschwunden. Michael Bach und Christof Helbig blieben zurück.

Den Rest der Nacht beobachtet Jan das Lager. Es gab keine Gelegenheit mehr, die beiden dort herauszuholen. In die Mitte des Biwaks, direkt an eine Feuerstelle prügelte man die Unglücklichen. Als der Morgen graute zog der Tross weiter.

Der Beobachter schlich bis an die Stadtmauer von Frauenstein heran. Mit Bitterkeit musste er einsehen, hier konnte er niemals unentdeckt eindringen. Als er gerade beschloss umzukehren, öffnete sich das Tor. Bach und Helbig stolperten heraus.

Um Himmels Willen! Was war mit den Männern geschehen? Caspar Bach hatten die Unholde die Ohren und Christof Helbig die Nase abgeschnitten. Schwankend versuchten die Geschändeten, heimwärts zu gelangen. Als sie außer Sichtweite waren, gesellte sich Jan zu ihnen. In einem einsamen Gehöft fanden sie eine Bleibe. Die

Großmutter des Bauern verband die Wunden der Männer notdürftig. Die guten Leute gaben ihnen Essen und Trinken.

Drei Tage später brachte Jan die Männer heim zu ihren Familien. Die von ihm befreiten Olbernhauer hatten schon verkündet, wem sie ihre Rettung verdankten. Die Leute empfingen ihn mit großer Hochachtung. Keiner dachte daran, dem jungen Mann die Schuld zu geben an dem Unglück, das ihren Heimatort getroffen hatte. Das war eine Sache, die der Junge allein mit seinem Gewissen ausfechten musste. Vom Kriegsheldenspiel hatte er erst einmal genug. Er beschloss, heim zu den Eltern und der Schwester zu gehen.

Vorher wollte er noch Tante Anna und ihre Familie in der Grünthaler Hütte aufsuchen, um zu sehen, ob die den Angriff unbeschadet überstanden hätten.

18 | NEUBEGINN UND RÜCKSCHLÄGE

Schulmeister Schmidt und seine kleine Familie erlebten und erlitten das Jahr 1639 wie alle anderen Bewohner der Gemeinde. Das Frühjahr über vegetierten die Leute in den Wäldern bei Rothenthal. Einfache Hütten dienten Männern, Frauen und Kindern als Unterkunft. Anfangs tauchten einzelne Schweden auf, die plünderten in dem kleinen Dorf. Schmidt schlich mehrmals heim und holte das Kupfergeschirr und was ihm wertvoll erschien in den Wald. Auch beim Bergen der Hüttenschätze half er. Bis zum März hielten sie sich versteckt. Jeden Tag hörte man Kanonendonner, Freiberg wurde beschossen. Schließlich fiel eine große Gruppe Schweden in die Grünthaler Hütte ein. Ein Arbeiter zählte von einem Versteck aus 400 Pferde. Danach zog die schwedische Armee unter General Banner nach Freiberg und Chemnitz. Die Leute atmeten auf und kehrten in ihre Häuser zurück. Der Schulmeister ließ von seiner Magd alle Stuben auswaschen und half beim Aufräumen, erst dann holte er Anna und das Kind wieder heim.

Schon am nächsten Tag versammelte er seine Schüler in der Hüttenschule und begann mit dem Unterricht. Am Abend klagte er seiner Frau: „Die Kinder verwildern immer mehr, wenn sich keiner kümmert. Die Eltern müssen so viel Leid und Angst ertragen, da bleibt keine Kraft." Als Anna zu bedenken gab, womöglich müsse man bald erneut flüchten und es sei sinnlos, immer wieder zu beginnen, ehe nicht Frieden wäre. Ihr Mann widersprach mit aller Leidenschaft. „Jeden Tag, an dem wir keinen Überfall fürchten müssen, sollten wir versuchen, normal zu leben." Die Frau konnte seine Ausdauer nur bewundern. Leider sollte sie sich nicht getäuscht haben.

Nach kaum drei Tagen mussten sie wieder fliehen. Den halben April über zogen täglich berittene Schweden durch die Gegend. Die Leute blieben im Wald und beobachteten heimlich, wie sie die Häuser durchsuchten. Als keine Schätze zu finden waren, zerschlugen sie, was ihnen in die Hände fiel. Endlich zogen die Marodeure gegen Zöblitz und Marienberg. Wieder einmal kehrten die Geflohenen heim. Den Rachefeldzug gegen Olbernhau sahen sie von der Höhe aus. Als eine Rauchfahne anzeigte, dass anscheinend das ganze Dorf in Flammen stand, knieten viele nieder und beteten unter großem Jammer. Beherzte Männer, unter ihnen der Schulmeister, verrammelten alle Tore zur Hütte und verteilte die Defensioner auf den Mauern. Wir lassen sie diesmal nicht herein, schworen sich die Mutigen. Der die Verteidigung eigentlich leiten sollte, war nicht aufzufinden.

Ein Junge, der aus Olbernhau geflohen war, berichtete, die Schweden suchten den Förster Graß. Weil aber keiner sagen konnte, wo der sich versteckt hielt, rächten sie sich an den Einwohnern. Als es dort nichts mehr zu rauben und zu brennen gab, zog ein Teil der Truppe gegen die Hütte. Doch diesmal gelang es ihnen nicht einzudringen. Nach einigen Stunden zogen sie ab und die Verteidiger konnten aufatmen. Am nächsten Abend trafen sich Schmidt und einige seiner Freunde bei einem anständigen Krug Bier. Sie besprachen den für sie erfolgreichen gestrigen Tag und beklagten das Unglück der Olbernhauer. Auch Faktor Roth war aus Freiberg gekommen und Pastor Pistorius saß mit am Tisch. Man war sich einig, das ganze Unglück wäre nicht so groß gewesen, wenn der Überfall auf den schwedischen Kapitän und der Mord an dem Fähnrich hätten verhindert werden können.

„Wo mag sich der Bösewicht wohl versteckt haben?", wollte Roth wissen. Graß und seine Kumpane waren seit

Tagen nicht gesehen worden. Einer wusste etwas. „Der Held soll sich dort drüben", dabei zeigte er in Richtung der abgebrannten Försterei, „unter einem alten Wassertrog versteckt haben, während wir auf den Mauern wachten und sein Schwiegervater von den Schweden halbtot geschlagen wurde." Alle äußerten empört ihre Verachtung für Graß. „Der Kurfürst wird erfahren, welcher Vogel hier als Kommandant sein Unwesen treibt", verkündete Faktor Roth. Pistorius nickte bestätigend. „Der Amtsrichter Oehmichen hat ein entsprechendes Schreiben an seine Hochwohlgeboren aufgesetzt." Nach einem kurzen Schweigen: „Mich bedrückt etwas anderes. Die Kirche ist zerstört, wo soll ich Gottesdienst halten? Gerade jetzt brauchen die Menschen Trost durch Gottes Wort."

Der Schulmeister machte schließlich einen Vorschlag. Man könne doch vorläufig auf dem Hüttengelände einen Betsaal einrichten. So geschah es auch, und schon am darauf folgenden Sonntag versammelten sich die Gläubigen zum Gottesdienst.

Doch drei Tage später waren alle schon wieder auf der Flucht. Von Katharinaberg her näherten sich 150 Reiter. Den ganzen Mai über wurde keine rechte Ruhe. Den Sommer bis in den September hinein konnte man aufatmen. In Olbernhau beschloss man sogar, die Kirche wieder aufzubauen.

Das Elend hingegen endete nicht. Hungersnot und Pest wüteten unter den Einwohnern. Zum Jahresende hin litten sie immerfort unter feindlichen Übergriffen. Pastor Pistorius klagte im Kirchenbuch: „Während der Abwesenheit der Bewohner des Dorfes wegen der Tyrannei der schwedischen und kaiserlichen Kriegsvölker, welche von beiden Seiten plündern und rauben, stand die Kirche und das Haus des Herrn verlassen. Gott, gib uns ein besseres Jahr."

19   VORLÄUFIGE HEIMKEHR

Die Mutter stand vor dem Haus und schaute in seine Richtung. Erkennt sie mich nicht? In Jan machte sich ein kleines Unbehagen breit. Plötzlich erstrahlte ihr Gesicht und sogleich rannen Freudentränen.

„Junge! Du kommst heim! Fast hätte ich dich nicht erkannt. Jedes Mal bist du verändert." Nach einer winzigen Pause. „ Meine Augen sind nicht mehr so gut." Dann rief sie ins Haus: „Gustav! Sieh, wer gekommen ist!" Der Vater trat aus der Tür. Auch bei ihm spürte Jan Verwunderung. Doch dann schlossen die Eltern den Sohn in die Arme und wollten ihn nicht wieder los lassen.

„Ihr erdrückt mich!" Lachend ließen sie von ihm ab. Die Drei hatten nicht bemerkt, dass Hilda heraus gekommen war. Das Mädchen trat näher, schaute ihren Bruder lange an: „Du bist alt geworden." Auf ihre direkte Art sagte sie lakonisch, was die anderen Familienmitglieder empfanden. Jan protestierte schmunzelnd: „Geht das schon wieder los!"

Die Eltern gestanden sich ein: Das Mädchen hatte Recht. Aus dem leichtlebigen Jungen schien ein Mann geworden zu sein. Maria glaubte gar, einige Fältchen um seine Augen zu entdecken. Schnell beruhigte sie sich, das bilde ich mir sicher nur ein, ich sehe halt wirklich nicht mehr so gut.

Man ging ins Haus und Maria machte sich gemeinsam mit der Tochter daran, eine ordentliche Mahlzeit auf den Tisch zu bringen. Wenn auch immer öfter Schmalhans als Küchenmeister herrschte – heute war ein besonderer Tag. Ein Stück Speck fand sich noch, und zum Glück legten die Hühner wieder jeden Tag ein Ei. Brot hatte sie erst vor einigen Tagen gebacken. Sie meinte, ihr Beitrag für das Festmahl sei ganz ordentlich, nun solle Gustav sich bemühen, ein entsprechendes Getränk herbei zu zaubern. Tatsächlich setzte der Vater bald einen Krug Wein auf den Tisch. Maria staunte; wo er den so schnell her hatte, wollte sie wissen. Der Mann zwinkerte ihr zu und erzählte von heimlichen Reserven. Auch gut, dachte die Mutter und setzte sich glücklich wie seit langer Zeit nicht zu ihren Männern. Hilda trug das Essen auf und konnte die Augen nicht von Jan wenden. Etwas bedrückte sie, wenn es auch weder die Eltern noch der Bruder merkten.

Der Junge sollte erzählen, was er in den Monaten in Olbernhau erlebt hatte. „Man hört ja schreckliche Sachen, ganz Olbernhau soll abgebrannt sein", eröffnete Gustav das Gespräch. „Erst essen", brachte Jan kauend hervor. Maria stieß ihren Gustav an, „nun warte es doch ab, der Junge ist hungrig, das siehst du doch." Schweigend saß Hilda dabei, sie machte nicht eine spitze Bemerkung. Die Eltern waren so voller Glück, sie nahmen gar nicht wahr, wie ihre sonst so vorlaute Tochter immer stiller wurde.

Später wollte Jan unbedingt seine Liebste wieder sehen. Er hatte kaum das Häuschen verlassen, als Hilda plötzlich vor ihm stand. „Geh nicht zu Alwine", forderte sie ihren Bruder auf. Erstaunt und auch ein wenig belustigt wollte er sie beiseiteschieben. „Willst du mir das verbieten?" Da bemerkte er einen Ausdruck in ihrem Gesicht, der ihn zögern ließ. Sie fasste nach seiner Hand und Tränen traten ihr in die Augen. „Sie will dich nicht mehr. In fünf Wochen hält sie Hochzeit mit dem Tischer-Ernst."

Der junge Mann war sprachlos und glaubte zuerst, seine Schwester treibe Scherze mit ihm. In seinem tiefsten Inneren spürte er jedoch: Sie sprach die Wahrheit. Sie setzten sich auf die Hausbank, ein schöner stiller Sommerabend lud zum Verweilen ein. Jan war bestürzt, er bemerkte nicht die laue Luft und auch der aufgehende

Vollmond erreichte nicht seine Sinne. „Warum hat sie einen anderen genommen?", stieß er ratlos hervor. „Hast du ihr denn je einen Antrag gemacht, hast du sie wissen lassen, dass sie auf dich warten soll?"

Langsam wurde Jan bewusst, in seiner Selbstherrlichkeit hatte er einfach geglaubte, nur er zähle für Alwine. Er war überzeugt gewesen, das Mädchen verstand, er könne sich nicht binden, bevor er seine doch so wichtigen Aufgaben erfüllt hätte. Heute musste er sich eingestehen, noch immer stand fremdes Kriegsvolk im Land, noch immer drangsalierte man die einfachen Leute. Eigentlich hatte er nichts erreicht. War es richtig gewesen, auf sein eigenes Glück zu verzichten? Wie viel Leid er mit ansehen musste! Selten konnte er helfen. Vielleicht nahm er sich einfach zu wichtig?

All diese bitteren Gedanken bedrückten ihn an diesem Abend. Schließlich dachte er darüber nach, was das Mädchen wohl gefühlt habe, wenn er immer wieder fort ging. „Wie alt ist Alwine eigentlich?" „Gestern ist sie 22 Jahre geworden", sagte mit leisem Vorwurf die Schwester. Er rechnete und stellte mit Verwunderung fest: „ Im November werde ich doch auch schon 26 ..." „Wird Zeit, dass du sesshaft wirst." Das klang weder zänkisch noch besserwisserisch.

Erstaunt sah Jan die Schwester an. Wie erwachsen sie geworden war. Freilich, die Zwanzig hatte auch sie schon überschritten. Obwohl er noch lange nicht mit der eigenen Enttäuschung fertig war, fragte er: „Wann werden wir denn deine Hochzeit feiern?" Ohne jedes Zögern erhielt er Antwort. „Wenn nicht wieder fremdes Kriegsvolk alles zunichtemacht, werde ich Weihnachten meinen Karl zum Altar zu folgen. Mit Großvater habe ich schon alles besprochen, er wird uns trauen." Plötzlich kam die freche Hilda wieder zum Vorschein: „Und dich lade ich herzlich ein, aber nur, wenn du dich anständig aufführst." Blitzschnell drückte sie ihm einen Kuss auf die Wange und war im Haus verschwunden.

Jan saß noch lange allein im Mondlicht, die Eltern schliefen und das ganze Dorf schien ebenfalls zur Ruhe gegangen zu sein. Er dachte über den Sinn seines bisherigen Lebens nach. Am Ende beschloss er, morgen zum Großvater nach Neuhausen zu gehen. Sicher hatte der einen guten Rat und eine sinnvolle Aufgabe für seinen Enkel. Oft sagte Großvater: „Der Morgen ist klüger als der Abend." Wieder einmal bestätigte sich diese Lebensweisheit.

Die Familie saß noch bei der Morgensuppe, als es an die Tür klopfte. Erstaunt erhob sich Maria, um zu öffnen. Überrascht sah sie ihren Schwager Ewald eintreten. „Wo kommst du so früh her, ist was passiert?" Jede kleinste Veränderung im Tagesablauf ließ die Menschen aufschrecken. In jeder Minute rechnete man mit neuen Überfällen oder bösen Krankheitsnachrichten. „Setzt dich her", forderte Gustav. Ewald sah jetzt erst, dass Jan mit am Tisch saß. Er ging auf den jungen Mann zu, umarmte ihn kräftig und stieß erleichtert hervor: „Dass wenigstens du gesund heimgekommen bist." Als er die besorgten Blicke registrierte, beruhigte er: „Bei uns im Pfarrhaus ist alles soweit gesund."

Dann kam er aber sogleich zu seinem Anliegen. Sich an Gustav wendend: „Sicher hast du schon von der Räuberbande gehört, die neuerdings die Dörfer unsicher macht. Vor zwei Tagen sind die Kerle in Dittersbach eingefallen, raubten den Leuten die letzten Bissen und erschlugen einen Mann, der sich zur Wehr setzte. Gestern kam einer herüber zum Vater und klagte sein Leid. Der beschrieb die Banditen genau. Etwa ein halbes Dutzend Kerle sollen es sein, ihr Anführer wäre ein Einäugiger, der eine schwarze Binde trägt."

Bedeutsam schwieg Ewald und sah Jan fordernd an. Der war ganz fahl im Gesicht geworden und brachte stotternd hervor: „ Du denkst ..." Bestätigend nickte der Mann, „die haben meine Eva und den Sohn umgebracht."

Auch Gustav und Maria erinnerten sich an einen Landsknecht, der sich einst unflätig in ihrem Haus in Brüx aufführte und den der Sohn abgöttisch verehrte. Die Eltern sahen ihren Jungen an, der wusste sogleich, woran Vater und Mutter dachten. Er musste etwas klar stellen. „Damals war ich noch ein dummes Kind. Als ich von Ewald vor Jahren von den Untaten meines damaligen Helden hörte, begann ich umzudenken. In der Zwischenzeit musste ich so viele Grausamkeiten mit ansehen und der Heiligenschein des Verbrechers ist längst verloschen." Mit nicht geringem Unmut in der Stimme setzte er hinzu: „Ich dachte, gezeigt zu haben, auf welcher Seite ich stehe."

Gustav fasste nach seiner Hand, „das wissen wir doch, und wir sind auch stolz auf dich", versuchte er zu besänftigen. Der Gast mischte sich ein und gab zu verstehen, es sei ein Glück, dass Jan wieder da sei. Er würde dringend gebraucht. In Neuhausen habe man beschlossen, ein paar Männer zu bewaffnen, die die Bande aufspüren und unschädlich machen sollten. Er selbst werde sie anführen. „Einst habe ich geschworen, meine Lieben zu rächen. Wenn ich glücklicherweise auch wieder eine neue Familie gefunden habe, diesen Schwur werde ich halten!"

Ewald und Jan machten sich noch vor Mittag auf den Weg nach Neuhausen. Großvater Knorr verbarg seine Freude nicht, als sein Enkel ins Haus trat. „Du bist ja ein richtiger Mann geworden, lass dich umarmen!" Sich an Ewald wendend: „Hast einen jungen Kämpfer mitgebracht. Auch gut, es ist besser, wenn Gustav in Seiffen bei seiner Familie bleibt. Die Zeiten sind unsicher, wie eh und je."

Am Abend trafen sich im Pfarrhaus zehn Burschen und Männer, die zu entbehren und bereit waren, gegen die Räuberbande des Einäugigen anzutreten. Man beriet sich und kam zu dem Schluss, zuerst müsse man das Schlupfloch der Kerle ausfindig machen. Ewald erklärte, ohne Waffen würden sie kaum etwas ausrichten können. Keiner der Männer, außer Jan, besaß eine Feuerwaffe. Mit selbst gebauten Spießen käme man gegen die einstigen Landsknechte nicht an.

Der Pastor saß still bei den kriegerischen Beratungen. So richtig gefiel ihm das Vorhaben nicht, er konnte sich denken, wie es ausgehen würde. Nicht nur Sorge um den Enkel und seinen Schwiegersohn plagte ihn. Es fiel ihm schwer, das Unternehmen mit seinem Glauben in Einklang zu bringen. Zahn um Zahn, verkündete zwar Moses im Alten Testament. Er vertrat jedoch eher die Lehre von der Vergebung. Selbst wenn die Männer, die da voller gerechten Zorns in seiner Stube saßen, die Bande dingfest machen würde, wäre in diesen kriegerischen Zeiten nicht mit einer Bestrafung durch irgendwelche Gerichte zu rechnen. Ihnen allen war klar, erwischen wir die Übeltäter, werden sie einfach erschlagen. Selbstjustiz schien die einzige Möglichkeit zu sein, Gerechtigkeit zu erlangen.

Wenn er sich die Leute betrachtete, so sah er wohl ihren unbändigen Willen, aber auch deren begrenzte Möglichkeiten. Nur der Enkel besaß ein wenig Kampferfahrung, alle anderen beseelte nur der Zorn. Wenn man sie wenigsten mit einigen Waffen ausrüsten könnte, damit sie nicht ganz ohne Schutz in dieses Abenteuer zögen. Schließlich meldete er sich zu Wort und meinte, er wolle zum Herrn gehen und ihn um einige Musketen bitten.

Ewald stimmte sogleich zu. Er wusste schon, dass der Wille allein und die Rachsucht, die ihn bewegte, nicht reichen würden, um die Überfälle zu beenden.

Jan, der bis jetzt geschwiegen hatte, meinte, die Ausbildung könne er übernehmen, er habe in Olbernhau unten schon eine kleine Truppe befehligt und beim Förster Kaden viel gelernt. Keiner der Männer widersprach, es schien ihnen sogar recht zu sein. Der Einzige, der bei dem Vorschlag Unsicherheit verspürte, war Jan selbst. Immer wieder kam es ihm in den Sinn, dass letztendlich alle seine kriegerischen Abenteuer ohne große Erfolge endeten. Am nächsten Tag sollte Knorr versuchen, einige Waffen zu besorgen, dann wollte man weitersehen. Mit dieser Abmachung gingen sie auseinander.

Als der Pastor am nächsten Tag aufs Schloss kam, erlebte er eine Enttäuschung. Der Herr selbst war nicht anzutreffen. Die gnädige Frau und ihr kleiner Sohn Caspar Heinrich befanden sich ebenfalls im Aufbruch. Das bedeutete nichts Gutes. Trotzdem wagte Knorr, um ein Gespräch mit der Herrin zu bitten. Der Kammerdiener wollte den Besucher keinesfalls vorlassen. „Die gnädige Frau ist in großer Eile, der Herr wartet in Freiberg auf seine Familie. Die Kutsche steht schon bereit." Noch während der Diener bemüht war, den Pastor abzuweisen, kam die Schlossherrin dazu. Sie schien tatsächlich im Aufbruch zu sein und trug schon Reisekleider. Als sie den Seelsorger erblickte, ließ sie durch eine Handbewegung wissen, er möge näher treten. Der Diener verdrehte empört die Augen, musste jedoch dem Befehl gehorchen. Sie bat den Besucher in ein angrenzendes Gemach. Zu dem Diener gewandt, ließ sie ein wenig unwirsch verlauten: „So viel Zeit muss sein." Nachdem man an einem großen Tisch Platz genommen hatte, bat sie darum, der

Pastor solle sofort zur Sache kommen, sie sei in Eile, große Gefahren näherten sich.

Ohne große Umschweife trug Knorr sein Anliegen vor, berichtete vom Plan der Neuhausener und den fehlenden Waffen. Die Frau hörte geduldig zu. Als er geendet hatte, sah sie ihn lange an. „Lieber Herr Pastor, richten sie den Untertanen im Dorf aus, sie mögen ihre Kräfte nicht mit der Jagd auf eine kleine Bande verzetteln. Der Herr habe Nachricht erhalten, dass eine schlagkräftige Abteilung von Schweden unterwegs sei. Dieser Krieg vernichtet uns alle", brachte sie verzweifelt hervor. „Der Kurfürst verlangt immer neue Kontributionen. Die Dörfer sind zerstört, die Felder liegen brach, wie kann man vom verarmten Volk noch Zins verlangen? Große Teile des Besitzes, Rittergüter und Wälder musste mein Gemahl verkaufen, um den Forderungen des Landesherrn nachzukommen. Jetzt ist es soweit, dass unser letzter Zufluchtsort", dabei zeigte sie mit einer ausholenden Armbewegung rundum, „in größte Gefahr gerät. Mein Mann ist schon nach Freiberg vorausgeeilt, um eine kaiserliche Streitmacht anzufordern, die wenigstens den Purschensteiner Besitz vor den Schweden schützen soll. Ich muss nun meinen Sohn in Sicherheit bringen." Damit erhob sie sich und Knorr erkannte, dass die Audienz erfolglos beendet war.

Die Nachricht vom Herannahen einer schwedischen Abteilung erreicht das Dorf noch am gleichen Tag. Alle versuchten, wie schon so oft, ihre wenigen Habseligkeiten in Sicherheit zu bringen. Jan machte sich im Pfarrhaus nützlich. Der kleine Sohn von Elisabeth und Ewald hängte sich wie eine Klette an den neuen Onkel. Auf Schritt und Tritt lief er ihm hinterher. Jan freute sich über das Kerlchen, hob es hoch, warf es in die Luft und fing das kreischende Bündel wieder auf. Das stellte zwar eine lustige Beschäftigung für beide Seiten dar, aber hinderte den jungen Mann daran, dem Großvater zu helfen. Elisabeth meinte: „Wenn du mir den Kleinen abnimmst, kann ich ungestört meiner Arbeit nachgehen."

Sie schafften das Nötigst hinauf in den Wald, man hatte schon Übung darin, das Versteck einzurichten. Ewald lief mit finsterem Gesicht herum, seine Enttäuschung war groß. Er hatte so darauf gebrannt, den Mörder seiner ersten Familie zu strafen. Er sah natürlich ein, jetzt galt es, Elisabeth und das kleine Paulchen zu schützen. Aber er schwor sich, sobald er den Verbrecher zu Gesicht bekommen würde, käme der nicht mit dem Leben davon, und wenn er allein gegen ihn antreten müsste.

Wenige Tage lang war es eigenartig still im Dorf. Wie ausgestorben lag es da. Die meisten Bewohner befanden sich im Wald, nur manchmal huschte noch eine Gestalt in eines der Häuser. Ein Familienvater holte ein Säckchen Mehl oder trieb schnell noch die zurück gelassene Sau ins Gehölz.

Dann ritten sie heran, laut und selbstsicher zogen sie durchs Dorf. Suchten in den Häusern, zerschlugen Topf und Schüssel und schlitzten die Betten auf, wenn sie keine Beute machen konnten. Lange hielten sie sich nicht auf, ein armseliges Nest, wo nichts zu holen war. Aber dort oben bei jenem Schloss würde es sich lohnen, nach Beute zu suchen.

Ein Teil der schwedischen Truppen zog weiter in Richtung Sayda. Zurück blieben gut drei Dutzend Bewaffnete, sie richteten sich im Schloss ein. Es schien ihnen zu gefallen. Die Küche bot noch Reserven und Wein fand sich im Keller, der für einige Zeit reichen würde. Doch das Wohlbefinden wurde bald gestört. Es war dem Schlossherren gelungen, eine kaiserliche Eskorte gegen die Eindringlinge auf den Weg zu bringen. Die Schweden verschanzten sich, keiner kam über die Mauern, obwohl die Übermacht riesig war. 200 Kaiserliche belagerten Purschenstein. Immer wieder versuchten sie zu stürmen, doch die Belagerten verstanden ihr Handwerk und die Vorräte reichten für die vierzig Leute noch lange.

Die Neuhausener kehrten zum Teil wieder in ihre Wohnungen zurück. Sie beobachteten das Geschehen. Auch ins Pfarrhaus zog wieder Leben ein. Schon drei Wochen dauerte die Belagerung und ein Ende war nicht abzusehen.

Eines Tages stürzte Ewald ins Haus, kreidebleich und zitternd stand er vor seinem Schwiegervater. „Der Einäugige hat sich zu den Kaiserlichen gesellt!" Jan trat hinzu: „Was hast du vor?" „Jetzt ist er dran", stieß Ewald hervor.

Obwohl viel jünger, mahnte Jan zur Besonnenheit. Großvater Knorr staunte über seinen Enkel. Es gelang dem Jungen, den Rachsüchtigen von unüberlegten Taten abzuhalten. „Lass mich das regeln", forderte er.

Unter den kaiserlichen Belagerern waren einige junge Burschen, die man im Böhmischen zwangsrekrutiert hatte. Mit nur wenig Enthusiasmus versahen sie ihren Dienst. Jan fand schnell Zugang zu ihnen, zumal er zu erkennen gab, dass sein Geburtsort Brüx war. Das Heimweh beutelte die jungen Männer, und wann immer möglich, suchten sie das Gespräch. Manchmal kam einer von ihnen, Janek, sogar ins Pfarrhaus.

Es lag nahe, dass man sich auch über die Zustände in der kaiserlichen Truppe unterhielt. Janek klagte: „Die Schweden sind so zäh, sie lassen uns keinen Schritt an die Burg heran. Morgen will unser Hauptmann die Feldartillerie einsetzen und die Mauern beschießen lassen." Unzufriedenheit schien sich bei den Kaiserlichen breit zu machen. Zu lange dauerte die Blockade. Die Versorgung wurde immer schwieriger. Von den Einheimischen war längst nichts mehr zu holen, täglich karrte man aus

Richtung Freiberg den nötigen Proviant heran. „Unsere Marketenderin weiß oft nicht, was sie in die Kessel werfen soll. Seit einigen Tagen treibt auch noch ein Mausbube sein Unwesen im Lager. Nicht nur an den Essensvorräten vergreift er sich. Gestern hat er sogar aus dem Beutegut unseres Hauptmanns etliche wertvolle Schmuckstücke und auch ein Säckchen mit Silbermünzen geklaut." Prophezeiend verkündete er: „Wenn der ertappt wird, hängt er am nächsten Baum."

Als Jan von dem Dieb hörte, spürte er förmlich, wie ein Signal in seinem Hinterkopf Alarm schlug. „Der Kerl muss doch zu fassen sein." „Der Hauptmann hat die Wachen in der Nacht schon verstärken lassen, aber die Räubereien passieren eigenartiger Weise am Tage, wenn wir im Einsatz sind", gab der junge Böhme zu bedenken.
Diese interessanten Nachrichten brachten Jan auf den Gedanken, die Diebereien sähe sehr nach der Handschrift des Einäugigen und seiner Bande aus. Zwei Tage beobachtete er aus einer Tarnung heraus, was im Feldlager geschah, wenn sich die Heerschar im Einsatz befand. Erst rührte sich nichts, die Köchin machte sich am Feuer zu schaffen, ansonsten keine Bewegung. Dann rief die Frau in Richtung eines Planwagens: „Bianca! Hol Wasser, sie sind alle fort."
Da schob sich unter der Plane ein blonder Schopf hervor und behände hüpfte ein Mädchen vom Wagen. Es trug einen Ledereimer in der Hand und ging in Richtung der Furt. Ganz nahe kam es an Jans Versteck vorbei. Jene Bianca konnte ihn nicht sehen, was jedoch der junge Mann erblickte, ließ ihn fast sein eigentliches Anliegen vergessen.
Wie kam so etwas Schönes in dieses Landsknechtslager? Die Haare waren zu einem ordentlichen Zopf

geflochten, und auch Kleid und Mieder machten einen sauberen Eindruck. Und ein Paar Augen!

Jan bekam Herzklopfen. Braun und klar sahen sie wachsam rundum. Er hielt die Luft an und rührte sich nicht, schließlich wollte er die Schöne nicht erschrecken. Bald kam sie mit dem gefüllten Eimer zurück, ging zu der alten Frau und half dort das Essen zu bereiten. Plötzlich flüsterte die Alte etwas in Richtung des Mädchens und blitzschnell war es im Wagen verschwunden.

Einige Söldner kommen ins Lager zurück, dachte sich der Beobachter. Doch halt ..., was passierte dort? Einer der Kerle fasste die Köchin an den Haaren und drohte ihr: „Wenn du das Maul nicht hältst, schneiden wir dir die Kehle durch." Zitternd jammerte die, sie hätte noch nie etwas gesehen und sei auch in Zukunft taub und stumm.

Jan hörte das rüde Lachen von einem der Kerle. Das hatte er doch schon einmal vernommen!? Da sah er ihn! Tatsächlich! Dort stand sein einstiges Idol. Ziemlich gealtert, verlottert und fett war der Mann geworden. Jan konnte kaum glauben, dass er dieses Scheusal als Kind verehrt haben sollte. Schnell machte er sich aus dem Staub, er hatte genug gesehen. Heimwärts eilend, fiel ihm wieder das schöne Kind ein. Die muss ich wieder sehen, beschloss er. Aber wieder einmal musste er zuerst Dringlicheres erledigen. Auf dem Pfarrhof fand er Ewald dabei, wie er Holz zerkleinerte. „Ich weiß, wer der Dieb im Lager ist." Er hatte dem Mann seiner Tante erzählt, was er von Janek wusste. „Der Einäugige?!", stieß Ewald hervor. „Jetzt müssen wir klug vorgehen, er wird seine Strafe für all seine Untaten erhalten, ohne dass du dir eine Sünde auflädst." Der Ältere nahm den Rat wortlos an. Anscheinend hatte Tante Elisabeth vorgearbeitet und ihrem Mann klar gemacht, welche Gefahren es für die Familie brächte, wenn er selbst den Richter spielte.

So schnell wie er konnte, teilte Jan seinem neuen Freund mit, was er beobachtet hatte. Es dauerte nur wenige Stunden und man ertappte die Bande auf frischer Tat. Janek kam zu Jan gelaufen und berichtete atemlos und stolz, der Hauptmann habe die Kerle fesseln und unter strenger Bewachung fortbringen lassen. Er selbst hätte als Belohnung einen Krug Wein bekommen und den wolle er mit Jan gemeinsam leeren. Ewald knurrte nach dieser Meldung etwas von, der Gauner würde bestimmt wieder davon kommen. Doch zwei Tage darauf munkelte man, die Wachen hätten die Kerle oben am Berg in Richtung Sayda erschossen. Den Einäugigen aber, als den Anführer, an einer hohen Buche aufgehängt.

Ewald war plötzlich für viele Stunden unauffindbar. Am Abend kam er heim, sagte aber nicht wo er gewesen sei. Elisabeth flüsterte Jan zu, ihr Gemahl befände sich in einer sehr zufriedenen Stimmung.

20 KRIEG UND LIEBE

Für eine zufriedene Stimmung gab es bei den Menschen im Gebirge keinen Grund. Der Einäugige und seine Bande waren unschädlich gemacht, damit hatte Ewald zwar seinen Frieden gefunden, aber die Gefahren für Leib, Leben und Gut schienen täglich größer zu werden. Über drei Wochen belagerten die Kaiserlichen Schloss Purschenstein. Die Feldkanone leistete verheerende Dienste. Die Mauern zerschossen, etliche Gebäudeteile lagen in Trümmern. Man konnte sich über die Ausdauer der Schweden nur wundern. Lange würden sie bestimmt nicht mehr durchhalten. Selbst wenn sie noch genügend Nahrung besäßen, gegen die Übermacht mussten sie schließlich unterliegen. So wunderte sich niemand, als es an einem Morgen feststand: Das Schloss war leer. Im Dunkel der Nacht hatten es die Besetzer aufgegeben, sie waren abgezogen. Was sie genau dazu bewogen hatte, blieb den Einwohnern und auch im Pfarrhaus unbekannt. Manche munkelten, es habe Verhandlungen gegeben, andere wieder vertraten die Meinung, die Schweden seien bei Nacht und Nebel geflohen.

Wie auch immer, Pastor Knorr und seiner Familie war es gleich, sie hofften, dass nun die kaiserliche Heeresgruppe abziehen möge. In ihrem Dorf war nichts mehr zu holen und auf dem Schloss schienen die Vorräte auch aufgebraucht.

Jan bewegten andere Probleme. Er war sich bewusst, mit der Truppe würden auch der Marketenderwagen und damit das Mädchen entschwinden. Vor einigen Tagen hatte er Bianca angesprochen. Zuerst schien sie erschrocken zu sein und wollte sogleich in Richtung der alten Frau fliehen. Freundlich versuchte er dem Mädchen klar zu machen, er wolle ihm nichts Böses antun. Auf die Marketenderin zeigend fragte er: „Das ist wohl deine Großmutter?" Bianca schüttelte den Kopf. Sacht fasste er nach ihrer Hand; diese Geste löse sogleich wieder Abwehr aus. Er spürte, wie sie erstarrte und sah, wie die Angst förmlich aus ihren Augen sprang. Da trat die Alte hinzu, „lasst das arme Ding in Frieden", forderte sie und murmelte vor sich hin, „die Kleine hat genug mitgemacht."

Jan erkannte, nur über die Frau konnte er das Vertrauen des Mädchens gewinnen. Er suchte das Gespräch, erzählte ihr, er sei der Enkelsohn des hiesigen Pastors und schlechte Absichten verfolge er nicht. Lange zeigte die Alte keine Reaktion, aber dann schien sie doch etwas Zutrauen zu fassen. „Geh Wasser holen", trug sie ihrem Schützling auf.

Als sie unter vier Augen waren, erzählte sie. Bianca stamme aus einer Stadt im Anhaltischen. Sie habe schlimme Sachen erlebt. Der Vater sei der dortige Medikus gewesen. Mit seiner Familie, Frau und drei Kindern, habe er in einem schönen Haus gewohnt. „Man achtete den Mann ob seiner Heilkunst, selbst der dortige Fürst schätzte den gelehrten Herrn. Doch dann wütete der Krieg auch in dieser Stadt. Die Kroaten drangen ein. Im Kampf war einer ihrer Anführer verwundet worden. Sie brachten ihn zum Doktor und drohten, wenn er den Offizier, der kaum noch am Leben war, nicht wieder gesund machen würde, hätte er das zu büßen. Der Verwundete starb noch in der gleichen Nacht an seinen Verletzungen. Der Doktor flehte seine Frau an, sie möge mit den Kindern fliehen, doch sie wollte ihn nicht verlassen. Wo sollte sie auch mit den Kleinen hin, die Zwillinge hatten eben erst Laufen gelernt. Bianca, die Älteste, zählte zwar schon zwölf Jahre, ihre Mutter meinte jedoch, auch das

Mädchen sei noch zu jung, um ohne Heim und Familie auszukommen. So wartete die Familie in größter Angst. Am zeitigen Morgen kamen sie und machten ihre Drohungen wahr. Als es an die Tür hämmerte, schickte der Vater Bianca in ein Versteck unter dem Dach, dort sollte sie bleiben, bis die Kroaten wieder fort seien. Das arme Kind saß dort ohne Nahrung zwei Tage und Nächte. Sie hörte das Wehklagen ihrer Mutter und das Flehen des Vaters, auch das Schreien ihrer kleinen Brüder drang bis zu ihr. Nachdem die Banditen fort waren, wollten die Leute aus der Stadt nach ihrem Doktor sehen. Entsetzt fanden sie Vater, Mutter und die beiden Buben erschlagen in der Stube. Die Kroaten hatte sie einfach liegen gelassen. Nur den Leichnam ihres Anführers trugen sie aus dem Haus. Man suchte nach dem Mädchen, fand es aber nicht. In der dritten Nacht hatte es sich fort geschlichen und war in die Felder gelaufen. Dort entdeckte ich das Kind, völlig ausgehungert, verstört und voller Angst. Ich nahm sie in meinem Wagen mit, viele Wochen dauerte es, bis die arme Kleine mit mir sprach. Erst nach und nach erfuhr ich ihr schlimmes Schicksal."

Jan fand vor Erschütterung keine Worte, das Mädchen tat ihm unendlich leid. Aber nicht nur Mitleid spürte er in seinem Herzen, ein ganz neues Gefühl wuchs. Ein Drang sie zu beschützen, ihr alles Leid zu ersparen und sie nie wieder von sich zu lassen. Auf keinen Fall durfte sie mit den Kaiserlichen und der Marketenderin weiterziehen.

Diese Empfindung stand über allen anderen, und der junge Mann kam zu der Einsicht, das sei wohl die große Liebe. Er musste unbedingt darüber reden und er wusste auch jemanden, dem er sich anvertrauen wollte. Der Frau, die von klein an wie eine Mutter zu ihm war, seiner Tante Elisabeth wollte er alles erzählen. Sie wüsste bestimmt, wie er es erreichen konnte, dass Bianca bei ihm blieb.

Er hatte sich nicht getäuscht. Elisabeth verstand was ihn bewegte, fragte aber, ob er denn schon mit Bianca gesprochen hätte. „Du kannst nicht über ihr Schicksal entscheiden, auch wenn du es noch so gut meinst." Dieser Satz gab Jan Stoff zum Nachdenken. Wollte er schon wieder bestimmen, was für andere Menschen gut sei. Hatte er nicht gerade erst bei Alwine damit schlechteste Erfahrungen gemacht? „Geh, und rede mit dem Mädchen, dann sehen wir weiter. Im Pfarrhaus wird es sicher einem Platz finden."

Von dieser Stunde an verbrachte Jan jede Minute in der Nähe von Bianca. Er fürchtete, die Zeit könne nicht reichen, um sie zu bewegen, hier zu bleiben. Mit der Marketenderin war er sich schon einig geworden. Die Frau besaß Lebenserfahrung genug, um zu wissen, ein Söldnerlager sei der denkbar schlechteste Platz für eine junge Frau. Ihr war bewusst, nicht immer würde sie Bianca schützen können. Sicher sei sie in einem Pfarrhaus besser aufgehoben, und der junge Mann schien die besten Absichten zu haben. Außerdem zeigte er Manieren, war nicht so grob und unflätig wie die Kerle, mit denen sie es jeden Tag zu tun hatte. Ihr machte das alles schon lange nichts mehr aus, aber der Kleinen gönnte sie ein besseres Leben.

Doch die Zeit drängte. „Noch drei Tage, dann ziehen wir weiter", erklärte sie an einem Morgen. Jan spürte, er konnte nicht länger warten. Mit einem Sprung gelangte auf den Wagen, wo sich seine Angebetete meist aufhielt, setzte sich neben sie und sah ihre direkt in die Augen. Erstaunter Blick, Angst war nicht mehr darin zu sehen. Sie war es gewohnt, dass der junge Mann täglich auftauchte. Die Frau, die sie von Anfang an Tante nannte, traute dem Besucher. Nur lobend sprach sie über ihn, also musste er ein guter Mensch sein. Bianca zog ihre

Hand nicht zurück, als er jetzt danach fasste. Abwartend sah sie ihn an. Jan bekam schon wieder Herzklopfen. Er durfte sie nicht erschrecken. Wie eine Blume, die bei der geringsten Berührung ihren Blütenkelch schloss, erschien sie ihm.

„Ich möchte dir gerne meine Tante Elisabeth und den Großvater vorstellen. Willst du mit mir einmal ins Pfarrhaus gehen?" „Ja, aber die Tante muss mit." Damit hatte er nicht gerechnet, lud aber die Marketenderin ebenfalls ein. Am frühen Abend, Elisabeth erwartete die Gäste unter der Haustür, erschienen die beiden Frauen. Jan bemerkte erstaunt, Biancas Begleiterin ist gar nicht so alt, wie er bisher dachte. Sie hatte sich fein heraus geputzt. Unter einem Netz waren schwarze Haare zu einem dicken Zopf geflochten um den Kopf gelegt. Nur wenige silberne Strähnen zeigten sich. Ein bunter Rock und eine schwarze Jacke aus der am Hals ein weißer Kragen schimmerte, ließen die Frau fast vornehm erscheinen. Ein silberner Armreif schmückte das Handgelenk.

Kaum wieder zu erkennen und in keiner Weise an eine Marketenderin erinnernd, trat sie bescheiden, aber nicht unterwürfig ein. Mit Würde nahm sie Platz. Der Herr Pastor wartete schon auf die Gäste. Ewald und der kleine Sohn waren nicht anwesend. Elisabeth hatte gut vorbereitet. Was es hier in dieser Stunde zu besprechen galt, duldete keine Störung. Sie nahm sofort die Rolle der Hausfrau wahr und ließ durch eine Magd einen Krug mit Most auftragen. Entschuldigend gab sie zu verstehen, dass leider nicht mehr viel zum Anbieten im Hause sei. Biancas Begleiterin zeigte Verständnis. „Wo die Heere einfallen, ist das Land wüst, als wären Heuschrecken durchgezogen."

Man kam bald zur Sache. Der Großvater nahm das Wort. „Willst du nicht bei uns bleiben?" wand er sich an das junge Mädchen. „Für unseren kleinen Paul, von dem dir Jan sicher schon erzählt hat, brauchen wir dringend eine Betreuung. Auch im Haus könntest du dich nützlich machen und bei Elisabeth lernen, eine Wirtschaft zu führen. Wenn die Zeiten auch schlecht sind und ständig Gefahr droht, hättest du größere Sicherheit als inmitten verrohter Männer, vor denen du dich ständig verstecken musst." Nun schwieg er einen Moment und ließ seine Worte wirken. Wenigstens kommt nicht sofort eine Ablehnung, stellte Jan innerlich befriedigt fest. Knorr setzte hinzu: „Dass mein Enkel Jan dich nur zu gerne bei uns behalten möchte, hast du bestimmt schon gespürt."

Bianca nestelte an ihrem Halstuch und sah vor sich nieder. Beim Erwähnen von Jans Gefühlen wurde sie rot, was der sogleich als gutes Zeichen deutete. Lange herrschte Stille. „Gerne würde ich da bleiben, aber die Tante...", damit fiel sie ihrer Beschützerin um den Hals und verzweifeltes Weinen war zu hören. Die Frau strich ihr zärtlich übers Haar. „Ich habe dir doch erklärt, ich kann dich nicht immer beschützen." „Ich weiß ja, aber du warst wie eine Mutter...", und wieder flossen Tränen. Die Marketenderin hatte sich durchgerungen, ihr Mündel in sichere Obhut zu geben. Hier in diesem Haus lebten gute Menschen. Besser konnte es das Kind nicht treffen. Das war ihre Überzeugung.

So tröstete sie: „Wenn der Krieg zu Ende ist, komme ich dich besuchen. Vielleicht lädst du mich auch zu deiner Hochzeit ein." Bei diesen Worten sah das Mädchen ganz erschrocken drein. Die Ältere beruhigte: „Später, in einigen Jahren." Ganz still, aber voller Glück verfolgte Jan das Gespräch.

Die beiden Tanten meinten, sie müssten noch einige praktische Dinge bereden und gingen in die Küche. „Eine anständige Aussteuer und eine gute Mitgift bekommt das Kind von mir. Versprecht mir, Bianca immer gut zu behandeln, sie hat es verdient. Sie ist ein gutes Mädchen." Elisabeth versprach das aus ehrlichem Herzen. „Wir werden sie nicht drängen, sollte sie unseren Jan lieb gewinnen, bekommt sie einen guten Mann."

Damit war alles besprochen. Am nächsten Tag zog Bianca mit einer ansehnlichen Anzahl Taler und etlicher feiner Wäsche in das Pfarrhaus ein.

21 BEI DEN JESUITEN

Rosi, die verschollene dritte Tochter des einstigen Schulmeisters Knorr, lebte schon einige Jahre im Jesuitenhof im böhmischen Komotau. Eine Ewigkeit schien sie von ihrem früheren ganz anderen Leben zu trennen. Manchmal erinnerte sie sich an einen Mann, der Heinrich hieß. Wenn der in ihrem Kopf auftauchte, roch es nach Holzspänen und der Mann hantierte mit einem Hobel. Dann kam es vor, dass ein Lächeln ihr Gesicht erhellte. Lieb war jener Heinrich gewesen, gestreichelt und geherzt wurde sie von ihm. Oft grübelte sie, wo er nur geblieben sei. Sie konnte und konnte sich nicht an dieses frühere Leben erinnern. Wie Nebelschwaden waberte es durch ihren Kopf. Im Herzen aber fühlte sie, dass es eine gute Zeit gewesen sein muss.

In manchen Nächten schrie und jammerte die Frau so laut, dass die zweite Magd erwachte. Weder Zureden noch Rütteln konnten Rosi beruhigen. Bebend und schluchzend murmelte sie von lieben kleinen Knaben und fluchte jämmerlich gegen einen schwarzen Teufel. Selma, so wurde ihre Mitbewohnerin genannt, holte einen Krug und goss eiskaltes Wasser über das Gesicht der Schreienden. Das war die einzige Möglichkeit, sie aus ihrer unbekannten Welt zu holen. Sie schreckte nach dem Guss auf, sah verstört um sich und drehte sich zum Weiterschlafen auf die Seite. Danach konnte sich Selma in Ruhe auf ihren Strohsack zu den eigenen Träumen legen.

Dass die Rosi ein wenig wunderlich war, damit hatte sie sich abgefunden. Am anderen Morgen wusste die sowieso nichts mehr von dem nächtlichen Klamauk. Ernst zu nehmen war es jedenfalls nicht, was die Rosi so phantasierte. Ob sie nun ein wenig wirr im Kopf oder vom Bösen besessen war, konnte die Selma nicht beurteilen. Am Tage bei der Arbeit schien sie ganz normal zu sein. Sie hatte auf dem Hof für Sauberkeit in den Räumen zu sorgen und die Herren Jesuiten schienen sehr zufrieden. Der Hausobere, er stammte aus sächsischen Landen, führte sogar gescheite Gespräche mit Rosi. Das hatte die Selma selber gehört. Unter dem Gesinde munkelte man, Pater Eckhardt habe die wunderliche Magd einst auf seiner Anreise in den Wäldern gefunden. Sie sei völlig verwahrlost und fast verhungert gewesen. Aus Mitleid habe er sie einfach mitgenommen und in einem der beiden Dienstbotenhäuschen einquartiert. Nach und nach fasste sie Vertrauen und redet mit ihm.

Da sie immer fleißig und sauber ihre Arbeit tat, durfte sie bleiben und gehörte mit der Zeit zum Jesuitenhof wie die alte Linde, die an der Mauer stand. Bis heute wusste aber niemand, woher sie gekommen war. Selma war der festen Überzeugung, das wüsste die Rosi wohl selber nicht. Wer allerdings in den Nächten von so bösen Albträumen geplagt wurde, der musste Schlimmes erlebt haben. In der heutigen Zeit stellen schreckliche Schicksale keine Seltenheit dar und sie selber, so erinnerte sich Selma, hatte in ihrem langen Leben auch schon genug Elend gesehen. In den Pestjahren verlor sie ihre Eltern und war froh, dass man sie alleinstehend, wie sie war, als Magd in der Mühle aufgenommen hatte. Als dann vor drei Sommern die Leute dort ihren Zins nicht bezahlen konnten, kam das ganze Anwesen, samt Dienstboten in die Hände der Jesuiten. Ihr selbst befahlen die neuen Herren, künftig auf ihrem Hof zu dienen. Als sie hierher kam, war die Rosi schon da. Anfangs war ihr die neue Stelle unheimlich gewesen, von den Jesuiten hörte man immer die furchtbarsten Sachen. Alle Protestanten hatten sie aus dem Land getrieben, es gab nicht einen evangelischen Pastor mehr in der Stadt. In den drei Jahren, die sie hier lebte, hatte Selma sich eingewöhnt. Freilich, mit der Rosi konnte sie sich nicht vergleichen. Die war so tüchtig, und was die alles wusste! Bruder Eckhardt besprach sich immer öfter mit ihr. Man war dabei eine Schule aufzubauen, und es schien, als wenn die Rosi auch davon etwas verstehen würde. Na, ihr konnte es egal sein, von ihr erfährt keiner, was die des Nachts so umtreibt. Hauptsache, sie selbst war versorgt, hatte einen guten Dienst und musste nicht hungern. Was die Herren betraf, ging sie das alles nichts an. Damit hatte sie ihren Standpunkt fürs Leben festgelegt.

Rosi hingegen kämpfte weiterhin mit ihrem Gedächtnis. Sie wunderte sich, wie leicht es ihr fiel, gescheite Gedanken vorzubringen. Auf der anderen Seite konnte sie sich nicht, und wenn sie noch so grübelte, an Vergangenes erinnern. Schließlich bemühte sie sich, in ihrem neuen Leben zurecht zu kommen. Die geistlichen Herren waren mit ihrer Arbeit zufrieden und behandelten sie anständig. Ihr Retter, wie sie den Bruder Eckhardt in Gedanken nannte, fragte sie sogar oft um Rat.

In der Lehranstalt des Kollegiums erhielten die Söhne hoher Herren Unterricht. Der Scholastiker sprach gern mit Rosi. Ging es um die Schule, fühlte sie, darüber wisse sie Bescheid. Sie scheute sich dann auch nicht, ihre Meinung kundzutun.

Die Grafen von Rothenhaus unterstützten den Jesuitenhof mit wertvollen Zuwendungen. Einige Dörfer leisteten ihre Abgaben hierher, erst neulich war eine riesige Fuhre Holz angeliefert worden. Auch reiche Katholiken aus der Gegend geizten nicht mit Spenden. Die Brüder des Kollegiums schienen großen Einfluss auf Grafen wie reiche Bürger zu haben. Dabei lebten sie trotz Wohlstand und Einfluss nicht faul und bequem. Überall wo man Hilfe brauchte, waren sie zur Stelle. Sie schienen allwissend zu sein, wenn es galt, eine Aufgabe zu erkennen, die ihnen größere Macht verschaffte.

Auf dem Jesuitenhof gab es keine festen Gebetsstunden. Darüber wunderte sich Rosi. Irgendwo in ihrer Erinnerung schimmerte ein Bild vom Leben in einem Kloster, das in keiner Weise zu dem passte, was sie hier täglich erlebte. Sie beschloss, den Hausoberen danach zu fragen.

An einem Abend, als das Gesinde und die Jesuiten-Brüder im Hof unter der alten Linde saßen, schien ihr der passende Moment gekommen zu sein. „Warum betet ihr nicht gemeinsam zur selben Zeit?" Erstaunt sah der Angesprochene sie an. „Woher kennst du die Sitten in einem Kloster?" Darauf konnte die Frau wieder einmal nicht antworten, weil sie es einfach nicht wusste. „Irgendwann habe ich einmal gesehen, wie Männer, alle in eine dunkle Kutte gekleidet, gemeinsam sangen und Gebete verrichteten", brachte sie stockend hervor. Mitleidig betrachteten Jesuiten und wie Diener die Frau. Einer Stallknecht flüsterte: „Es muss schlimm sein, wenn man sein Leben verloren hat."

Da meldete sich Pater Konstantin, dem die Krankenpflege oblag, zu Wort: „Die Magd Rosi hat nicht ihr Leben, sondern nur einen Teil ihrer Erinnerungen verloren. Das geschieht manchmal, wenn ein Mensch am Kopf verletzt wird oder einen schweren Schicksalsschlag erleiden musste. Oft dauert es Jahre, bis das Vergessene zurückkehrt. Manchmal kennen diese Menschen nicht einmal ihren Namen oder wissen gar nichts mehr aus ihrem vergangenen Leben. Bei Rosi sind anscheinend alle Dinge, die sie vor langer Zeit erlebt hat, erhalten geblieben. Nur, was sie ganz persönlich betrifft, ist verschüttet. Der Herrgott schützt sie vor einer schlimmen Erinnerung, die sie anscheinend nicht ertragen könnte."

Nach diesem langen Vortrag schwiegen alle lange Zeit. Sie mussten nachdenken. Wenn die Diener auch nicht alles verstanden hatten, so erkannten sie doch, dass die Rosi nicht verrückt ist. Der Herrgott hilft ihr sogar, damit sie ihren Verstand behält. Irgendwie gewann die Frau an diesem Abend bei Knechten und Mägden an Ansehen. „Sie ist eine Begnadete", flüsterte die Selma vor sich hin.

Dann räusperte sich der Pater: „Du wolltest wissen, warum wir nicht gemeinsam beten. Ich will versuchen, euch etwas über den Orden der Jesuiten zu erzählen. Ich weiß sehr wohl, dass wir von vielen gehasst werden, weil wir den Ketzerglauben ausrotten werden. Manchmal geschehen Dinge, die einfache Leute nicht verstehen können. Ihr habt sicher bemerkt, dass von uns Jesuiten auch viel Gutes getan wird. Wir helfen immer dort, wo uns unsere Oberen im Namen Gottes, hinschicken. Wir sind keine Mönche, wie sie in den Klöstern leben, haben keine einheitliche Kleidung und, wie Rosi richtig bemerkt hat, keine gemeinsamen Zeiten für das Gebet. Unser Gelübde verpflichtet uns zu Armut, Keuschheit und Gehorsam, genau wie andere Mönchsorden. Bei den Jesuiten kommt als Besonderheit hinzu, wir schulden dem Papst in Rom absoluten Gehorsam. Wo wir auch gebraucht werden, welchen Auftrag wir erhalten, wir werden folgen." Erstaunt hörten die Leute zu. Der Pater schwieg, um nach einer Weile hinzuzufügen: „Gehen wir für heute zur Ruhe, ein andermal mehr."

Rosi beobachtete von nun an ihre Umgebung aufmerksamer. Eine Lüge war es nicht, dass die Patres viel Mühe darauf verwendeten, Gutes zu tun. Ein schon alter Jesuit arbeitete jeden Tag eifrig in seiner Stube und übersetzte Bücher. Eckhardt hatte einmal erzählt, so würden die wissenschaftlichen Schriften der Astronomie, Medizin, Physik und vieler anderer Wissenschaften der Menschheit erhalten. Alte Völker, wie die Ägypter , Babylonier und die Araber seien in der Erforschung der Welt schon vor Jahrhunderten viel weiter gewesen, als die Menschen hierzulande. „Deren Erkenntnisse dürfen nicht verloren gehen", sprach der Hausobere mit Nachdruck. Wieder einmal wunderte sich die Frau, sie verstand alles, als hätte sie das schon immer gewusst. Besonders gefiel ihr, wenn sie hören konnte, wie die Schüler im Kolleg sangen. Dort legte man großen Wert darauf, geistliche Lieder zu bewahren. Einer der jungen Jesuitenstudenten hatte einmal gesehen, wie sie versunken dem Gesang zuhörte. Er wollte wohl sein Wissen anbringen und erklärte: „Der Gesang geistlicher Lieder war bei den Protestanten in Böhmen sehr verbreitet und beliebt. Wenn wir jetzt die Gesänge erklingen lassen, erkennen viele der Abtrünnigen, der wahre Glauben geht von der katholischen Kirche aus. Wir gehen mit unseren geistlichen Volksliedern zu den Menschen. Sie sind beim Zuhören immer ergriffen und es ist viel leichter sie zu Mutter Kirche zurückzuführen."

Die anderen Dienstboten staunten, wie die Jesuiten, ob Hausoberer, Scholastiker oder Student sich mit Rosi besprachen. Freilich, sie war schon viel gescheiter, als sie alle zusammen, aber die besondere Behandlung, die ihr zuteil wurde, konnte nicht nur an ihrer Klugheit liegen.

Selma und der Fuhrknecht hechelten manchmal hinter vorgehaltner Hand, der Hausobere hege vielleicht noch andere Gefühle für die Rosi. Aber so sündhafte Reden konnte man nur geheim führen, schließlich waren die Patres zur Keuschheit und Ehelosigkeit verpflichtet. Und sie hielten sich sehr streng an ihre Glaubensregeln, keiner durfte wagen, das anzuzweifeln. Sie konnten nämlich ziemlich rabiat mit Andersdenkenden umgehen. Die Leute auf dem Hof hatten das schon oft erlebt. Man wusste wohl, was mit den Protestanten, die sich nicht bekehren ließen, passierte. Die Jesuiten sahen es als ihre Mission an, das von der Ketzerei angesteckte Böhmen in den Schoß der katholischen Kirche zurück zuführen.

Um das zu erreichen, schreckten sie auch vor Grausamkeiten nicht zurück. Selma und der Fuhrknecht hüteten sich deshalb, solche Vermutungen laut werden zu lassen. In letzter Zeit war der Magd außerdem aufgefallen, dass ein ganz anderer, nämlich der Knecht Ludolf, der Rosi schöne Augen machte.

22 HOHE ZEIT

Die Zeiten waren nicht zum Feiern gemacht. Es verging keine Woche, in der nicht neue Grausamkeiten aus den Städten und Dörfern im Gebirge bekannt wurden. Die Schweden tauchten überall in Sachsen auf. Ihre Landsknechte nahmen den Menschen nicht nur Vieh und Nahrung, sie zerstörten Mühlen und Hütten, demütigten die Leute, vergewaltigten, erschlugen, folterten. Niemand war sicher. Frauen, die mehr als 80 Jahre zählten, ebenso Mädchen, die noch Kinder waren, wurden geschändet. Bei größter Kälte nahm man den Unglücklichen alle Kleider, jagte sie und ließ sie erfrieren.

Kurfürst Johann Georg erhielt täglich Nachricht über das Geschehen in seinen Landen, nichts wurde ihm verschwiegen. Seine Familie drängte, die von den Schweden geforderten Verhandlungen zu beginnen. Der Kurfürst zögerte, Monat um Monat, Woche um Woche, das schwedische Heer zerstörte, raubte, mordete weiter.

„Wollt ihr in dieser grausamen Zeit wirklich Hochzeit halten?" Vater Gustav hätte seiner Tochter Besseres gewünscht. Hilda und ihr Liebster bestanden darauf, in diesen Sommer würden sie den Bund besiegeln! Dreimal hatten sie die Hochzeit verschoben, weil die Zeiten unsicher waren. Anscheinend änderte sich die Lage nicht, so wollten sie ihre Umstände ändern. „Wir machen kein großes Fest. Der Großvater mag einen schönen Gottesdienst halten, damit sind wir schon zufrieden", erklärte die Braut ihren Eltern. Danach verschwanden die Brautleute aus Gustavs und Marias Küche, um vor erneuten Widerspruch zu fliehen.

Sorgenvoll und verzweifelt blickte der Mann. Maria setzte sich zu ihm, nahm seine Hand und strich ihm

beruhigend über den Rücken. „Sie müssen heiraten."
Er fuhr auf: „Sie können warten, es soll Verhandlungen geben, dann wird Frieden."

Bedeutungsvoll sah sie ihrem Mann in die Augen, „sie können nicht länger warten." Endlich begriff Gustav, „Hilda trägt was unter der Schürze!?" Maria lachte, „du wirst Großvater." Das brachte den Schuster nun ganz und gar aus der Fassung. Eine Weile war er sprachlos, dann: „Wenn dein Vater das erfährt!" Maria hob hilflos die Schultern, „der Brautkranz muss eben offen bleiben."
Hilda scheute sich nicht davor, dem Großvater ihre „Sünde" einzugestehen. Gemeinsam mit Karl machte sie sich auf den Weg hinunter nach Neuhausen. Sie musste sowieso längst mal nach dem Rechten sehen, erklärte sie ihrem Liebsten. „Die sollen ein fremdes Mädchen aufgenommen haben, das will ich mir mal ansehen. Dabei können wir auch gleich beichten", erklärte sie verschmitzt. Dem jungen Mann war nicht nach Späßen, zu oft hatte er schon gehört, wie streng der Herr Pastor mit sündigen Schäflein ins Gericht ging. Selbst von der Kanzel herab soll er schon Verfehlungen gerügt haben.
Im Pfarrhaus freute man sich über den unerwarteten Besuch. Elisabeth zog sich mit ihrer Nichte gleich in die Küche zurück. Der Großvater und auch Ewald seien unterwegs. Hilda ließ ihren Karl bei Jan auf Warteposten. Die beiden jungen Männer kannten sich. Obwohl Jan, da er in den letzten Jahren kaum daheim war, wenig mit den jüngeren Burschen im Dorf zu tun hatte.
Ungeduldig wollte Hilda wissen, wo das Mädchen sei, das jetzt im Pfarrhaus wohne. Die Tante lachte, „bist wohl neugierig." Dann klärte sie auf. Bianca kümmere sich gewissenhaft um den kleinen Paul. Sie sei mit dem Jungen irgendwo im Garten oder am Waldrand unterwegs.

„Seit einigen Wochen ist gottlob etwas Ruhe eingekehrt, wir hoffen und beten jeden Tag zum Herrgott, dass endlich Frieden wird. Der Vater hat auf dem Schloss erfahren, der Kurfürst würde mit den Schweden verhandeln."

Zum Mittag trafen alle wieder ein, versammelten sich um den großen Tisch und Hilda konnte Bianca besichtigen. Sie war sehr angetan von dem Mädchen. Das ist ja eine Schönheit, stellte sie innerlich fest. Wie jung sie noch ist und soll schon so viel Schlimmes erlebt haben. Wie liebevoll sie den kleinen Paul betreut, er folgt ihr aufs Wort, was bei seinen Eltern ganz und gar nicht der Fall ist. Beim Anblick des Kleinen wurde es der jungen Frau ganz warm ums Herz und sie strich sich heimlich über die kleine Wölbung unter ihrer Schürze. Lange würde sie nicht mehr verbergen können, was da wuchs. Elisabeths kritische Blicke waren ihr nicht verborgen geblieben.

Der Großvater saß still auf seinem Hausherrenplatz und freute sich, wieder einmal seine Enkelkinder um sich zu haben. Wenn das Mahl auch bescheiden ist, sind wir doch zufrieden. Die Jungen scheinen alle gesund zu sein, stellte er in Gedanken fest. Maria und Gustav haben sich oben in Seiffen eingerichtet. Vom Hüttenschulmeister und Anna kamen zwar in den letzten Jahren oft schlimme Botschaften, aber sie haben die bösen Zeiten wenigstens überlebt. Bestimmt wollen Hilda und Karl über die Hochzeit reden. So ein schönes Fest wie bei der Elisabeth und dem Gustav wird es nicht geben. Doch ist es besser sie treten vor Gott und lassen ihren Bund segnen, als wenn sie in Sünde leben. Auch an seine Tochter Rosi musste er denken. Ob sie überhaupt noch lebt? Bei diesen Erinnerungen seufzte er tief auf. Seine Lieben unterbrachen erstaunt ihr lustiges Gespräch, bei dem sich Jan und seine Schwester wieder einmal ausgiebig neckten. Ewald fragte: „Vater, du bist so still. Geht es dir nicht gut?"

Später rief der Pastor die Brautleute in seine Stube. „Ihr wollt nicht länger warten?" Hilda: „Wir können die Hochzeit nicht mehr hinausschieben." Erst wollte der gestrenge Mann, der sogleich verstanden hatte, zornig auffahren. Hielt sich jedoch zurück und machte sich bewusst, dass in diesen Zeiten wohl andere Gesetze galten. Er wusste genau, wie viele Menschen das Land verloren hatte. Eigentlich müsste man über jeden neuen Erdenbürger froh sein, ob er nun in einer Ehe oder in Sünde gezeugt worden war.

Die jungen Leute beunruhigte das lange Schweigen. Hilda dachte, der Großvater verhält sich heute ganz anders, er wirkt so müde und oft abwesend. Doch dann kehrte das alte Feuer in seine Augen zurück und er las den beiden doch noch die Leviten. Mit hängenden Köpfen ließen sie die Vorwürfe über sich ergehen, schließlich hatten sie gewusst, dass der Pastor sie nicht loben würde. „Wann ist es denn soweit"? Die werdende Mutter sah den Großvater erstaunt an, sollte das schon alles gewesen sein? Sie hatte mit Schlimmeren gerechnet, fasste sich schnell und war froh zur Tagesordnung übergehen zu können. „Es wird wahrscheinlich ein Christkind werden." Bald war alles besprochen und die beiden „Sünder" verließen glücklich die Studierstube.

Elisabeth erwartete sie schon vor der Tür. Fragend sah sie Hilda an, als sie das Lächeln in deren Gesicht sah, nickte sie zufrieden. „Ich backe euch den Hochzeitskuchen und wenn ich Mehl und Eier stehlen muss", erklärte sie lachend.

Das glückliche Brautpaar machte sich auf den Heimweg. Vorher hatte es noch mit Jan und Bianca gesprochen und vereinbart, dass man sich bald treffen müsse. Jan lebte schon Monate im Pfarrhaus, jeder wusste, was ihn dort hielt. Allerdings war er auch für den Großvater unentbehrlich geworden, den seine Jahre drückten. In den letzten zwei Jahrzehnten musste er gemeinsam mit seinen Schäflein zu viel Schlimmes durchstehen. Es fiel ihm schwer, seine Seelsorgerpflichten zu bewältigen. Der Enkel nahm ihm alle Schreibarbeiten ab und begleitete ihn oft auf den weiten Wegen durch die Siedlungen seiner Kirchgemeinde. Auch teilte er die Wachdienste rund um das Dorf ein, denn immer wieder mussten die Menschen gewarnt werden. Die Schwedengefahr schwebte weiter über dem Land.

Der Kurfürst war schließlich überzeugt worden, zu verhandeln. Bei Cossebaude saßen die Vertreter beider Parteien monatelang zusammen und brachten schließlich einen Plan von zehn Punkten aufs Papier, der für Sachsen ganz passable Bedingungen enthielt. Wenn man ihn denn einhalten würde!

Im Schusterhaus beherrschte in den folgenden Wochen nur ein Thema die Gespräche: Hildas Hochzeit! Mutter Maria ließ sich von ihrer Tochter genau erzählen, wie der Großvater die Nachricht von der „höchsten Zeit" aufgenommen habe. So nannte man im Volksmund scherzhaft Vermählungen, wenn schon etwas Kleines unterwegs war. Als sie von der ungewöhnlichen Gelassenheit ihres Vaters hörte, sah sie Hilda ungläubig an. Eine ganze Zeit dachte sie nach und brachte es auf den Punkt: „Der Großvater wird alt."

Bald tauchte Jan auch wieder einmal im Elternhaus auf. Natürlich brachte er das fremde Mädchen mit. Die Eltern spürten, der Sohn ist verliebt. Er ließ Bianca kaum aus den Augen, umsorgte und behütete sie. Hilda sah sich zu einigen spitzen Bemerkungen genötigt. Sie merkte, dem Mädchen war die gar zu große Nähe nicht nur peinlich, es fühlte sich bedrängt. Sie nahm den Bruder beiseite: „Du bist zu aufdringlich, erdrückst sie mit deiner Liebe."

Verständnislos sah Jan drein: „Bei Alwine hast du mir vorgehalten, ich hätte sie nicht genug beachtet, jetzt ist es wieder falsch, wenn ich mich um Bianca kümmere", trotzte er. „Kümmern, aber nicht ersticken. Mein lieber Bruder, nun bist du schon so alt, aber wie man mit Frauen umgeht, verstehst du immer noch nicht. Finde das richtige Maß." Der Verliebte widersprach dem Rat nicht. Von Mädchen hatte er anscheinend keine Ahnung.

Den Eltern gefiel Bianca sehr, freundlich und klug erschien sie ihnen. Von Elisabeth hatte sie schon viel über Haushaltsführung gelernt. Sie stellte sich bei allen Arbeiten geschickt an und war emsig wie ein Bienchen. Genau wie Hilda beobachtete Jans Mutter das Mädchen und kam zu dem Schluss, es war noch zu jung, um eine Frau zu werden. Würde sich der Sohn nicht mehr zurückhalten, könnte er auch seine zweite Liebe verlieren. Sprechen würde sie mit niemand darüber, längst war die Mutter zu der Einsicht gelangt, in der Liebe müsse jeder Mensch allein seine Erfahrungen sammeln. Gefühle lassen sich nicht planen, noch helfen kluge Ratschläge. Sie hatte eben größere Lebenserfahrung als die Tochter. Die jungen Leute mussten ihren eigenen Weg finden, davon war sie überzeugt. Wenn uns nur in Zukunft Krankheiten und Überfälle erspart bleiben, dann wird alles gut. Damit beendete die praktische Frau ihre Überlegungen und hoffte auf bessere Zeiten.

Nach einigen Tagen machten sich Jan und Bianca auf den Heimweg. Zum Abschied versprachen sie, bald wieder vorbei zu kommen. Maria schloss das Mädchen in die Arme und spürte, sie könne mit Bianca eine zweite Tochter gewinnen.

23 GEFÄHRLICHER AUFTRAG

Der Sommer kehrte mit ganzer Schönheit ein. Strahlende Sonnentage wollten nicht so recht in die trübe Zeit passen. Viele Hütten in den Dörfern standen leer oder waren nur noch Trümmer. Die, die sie einmal bewohnten, lebten nicht mehr. Was die Pestjahre verschonten, vernichtete das Kriegsvolk. Auch die Orte der Purschensteiner Herrschaft mussten viele Opfer bringen. Und doch schien der Leerstand nicht so groß wie in anderen Teilen des Landes. Die verlassenen Heimstätten besiedelten immer häufiger Vertriebene aus Böhmen. Die Leute waren froh, ein Dach über den Kopf zu haben und richteten sich trotz aller Not ein.

An einem späten Abend klopfte jemand an die Tür des Schusterhauses. Erstaunt sahen sich die Eheleute an, wer mochte so spät Einlass begehren? Maria wurde es bange, sollten schon wieder Landsknechte im Anmarsch sein? Gustav ging zur Tür. Maria hörte einen verwunderten Ausruf. „Herr Graf!" Sofort erinnerte sie sich an den Mann, der einst in ihr schönes Haus in Brüx eingekehrt war. Freundlich hatte er mit ihr gesprochen und war kein bisschen hochmütig gewesen. Aber woher kam Graf Sternberg jetzt, woher wusste er, wohin es sie verschlagen hatte? All die Fragen schwirrten ihr in kurzer Zeit durch den Kopf. Da traten die Männer schon in die Stube. Die Frau erschrak, was war aus dem einst stattlichen Mann geworden? Gebeugt und sichtlich gealtert, sogar krank sah er aus. Schnell wischte sie über den Stuhl und bat ihn, sich zu setzen. Er nahm Platz und sah sich um. Gustav kam hinzu, stellte aber keine Fragen. Der Gast möge sich erst einmal erholen, sieht ziemlich desolat aus, dachte er. Wortlos stellte Maria einen Topf Tee auf den Tisch, den der Mann dankbar entgegen nahm. Nach einer langen Zeit schien er sprechen zu wollen. Gustav warf seiner Frau einen auffordernden Blick zu, sie verstand und verließ leise die Stube. Hier ging es wohl um Männersachen, wenn sie etwas wissen musste, würde es ihr Gustav zu gegebener Zeit erzählen.

„Ich danke euch, Schuster, dass ihr mich wie immer freundlich aufnehmt. Meine Reise war lang und anstrengend, vor etlichen Tagen bin ich aufgebrochen, ich muss weiter ins Böhmische." Erschöpft hielt er inne. Das Sprechen schien ihm schwer zu fallen. Ein wenig verunsichert dachte Gustav, er wird doch nicht die Pest haben. Als wenn der Mann seine Gedanken lesen könne. „Keine Angst, was mich plagt, ist nicht ansteckend." Er griff sich an die Brust. „Das Herz, es will nicht mehr so recht." Der Hausherr schämte sich ein wenig seiner Gedanken. „Ruht euch ein paar Tage aus, bei uns seid ihr gut aufgehoben. Meine Maria kennt so manches Kraut, das bei Herzschwäche hilft." Gerührt griff der Graf nach Gustavs Hand. „Wie gerne würde ich eure Gastfreundschaft annehmen. Ich muss jedoch schnellstens eine wichtige Botschaft nach Komotau bringen, womöglich hängen Menschenleben davon ab."

Graf Sternberg ging es offensichtlich schlecht, trotzdem schien er unbedingt mit Gustav reden zu wollen. Stockend, immer wieder von Hustenanfällen unterbrochen, erzählte er Neuigkeiten über den Geheimbund. „Seit unser Jacob Böhme nicht mehr ist, hat sich so viel verändert. Einst war es Ziel, die Reformation auf unsere Weise voran zu bringen. Dem Bund gehörten gute Protestanten an. Nur im Geheimen konnten wir tätig werden. Damals in Böhmen habt ihr uns tatkräftig geholfen." Der Mann musste seine Rede oft unterbrechen, Atemnot quälte ihn.

Gustav erfuhr erstaunliche Dinge. „Der Bund hat sich trotz der Verfolgung über etliche Länder ausgebreitet. Die Idee von der Verbesserung der Welt zog immer mehr Mitglieder an. Es kamen damit auch viele hinzu, die mystische Rituale verbreiteten. Die Suche nach dem Stein der Weisen wurde in einigen Logen das Hauptziel der Brüder. Die verschiedensten Menschen stießen zum Bund, selbst hohe Mitglieder von Fürstenhöfen wurden aufgenommen. Das eigentliche Ziel der Rosenkreuzer ist in Gefahr, Geheimnistuerei und Versponnenheit in undurchsichtige Theorien nehmen zu. Mir scheint es oft, der Orden wird eine Zuflucht für Leute, die etwas zu verschweigen haben und sich deshalb geheimnisvoll geben."

Am Ende kam er auf sein eigentliches Anliegen zu sprechen. „In Komotau leben noch einige unserer Brüder, die an der Anfangslehre festhalten. Sie sollen in Gefahr sein und müssen gewarnt werden. Man hat uns berichtet, die dortigen Jesuiten wollen die Männer auf den Scheiterhaufen bringen."

Gustav betrachtete den nach Atem ringenden Mann. „So könnt ihr keinen einzigen Tag mehr reisen, ihr müsst euch erholen." Als der Kranke verzweifelt entgegnete, das würde womöglich den Untergang der Brüder in Komotau bedeuten, machte der Schuster einen gewagten Vorschlag. „Wir müssen einen Boten schicken und ich weiß auch einen zuverlässigen Mann."

Er dachte an seinen Sohn Jan, war sich aber im selben Moment bewusst, dass man den Jungen erst fragen müsse. „Einen Tag müsst ihr euch noch gedulden. Morgen lass ich ihn holen, es ist mein Sohn." „Der Kleine, auf dessen Schemel ich immer gesessen habe?" fragte der Graf ungläubig. „Klein ist er nun wirklich nicht mehr, hat schon allerhand kriegerische Abenteuer bestanden und war nie ein Feigling", erwiderte der Vater. Sternberg gab sich zufrieden. Gustav rief nach Maria und trug ihr auf, ein Lager für den Gast bereit zu machen. „Ich denke, eine passende Medizin wäre auch nötig."

Schon am nächsten Mittag war Jan zur Stelle. Er konnte sich nicht denken, warum die Eltern so dringend nach ihm schickten. Erst vor wenigen Tagen hatte er sie doch mit Bianca besucht. Diesmal musste er den Weg allein gehen, das Mädchen wurde im Pfarrhaus und bei Elisabeths Kind gebraucht. Die Tante meinte, es würde nicht schaden und täte der Liebe gut, wenn er auch mal einen Tag ohne sie verbringen würde. Die hat gut reden, dachte der junge Mann, ihr Ewald ist immer in der Nähe.

All diese Bedenken spielten jedoch schon wenige Stunden später keine Rolle mehr. Erstaunt war er, als ein so vornehmer Gast auf ihn wartete. Der Vater stellte ihn als Graf vor, der einen sehr wichtigen Auftrag für ihn habe. Erstaunt setzte er sich zu den beiden Männern. Die Mutter war nicht zu sehen; was besprochen werden sollte, war wohl Männersache. In der nächsten Stunde weihte man Jan in die notwendigsten Zusammenhänge ein. Was er zu hören bekam, ließ ihn in eine Welt blicken, von der er nicht einmal etwas geahnt hatte. Dass sogar sein Vater über diesen Geheimbund Bescheid wusste, erstaunte ihn. Er bekam ein fast glorreiches Bild von ihm. All die Jahre war niemals in der Familie über so etwas gesprochen worden. Ob die Mutter etwas ahnte?

Während des Gesprächs kam er wieder zum Vorschein, der Jan, der Abenteuer liebte und immer bereit war, solche zu bestehen. Wenn es, wie er hier hören konnte, sogar darum ging, Menschen zu retten, gab es für ihn kein Zögern, den Auftrag musste er übernehmen!

Graf Sternberg spürte die begeisterte Bereitschaft des jungen Mannes. Ihm war klar, Begeisterung half bei diesem Auftrag wenig, konnte sogar gefährlich werden.

Er musste dem Jungen erklären, kühle Überlegung, Beherrschtheit und Vorsicht seien weit dringender. „Wenn du einen Fehler machst und man erkennt, in wessen Auftrag du unterwegs bist, gefährdest du nicht nur dein, sondern auch das Leben meiner Brüder", warnte er eindringlich. Auch der Vater ermahnte ihn: „Du musst nicht beweisen, dass du Mut hast, diesmal kommt es auf einen kühlen Kopf an."

Die Worte der beiden Männer, gaben ihm zu denken und er nahm sich fest vor, sie zu beherzigen. Er war jedoch sehr stolz, dass man ihm zutraute, einen so wichtigen Auftrag zu erfüllen. Erst viel später wurde ihm bewusst, nun würde er wahrscheinlich seine Allerliebste viele Tage oder gar Wochen nicht sehen können. Eigenartig, dachte er, das macht mir gar nicht so viel aus.

Der Vater verließ die Stube. Über Einzelheiten wollte der Graf mit seinem Boten allein sprechen. Sichtlich erschöpft erklärte der, wo und durch welches Erkennungszeichen Jan den richtigen Bruder finden würde. „Sobald du diese Botschaft übergeben hast, verlässt du sofort den Jesuitenhof", damit reichte er ein in Leinwand eingenähtes Päckchen. „Deinen Lohn hinterlasse ich beim Vater. Sobald es mir wieder ein wenig besser geht, muss ich weiter. Gott möge dich schützen, mein Junge, und komm gesund wieder heim." Mit diesen Worten verabschiedete er sich. Jan hörte, dass er in die Kammer ging, wo ihm die Mutter ein Lager hergerichtet hatte.

Graf Sternberg rüstete seinen Boten großzügig aus, einen gut bestückten Beutel voller Taler hatte er ihm überreicht. Genaue Anweisungen über den Reiseweg waren ihm gegeben. Die erste Wegstrecke konnte er in einem Wagen zurücklegen, der vom Grafen gemietet war. Wie ein feiner Herr kam er sich vor. Der Kutscher war beauftragt, auf schnellstem Wege bis kurz vor den

Reitzenhainer Pass zu fahren. Auf böhmischer Seite müsse er sich dann selbst um sein Weiterkommen kümmern, lautete die Order.

Im vergangenen Jahr, als die Schweden noch einmal wie Barbaren in der Gegend hausten, hatten sie auch alle Verhaue da oben entfernen lassen. Dazu trieben sie zwanzig Bauern zur Zwangsarbeit. Schreckliche Sachen erzählte der Fuhrmann seinem Reisegast. Trotz des Waffenstillstands hätten die Truppen des schwedischen Generals Torstenson zu Tausenden die Dörfer drangsaliert. Alles Vieh und Getreide weggeschafft, den Leuten die Kleider ausgezogen und sie in eisiger Januarkälte in den Wald getrieben und erfrieren lassen. Er, der Fuhrmann, habe noch im Frühjahr die Opfer in den Wäldern liegen sehen. „Weiber, Kinder und Männer kamen elend um." Am meisten habe ihn jedoch erschüttert, dass man ohne jede Scham Frauen in jedem Alter in aller Öffentlichkeit geschändet habe. „Selbst auf dem Friedhof, so in Pockau geschehen, vergingen sich die Untiere an den Frauen, deren Männer und Väter standen hilflos dabei." Der Mann schien auch persönlich betroffen zu sein. Jan merkte ihm seinen Schmerz an.

Schließlich konnte er sein Herzeleid nicht mehr bei sich behalten und erzählte dem Fahrgast: „Vierzig Frauen und Mädchen haben die Räuber mit sich fortgeschleppt. Bis heute ist nicht eine heimgekehrt." Nach einer langen Pause setzte er mit zitternder Stimme hinzu: „Meine liebe Tochter Susi war auch dabei."

Jan war erschüttert. „Der Waffenstillstand zwischen unserem Kurfürsten und den Schweden bringt wohl keinen Frieden?" Bitter lachte der Mann auf. „Freier Durchzug steht ihnen zu. Da sie die böhmischen Dörfer völlig kahl gefressen haben, holen sie sich bei uns, was noch übrig ist." Später wusste er zu berichten, Johann Georg habe einen Protest an den General Torstenson gerichtet und die Untaten angeprangert. „Unsere Amtsschösser unterrichteten den Kurfürsten in vielen Schreiben über die Not im Gebirge. Nun ist seit einigen Wochen ein wenig Ruhe eingekehrt. Die Fuhre hinauf zur Grenze hätte ich auch niemals übernommen, wenn es noch wie vor Monaten zugehen würde. Bei meinen Fahrten sehe ich es täglich, fast alle Dörfer liegen wüst und leer. Den drangsalierten und ermordeten Menschen nutzt es nun auch nichts mehr, dass der Torstenson einige der Übeltäter hat aufknüpfen lassen." Seufzend setzte er hinzu: „Der Graf zahlte einen anständigen Preis und ich habe noch drei hungrige Vögelchen daheim."

Nach zwei Tagen war man auf dem Kamm angelangt. „Nun müsst ihr allein weiter, nach Böhmen hinein fahre ich nicht. Seid auf der Hut, dort haben die Schweden noch das Sagen." Das Gefährt wendete und Jan sah schon den Pass vor sich, den er überqueren musste, um in die böhmische Ebene zu gelangen. Vor Jahren war er als Halbwüchsiger gemeinsam mit Tante Elisabeth aus dem Land seiner Kindheit geflohen. Nun kehrte er als Mann zurück und musste einen wichtigen und gefährlichen Auftrag erfüllen. Bei diesen Gedanken fasste er sich an die Brust und fühlte die Botschaft, die er unter seinem Hemd versteckt trug. Etliche Taler hatte der Vater in den breiten Ledergürtel eingenäht. Einen nicht sehr großen, aber scharfen Dolch hielt er im Ärmel versteckt. Nachdem er seine Ausrüstung, wie um sich Mut zu machen, abgetastet hatte, machte er sich auf den Weg. Nicht die Straße wollte er benutzen, verborgene Waldwege mussten ihn zum Ziel führen. Da es nun ständig bergab ging, hofft er, morgen Mittag in Komotau anzukommen.

Als sich Jan am folgenden Tage dem Jesuitenhof in Komotau näherte, rief er sich noch einmal die

Geheimformel ins Bewusstsein. Den Jesuitenpater Kaspar musste er finden und mit den Worten „Gelobt sei Jesus Christus, der uns auf allen Wegen begleitet" ansprechen. Jener Kaspar müsse antworten: „In allen Gefahren und Nöten wird er bei uns sein." Verwundert hatte Jan den Grafen angesehen, als er hörte, er möge sich an einen Jesuiten wenden. „Das ist schon richtig", hatte der aufgeklärt, „manchmal muss man sich mit dem Gewand des Feindes tarnen, wenn man überleben will." So belehrt, gab sich der Bote zufrieden, schließlich müsse er nicht alles verstehen, sagte er sich. Seine Aufgabe sei es, die Botschaft zu übergeben, alles andere gehe ihn nichts an. Sternberg hatte erklärt, je weniger man wisse, um so sicherer sei es.

Nicht ohne Herzklopfen näherte er sich einem Gebäude, das anscheinend den Dienstboten vorbehalten war. Der Graf hatte ihm aufgetragen, zuerst einen Knecht namens Ludolf nach dem Pater zu fragen. Vor den Gebäuden war kein Mensch zu sehen. Sie werden wohl gerade Mittag machen, vermutete er. Dieser Gedanke erinnerte ihn an seinen knurrenden Magen. Doch er ermahnte sich, du musst sofort wieder gehen, wenn du die Botschaft abgegeben hast.

Vorsichtig um sich blickend betrat Jan das Gesindehaus und hörte in einer Stube Stimmen von mehreren Leuten. Männer wie Frauen schienen zugange zu sein. Er klopfte an. Eine Frau kam ihm entgegen, die ihn an jemanden erinnerte, er konnte nur nicht einordnen, wem sie ähnelte. Freundlich sprach sie ihn an. „Sieh an, ein Wanderbursche sucht einen Suppentopf." Sie lächelte freundlich. „Na, setz er sich nieder, es wird eine Mahlzeit abfallen." Dem Ankömmling blieb keine Wahl, er musste auf das Angebot eingehen. Seinen leeren Magen freute es. Er setzte sich mit an den großen Tisch und löffelte die Suppe. Die Knechte und Mägde achteten nicht auf den Gast, sie waren mit ihrem eigenen Essen beschäftigt. Spärlich nur fielen ab und an ein paar Worte. Jan hörte aufmerksam zu, er hoffte, dass ein Name genannt wurde. Männer waren anwesend, aber welcher war Ludolf?

Die Mahlzeit ging zu Ende und er wusste immer noch nicht, an wen er sich wenden sollte. Langsam erfasste ihn Unruhe. Er konnte doch nicht fragen, damit würde er zu erkennen geben, dass er nicht zufällig hier aufgetaucht war. Seine Bedenken wuchsen, da die Frau, die ihm bekannt vorkam, ihn unentwegt anstarrte. Er wusste schon nicht mehr, wohin er den Blick wenden sollte, tief beugte er den Kopf über die Suppenschüssel. Am liebsten würde er einfach auf den Vorplatz hinausgehen und dort warten. Schnell verwarf er den Gedanken, das würde noch mehr auffallen. Der erste Knecht erhob sich und Jan geriet in immer größere Bedrängnis. Dann geschah, worauf er die ganze Zeit gewartet hatte. „Ludolf, du schirrst an und holst die letzten Stämme." Der Angesprochene war ein großer Kerl im mittleren Alter, sein Blondschopf war zersaust, ein Paar sehr helle blaue Augen leuchteten schelmisch. „Zu Befehl Euer Ehren", antwortete er lachend.

Jan wartete bis sich der Blonde erhob. Im gleichen Moment stand auch er vom Tisch auf, bedankte sich für die Mahlzeit und gab zu verstehen, er müsse nun auch weiter. Als er den Raum verließ, spürte er ihn förmlich, den forschenden Blick der Frau.

Im Vorraum holte er Ludolf ein und flüsterte ihm zu, er müsse den Pater Kaspar sprechen. Erstaunt sah ihn der Knecht an, schien aber schnell zu verstehen und flüsterte zurück: „Warte vor der Mauer." Jan verließ das Anwesen, ging ein Stück in Richtung eines Feldes und setzte sich dort an den Rand. Die Sonne schien warm, der lange

Marsch und die gute Suppe machten, dass ihm die Augen zufielen. Wie lange er geschlafen hatte, wusste er nicht. Als ihn jemand am Arm berührte schreckte er hoch und stellte fest, die Sonne ist schon ein ganzes Stück gewandert. Aber nicht der erwartete Kaspar weckte ihn. Nahe im Gras saß die Frau aus der Küche. Sie sprach ihn an und fragte, woher er komme und was sein Ziel sei. Nun sagte er sein Sprüchlein auf, das er sich zurecht gelegt hatte. „Komme aus dem Sächsischen und will weiter nach Prag, an der Karlsuniversität studieren und später ein Medikus werden." Er glaubte, ihre Neugier damit abgewehrt zu haben. Das war ein Irrtum. „Wie nennt man deine Mutter." Kurz überlegte er, das könne er wohl sagen. „Maria ist ihr Name."

Die Reaktion der Frau versetzte Jan in Bestürzung. Sie schrie auf, zitterte am ganzen Leib und Tränen sprangen wie Sturzbäche hervor. Er versuchte sie zu beruhigen, strich ihr über den Arm und erreichte nur, dass sie die Hände vors Gesicht schlug und ihr Weinen und Jammern immer lauter wurde. Du lieber Gott, was hat sie nur, dachte er verzweifelt. Unauffällig soll ich mich verhalten und löse mit einem einzigen Wort so eine Katastrophe aus. Im gleichen Moment schritt ein Mann, vom Jesuitenhof kommend, auf sie zu. Jan geriet in Panik, ich soll nicht auffallen, pochte es in seinem Kopf. Gewichtig kam der Bruder näher. „Was hast du mit unserer Rosi angestellt?", fuhr er den Unbekannten ziemlich barsch an. „Sie wollte nur wissen, wie meine Mutter heißt. Als ich ihr den Namen nannte, fing sie an zu weinen."

„Bruder Eckhardt, ich kann mich an alles wieder erinnern", schrie sie auf. Der half der Frau sich zu erheben und führte sie sacht auf dem Weg zurück zum Hof. Sich kurz umwendend befahl er, „du kommst mit."

Jan dachte verzweifelt, nun habe ich auch diesen

Auftrag wieder gründlich verdorben. Mutlos trottete er hinter den beiden her. Der Bruder sprach beruhigend auf die Jammernde ein, langsam wurde ihr Weinen leiser. Plötzlich tauchte in Jans Bewusstsein eine Erinnerung auf. Rosi? Hieß nicht die verschollene Schwester der Mutter so? Die Ähnlichkeit! Wie eine Erleuchtung kam es über ihn. Vielleicht konnte er die Umstände doch noch für seinen Auftrag nutzen. „Du wartest hier", befahl der Jesuit und verschwand mit der Frau in einem Gebäude.

Was sollte er tun? Würde er jetzt verschwinden, wäre keines seiner Probleme gelöst. So setzte er sich auf eine Bank unter der großen Linde und beschloss abzuwarten. Aus dem Haus trat nach einer Weile nicht Bruder Eckhardt, sondern einer, den er noch nicht kannte. Zielstrebig kam jener auf die Linde zu und sah Jan forschend in die Augen. Der spürte es sogleich, das ist der, den ich suche!

„Gelobt sei Jesus Christus, der uns auf allen Wegen begleitet", sprach er leise die Losung. Deutlich kamen die Kennworte: „In allen Gefahren und Nöten wird er bei uns sein." Größere Erleichterung hatte er selten empfunden. „Du sollst zum Hausoberen kommen, wir gehen durch den Kräutergarten." Jan verstand. Als sie verborgen durch eine Hecke der Hintertür zustrebten, griff er unter sein Hemd und reichte Kaspar blitzschnell die Botschaft. Noch geschwinder verschwand das Päckchen unter dessen Gewand. Wortlos zeigte der auf eine Tür und ging davon.

Nun hätte der Bote eigentlich sofort gehen müssen, so lautete die Anweisung. Doch einfach verschwinden? Nein, das konnte er nicht, eine Ahnung zog ihn in das Haus. Er klopfte an und Eckhardt kam ihm entgegen. Viel freundlicher als vorhin, bat der ihn herein. Sogar ein Krug Bier stand bereit. „Ich lass dich mit deiner Tante allein, sie wird dir viel zu erzählen haben."

Beim Anblick des jungen Fremden, waren urplötzlich Rosis Erinnerungen aus dem Dunkel des Vergessens aufgetaucht. Als sie durch den Namen Maria den Schlüssel erhielt, öffnete sich eine Tür in ihrem Bewusstsein. Ihr gesamtes Leben mit all seinem Leid stand vor ihrem inneren Auge. Was Jahre verdrängt war, musste sie in kürzester Zeit annehmen.

Jan betrachtete die Frau und erkannte jetzt, dass sie Tante Elisabeth sehr ähnelte. Oft hatte der Großvater gescherzt, man könne annehmen, Jan sei Elisabeths Sohn. Beide hatten die gleichen braunen Augen, die etwas gebogene Nase und sogar das kleine Muttermal am Kinn war bei Tante und Neffe vorhanden. Diese Ähnlichkeit holte wahrscheinlich Rosis Erinnerungen zurück. Nun saß sie da und blickte still vor sich hin. Sie war ruhiger geworden und forderte Jan auf, über die Familie zu berichten. Er erzählte ganz ausführlich, wo es sie hingetrieben hatte. „Keiner lebt mehr in Böhmen", schloss er seinen Bericht.
Tante Rosi flüsterte voller Schmerz: „Meine lieben Kinder holte die Pest und den Mann haben mir die Kroaten genommen." Die Tränen flossen wieder, aber es war ein stilles Leid, was aus ihrem Herzen floss. Der junge Mann konnte verstehen, was sie bewegte. Nachdem er von ihrem Schicksal erfahren hatte, trieb es ihn, die Arme zu trösten. Er ging auf sie zu, nahm sie in den Arm: „Komm mit, ich bringe dich heim zur Familie. Wenn wir auch alle eine neue Heimat finden mussten, so sind wir zusammen und können einander helfen." Sie entgegnete, er wolle doch nach Prag. Da legte er den Finger auf die Lippen, sie verstand nicht, was er meinte, schwieg aber still, als ahne sie ein Geheimnis. „Hier bin ich gut aufgehoben, eine Weile will ich noch bleiben. Man braucht und schätzt mich auf dem Jesuitenhof, gute Freunde habe ich

gefunden. Ich glaube der Krieg, wird bald zu Ende sein, dann werde ich die Reise zum Vater und zu den Schwestern antreten." Lächelnd ergänzte sie: „Wenn es mir bei euch oben im Gebirge gefällt, dann bleibe ich vielleicht. Wer weiß, was die Zukunft bringt. Der Herrgott wird es richten."

Jan respektierte die Entscheidung und verabschiedete sich. Als er Lebewohl sagte, gab er zu verstehen, er müsse nun weiter nach Prag. Bruder Kaspar sah er nicht wieder und er hoffte, seine Botschaft rechtzeitig übergeben zu haben.

Als er hinauf ins Gebirge stieg, freute er sich auf das Wiedersehen mit Bianca. Gespannt war er, was der Großvater, die Eltern und die Tante sagen würden, wenn er von seinem wertvollen Fund erzählte. Gute Gedanken kreisten, er hatte den Auftrag des Grafen erfüllt und den Vater nicht enttäuscht. Er wusste, nun käme er sogar zu Hildas Hochzeit noch rechtzeitig zurück. Ein wenig träumte er davon, dass auch er in nicht allzu ferner Zeit, einen solchen Tag erleben würde.

Jan hatte den Auftrag des Grafen erfüllt. Die Eltern zeigten ihm, wie stolz sie auf ihn waren. In allen Einzelheiten berichtete er bei seiner Rückkehr, was er in Komotau erlebte. Er schilderte seine Ängste und Zweifel, die ihn in der Gesindestube plagten und besonders von der Ähnlichkeit jener Frau, die ihn immerzu anstarrte. Gebannt lauschte seine Familie, selbst Hilda zeigte sich beeindruckt von dem Abenteuer. Bianca saß still mit am Tisch und schaute bewundernd zu ihrem Verehrer. Die Auflösung des Rätsels um die eigenartige Frau hob er sich bis zuletzt auf. Maria konnte kaum noch still sitzen, sie ahnte irgendwie, dass ihr Junge eine große Überraschung bereithielt.

Als er schließlich bei den Fragen angelangt war, die jene Frau stellte, konnte sie sich nicht mehr zurück halten und fiel dem Sohn ins Wort: „Du hast unsere Rosi gefunden!" Er nickte strahlend. Da fiel ihm die Mutter um den Hals und schluchzte: „Du bist so ein tüchtiger Junge."

Alle zeigten sich erschüttert von dem grausamen Schicksal der Schwester. Man musste sofort in Neuhausen und auch in Grünthal Nachricht geben, dass Rosi noch lebte. Maria meinte, Jan solle sich gleich wieder auf den Weg machen. Da mischte sich Hilda ein: „In zwei Wochen ist Hochzeit, dann kommen wir doch alle zusammen."

24 ENDLICH FRIEDEN

An einem Tag im Spätherbst anno 1648 saßen drei Freunde in der Stube des Hüttenschulmeisters Schmidt in Grünthal. Pfarrer Pistorius hatte ein Gerücht her getrieben und Faktor Roth kam aus Freiberg angereist, weil er wichtige Neuigkeiten zu berichten hatte.

Es jammerte sie, wenn sie die verwüstete Hütte betraten. Wo einst reges Arbeitsleben herrschte, nur noch Trümmer und Verwüstung! Kaum das Lebensnotwendige war ihnen geblieben, die letzten beiden Jahre versetzten Olbernhau wie dem Hüttenanwesen den Todesstoß.

Es war, als wollten die Schweden ihrer Raublust und Zerstörungswut noch einmal ungehemmt frönen. Pistorius schrieb auf, was der Gemeinde an Unerträglichem widerfuhr. All seine Herzensnot legte er dar, als er seinem Superintendent in Annaberg klagte:

„Dieser Tage hat uns die Wut der Schwedischen … Mit den ärgsten Mitteln völlig zu Grunde gerichtet … Es genügte ihnen nicht, alles an Getreide, Lebensmittel, Kleider und Vieh aller Art sich anzuzeigen, es genügte auch nicht, ganz gegen die Art anderer Soldaten Flachs und Leinwand, Eisen und Erz und das Hausgerät sich anzueignen, auch Häuser, Kirchen und Kapellen, Sakristeien und Scheunen zu zerstören, den Menschen die Kleider vom Leib zu reißen und sie auf teuflische Art zu quälen. O Nein! Bibliotheken wegschleppen, niedergeschriebene Predigten zu verbrennen… Warum fürchte ich mich noch mein Leben zu verlieren, da ich alles verloren habe…"

Niemand konnte glauben, was seit Tagen geflüstert wurde. Frieden sei es, der Vertrag nach jahrelangen

Verhandlungen endlich unterschrieben. Zu oft waren sie enttäuscht worden. Als der Pastor erfuhr, der Faktor sei aus Freiberg gekommen, da trieb es ihn hinauf nach Grünthal, in der Hoffnung Genaueres zu erfahren. Als er sich von seiner Frau verabschiedete, drückte er seine Zweifel aus: „Der Frieden soll zwar verkündet sein, wie lange er halten wird, das weiß Gott allein." Er wollte der Armen nicht Hoffnung machen, die sich womöglich wieder nicht erfüllte. Immer, wenn er ihre Hände nahm, um sie durch die Stube zu führen, blutete ihm das Herz. Seit zwei Jahren war sie völlig erblindet. Oft dachte er, Gott, wofür strafst du mich so sehr?

Nicht nur Hab und Gut nahm ihm dieser Krieg. Die einzige Tochter verlor er vor wenigen Jahren und nun musste er auch noch das Elend der Frau jeden Tag mit ansehen. Ein Trost blieb ihm, drei wohlgeratene Söhne gingen der Mutter zur Hand. So konnte er etwas ruhiger seinen Weg zu den Freunden antreten.

Hoffnung, leidvolle Erinnerung und Zukunftssorgen bestimmen ihr Zusammentreffen. Roth wusste, was bei den Räten der Stadt Freiberg als verbürgt verkündet worden war. „Der Krieg ist an Erschöpfung gestorben", begann der Faktor seinen Bericht. „In Münster und Osnabrück verhandelten sie, fein säuberlich getrennt nach Konfessionen. Am 24. Oktober ist der Vertrag unterschrieben worden. Ein unwürdiger Länderschacher war über Monate vorausgegangen. Jeder, ob Schweden, Frankreich, der Kaiser oder die Fürsten, sahen nur auf ihren Vorteil", brachte der Mann mit kaum unterdrücktem Zorn hervor. „Die Fürsten bestimmen im Reich, der Kaiser ist fast machtlos, das Land in 1800 Herrschaftsgebiete zersplittert. Jeder Landesfürst ist sein eigener König, kann über die Religion in seinem Lande bestimmen. Unser Kurfürst hat Sachsen auch etliche Landstücke hinzu geschlagen.

Und stellt euch vor Brüder, sie dürfen sogar Bündnisse mit ausländischen Mächten schließen." „Da werden sich Schweden und Franzosen freuen", fiel der Schulmeister ein, „ein schwaches Reich kann denen nur zum Nutzen sein." Roth ergänzte: „Sechs Millionen Goldtaler müssen an Schweden gezahlt werden. Wichtige Landstücke, die ganze Ostseeküste beherrschen sie und dürfen gar im Reichstag mitbestimmen."

Der Pastor stieß hervor: „Sechs Millionen Goldtaler! Wie soll das ausgeblutete Land die aufbringen?" Nun holte er einen Zettel hervor. „Neulich schrieb mir ein Amtsbruder aus Nürnberg, die Hälfte der Bevölkerung sei durch den Krieg umgekommen. Männer gäbe es kaum noch. Man habe ein Gesetz verkündet, dass den Mannsbildern erlaubt, zwei Frauen gleichzeitig zu ehelichen, um den Verlust auszugleichen. Welch eine unchristliche Zeit! Man könnte glauben, wir wären bei den Muselmanen, dort herrscht bekanntlich Vielweiberei."

Der Schulmeister meldete sich zu Wort und tat seine Meinung kund: „ In unserer Gegend herrscht glücklicherweise kein Mangel an Menschen. Abertausende Protestanten aus Böhmen strömen seit Jahren ins Land. Da sie hier auf gut protestantische Gemeinden treffen, bleiben sie, wollen siedeln. Das ist auch nötig, verwüstetes braches Land macht nicht satt."

Da raschelte der Pastor wieder mit einem Papier. „Hört, was mir dieser Tage zugekommen ist, ein Gedicht, das alles Elend beschreibt." Mit seiner gut gebildeten pastoralen Stimme begann er zu rezitieren:

„Neue Bauernklage
Ist wohl ein Mensch in dieser Welt zu finden,
den jedermann begehrt mit Haut und Haar zu schinden?
So seins wir Bauersleute! Wir sein die ärmsten Leute,

denn unser Vieh und Pferd sein der Soldaten Beute.
Was nur der Bauer hat, das wird gleich preisgegeben,
der Bruder Veit ist Herr gar über unser Leben.
Das Schwert frisst Weib und Kind, nachdem die Pferd gestohlen,
und nichts mehr übrig ist, was die Soldaten holen.
So muss der arme Bauer, oh übergroße Pein,
mit Maulgebiss das Pferd und Esel sein.
Er treibt uns hin und her, wohin er nur begehrt,
hält ihn viel härter noch, als ein unverständig Pferd.
Denn wenn die Pferde müde, so lasset man sie rasten,
sie haben Hafer genug, wir aber müssen fasten."

Zustimmend nicken die beiden Männer am Tisch und der Pastor hält inne. Dann ruft er aus: „So geht die Klage über Seiten und ich sage euch, jeder Satz ist die reine Wahrheit. Wie soll ein solches Volk noch Millionen Goldtaler aufbringen, wo man ihm das Letzte schon genommen hat!"

Leise trat Anna in die Stube. Das laute Gespräch lockte sie herbei, sie wusste, dass es um den Frieden ging. Keine größere Sehnsucht beherrschte die Menschen so sehr, wie der Wunsch, dass endlich die Waffen schweigen mögen. Die Frau hoffte, ihr Schulmeister würde verstehen, wenn sie sich einfach zu den Disputierenden gesellte. Sie stellte einen Krug Bier auf den Tisch und sah fragend in die Runde.

Der Seelsorger verstand zuerst, was sie beschäftigte. „Ja, Anna, der Frieden ist verkündet worden, aber …" Da fiel sie ihm einfach ins Wort, obwohl ihr das nicht zustand. „Warum habt ihr Männer bei jeder guten Nachricht sogleich ein Aber?" Verwundert schaute ihr Angetrauter seine sonst so zurückhaltende Frau an. „Wir wollen doch allesamt weiterleben und eines Tages das ganze

Elend hinter uns lassen. Nehmen wir einfach an, was uns Hoffnung gibt." Dann schwieg sie. Auch die Männer schienen nachdenklich geworden. Faktor Roth, wohl der Praktischste in der Runde, meinte: „Die Anna zeigt uns, wie man jetzt denken und handeln muss. Schlimm ist es um uns bestellt, aber nur Jammern und Zetern bringt uns kein friedliches Leben. Freunde, beginnen wir vorwärts zu schauen!"

25 VERBITTERUNG UND HASS

Die Friedensnachricht war auch im Pfarrhaus in Neuhausen angekommen. Knorr nahm sie eher verbittert auf. „Es ist ja auch nichts mehr zu zerstören und zu rauben", sagte er zu Elisabeth. Seine Tochter reagierte ähnlich wie ihre Schwester Anna. „Vater, wir müssen weiterleben und zu einem normalen Dasein zurück kehren", versuchte sie ihn zu ermutigen.

Schon länger merkte sie und auch Ewald war es nicht entgangen, dass aus dem einst tatkräftigen Seelsorger, der selbst in bösesten Zeiten seine Schäflein aufrichtete, ein mutloser und unzufriedener Mensch geworden war. Freilich stand es schlimm um das Land, selbst das Pfarrhaus glich kaum noch einer Wohnstatt, es war zum großen Teil verwüstet. Ewald hatte in den vergangen Jahren immer wieder versucht, die ärgsten Schäden zu beseitigen. Kaum war eine Stube notdürftig hergerichtet, kam schon das nächste Kriegsvolk und seine Mühe war umsonst gewesen. Man lebte nicht nur in ständiger Angst, das Leben zu verlieren, die nutzlosen Anstrengungen ließen auch viele Menschen gleichgültig und mutlos werden. Dem Vater raubten dieser ständige Kampf und die vielen Schicksalsschläge den Lebensmut.

Diese Gedanken bedrückten Elisabeth. Da der Krieg nun vorbei sei, müsse man sich eine eigene sichere Existenz aufbauen, lag ihr Ewald zusätzlich in den Ohren. Er hatte sich bei der Verwaltung des Pfarrgutes in den letzten Jahren von einem Schuster zum Bauern entwickelt. Der Umgang mit Tier und Feld wurde ihm zur Freude. „Da hast du was Lebendiges", erklärte er seiner Frau. Doch beide wussten, das Pfarrgut konnte sie künftig nicht alle ernähren, zumal die Abgaben der Bauern nur spärlich flossen. Wo sollten die Leute den Zehnt auch hernehmen? Es reichte ja nicht einmal, um die eigenen Kinder zu ernähren. Elisabeth befand sich in einem Zwiespalt, sie wusste, dass ihre Ehemann Recht hatte, wenn er von eigenen Feldern und einem Haus sprach. Andererseits wollte sie den Vater nicht allein lassen, zumal er so viel von seiner Energie verloren hatte.

„Die Magd wird sich um ihn kümmern und wenn er älter ist und seinem Amt nicht mehr vorstehen kann, wird er bei uns leben", lauteten Ewalds Pläne, er schränkte aber ein, „erst müssen wir für unsere Familie eine Heimat finden." Schweren Herzens stimmte ihm seine Frau zu und versprach, bald mit dem Vater zu reden.

Ihr Mann wollte in den nächsten Tagen nach Grünthal hinunter gehen. „Dort soll es am gegenüber liegenden Ufer der Flöha Siedlungsland geben, ich werde mich um ein Stück bemühen. Wir bauen ein eigenes Haus und bestellen bald auch unsere Felder. Schließlich soll unser Paul mal ein anständiges Erbe bekommen", versuchte er seiner Frau die Zweifel zu nehmen.

Elisabeth war es unsagbar schwer gefallen, mit dem Vater über ihre Pläne zu reden. Tagelang schob sie das Gespräch vor sich her und verbrachte schlaflose Nächte. Als sie schließlich Mut fasste und ihm erzählte, was sie und Ewald vorhätten, konnte sie nur staunen. Der Pastor nahm sehr gelassen auf, was ihm seine Tochter vortrug. „Ich habe schon lange darüber nachgedacht, dass ihr euren eigenen Hausstand einrichten müsst. Die Pfarre kann eine so große Familie nicht für immer ernähren. Wie lange ich noch hier dienen kann, ist auch nicht abzusehen. Dein Ewald macht es schon recht, wenn er sich um eine Siedlerstelle bewirbt."

Erleichtert fiel ihm die Tochter um den Hals. „Ich habe mir solche Vorwürfe gemacht, dass ich dich allein lassen will." Er schob sie ein wenig von sich weg und sah ihr in die Augen: „Mein Mädchen, die ganzen Kriegsjahre habt ihr euch um mich gekümmert. Jetzt müsst ihr euren eigenen Weg gehen, das ist der Lauf der Zeit. Ich bin doch nicht allein, habe meine Gemeinde, Maria und ihre Familie leben nur eine Stunde Weg entfernt und ihr seid auch nicht aus der Welt."

Wie ein Stein fiel es Elisabeth von der Seele und was der Vater ihr dann erzählte, zeigte, dass er sich schon mehr, als sie je angenommen, mit der Sache beschäftigt hatte. Er berichtete ihr, auf dem Schloss erzähle man sich, jener Vetter, der die Herrschaft Pfaffroda vor einigen Jahren von der hiesigen Familie Schönberg abgekauft habe, wolle Land an siedlungswillige Einwanderer abgeben. „Dein Ewald ist schließlich auch einer von ihnen", setzte er hinzu.

Schon im nächsten Sommer zog die junge Familie fort und Vater Knorr musste sich an das Alleinsein gewöhnen. Das lustige Treiben, das einst geherrscht hatte, besonders wenn Jan durchs Haus alberte und dem kleinen Paul Begeisterungsjauchzer entlockte, fehlte ihm sehr. Er hatte es sich leichter vorgestellt. Mit der Magd konnte er kein vernünftiges Gespräch führen, ihr Wortschatz beschränkte sich darauf zu fragen, wo sie die Zutaten für die nächste Mahlzeit hernehmen solle. Als Elisabeth noch im Haus war, brauchte er sich mit solchen Dingen nicht zu quälen. Selbst in allergrößten Notzeiten brachte sie immer etwas auf den Tisch. Jetzt merkte er auch, dass seine Gemeinde ganz und gar nicht bereit war, den Seelsorger zu ernähren. Seine Enttäuschung war grenzenlos. Hatte er nicht in den schweren Jahren zu ihnen gestanden? Sogar in der Waldwildnis war er immer bereit gewesen, ihnen Trost und Zuspruch zu geben. Sie konnten doch nicht vergessen haben, wie er am großen Stein oberhalb von Dittersbach ihre Kinder getauft hatte!

Bitterkeit machte sich in seinem Herzen breit. In seinen Predigten war er unduldsam gegen jedes noch so kleinste Vergehen. Sitte und Anstand hatten durch den langen Krieg gelitten. Man nahm es nicht mehr so genau mit der Moral, wie sie der Herrn Pastor verstand. Im Schloss machte sich unter den Dienstboten Unzucht breit. Der Herr Verwalter war, nach seiner Meinung, der loseste Bube. Alle Vorhaltungen des Seelsorgers blieben wirkungslos. Man machte sich sogar über seine Strenge lustig. Nach Monaten wusste er sich nicht anders zu helfen, er schrieb eine geharnischte Beschwerde an die obere Kirchenbehörde. Als das im Dorf bekannt wurde, hatte Knorr erst recht seinen guten Ruf verspielt.

Da ständig neue Beschwerden eingingen, wurde es schließlich auch seinen Vorgesetzten zu viel. Er galt als Nörgler und Störenfried. Feinde fand der gute Mann genug. Selbst mit dem Lehrer in Seiffen legte er sich an. Er schwärzte ihn wegen Vernachlässigung seines Amtes und wegen unsittlichem Lebenswandel an. Er gab nicht Ruhe, bis man den Lehrer seines Amtes enthob.

Maria und Gustav erfuhren bald von den Schattenkämpfen des Vaters. Eines Tages machten sie sich auf, um im Neuhausener Pfarrhaus nach dem Rechten zu sehen. Weinend kam ihnen die Magd entgegen und klagte, sie könne die Bösartigkeit des Herrn Pfarrer bald nicht mehr aushalten, sie wolle aufs Schloss gehen und um eine andere Stelle nachsuchen. Seine Kinder fanden den Vater in denkbar grimmiger Stimmung. Maria versuchte die Magd zu besänftigen. Gustav, der immer so gut mit seinem Schwiegervater ausgekommen war, wurde abgekanzelt, als sei er ein dummer Junge. Alle guten Worte drangen nicht zu dem Verbitterten durch. Er beschimpfte seine Gemeinde sowie die Dienstboten auf dem Schloss als undankbares und unsittliches Volk.

Als der Schuster mit seiner Frau auf dem Heimweg bedrückt ihre Meinung austauschten, kamen sie zu dem Schluss, der Vater würde wohl nicht mehr lange in seiner Gemeinde geduldet werden.

Ihre Ahnung bestätigte sich schon wenige Wochen darauf. Die Behörde versetzte den Mann als Pastor nach Sayda. Sein Ruf ging ihm voraus, er galt als streitsüchtig. Als er das neue Amt antrat, übergab die Gemeinde ein Schreiben an die Kircheninspektion, in dem man bat, man möge dem neuen Pfarrer nahe legen, friedlich zu leben und nicht wieder Streit wegen der Abgaben zu beginnen. Die Antwort auf diese Forderung, sollte die Saydaer beruhigen. Pastor Knorr sei doch nun schon im hohen Alter und sicher gewillt, ein friedliches Leben zu führen.

So oft es nur anging, tauchten Kinder oder Enkel in Sayda auf, um den Vater gut zuzureden. Meist gingen sie unverrichteter Dinge wieder heim.

Er starb nach wenigen Jahren an einem Schlaganfall, 75 Jahre alt, nachdem er fünf Jahrzehnte treulich den Menschen als Lehrer und Pastor gedient. Traurig standen drei seiner Töchter mit ihren Männern am Grab.

In einem letzten Schreiben ordnete er an, wie seine Grabstelle beschaffen sein solle. Sie berieten lange hin und her, als sie den Spruch lasen, den der Vater für seinen Grabstein vorbereitet hatte. Anna und auch Elisabeth meinten, diesen Wunsch könne man dem Verstorbenen keinesfalls erfüllen. Maria, alle drei Schwiegersöhne und auch Pastor Pistorius, der von Olbernhau gekommen war, vertraten die Meinung, der letzte Wille eines Menschen sei zu respektieren.

So geschah es dann auch. Auf des ehemaligen Rektors und späteren Pastors Gedenkstein war zu lesen:

„Ade, du falsche Welt,
die du mich hast geplaget.
Auch Tag und Nacht
an mir nach Würmerart genaget.
Mich decket dieser Stein,
bis Gott wird Richter sein."

Faktor Roth hatte einen Wagen und ein Pferd zur Verfügung gestellt, so ermöglichte er den Trauernden eine einigermaßen bequeme und schnelle Fahrt zur Beerdigung. Allerdings schärfte er dem Hüttenschulmeister ein, er müsse am nächsten Tag das Gefährt wieder abliefern. Deshalb trennten sich Maria und Gustav von der übrigen Trauergemeinde, nachdem man den Vater der Erde übergeben hatte, und sie machten sich zu Fuß auf den Heimweg. Kaum fand man Zeit, sich über das Befinden der Familie auszutauschen, schied aber mit dem festen Versprechen, sich baldmöglichst zu besuchen. Obwohl ihnen allen bewusst war, Monate würden bis zu einem Wiedersehen vergehen. Elisabeth tat es leid, dass sie über die Schwester und deren Kinder kaum noch Bescheid wusste. Besonders Neffe Jan war ihr immer wie ein Sohn gewesen. Nun wusste sie nicht einmal, ob und wann er Bianca ehelichen würde. Auch über Hilda war kaum gesprochen worden. Maria deutete nur an, sie erwarte wieder ein Kind und soweit seien alle gesund. Von Rosi war seit nunmehr zwei Jahren keine Nachricht eingetroffen. „Es jammert mich sehr, dass wir Schwestern untereinander kaum noch Verbindung haben", klagte sie auf der Heimfahrt. Anna, die neben ihr saß, nahm sie in den Arm und drückte damit aus, wie froh sie sei, wenigstens

Elisabeth mit ihrer Familie in der Nähe zu haben. Die ersten Monate nachdem Ewald sein Stück Land und Bauholz vom Herrn erstanden hatte, lebte Elisabeth mit dem kleinen Paul sogar in einer Arbeiterstube in der Hütte.

Pastor Pistorius hörte den beiden Frauen still zu. Als man fern das Rittergut von Pfaffroda sah, meldete er sich zu Wort: „Euer Herr Caspar von Schönberg soll sehr großzügig zu den Ansiedlern sein, erzählt man sich. Neue Dörfer entstehen rund um seinen Besitz. Bei uns in Olbernhau geht es mit dem Wiederaufbau nicht so recht voran." Eifrig und nicht ohne Stolz klärte Elisabeth den Pastor auf. Das Land habe Ewald für einen niedrigen Preis bekommen. 40 Stämme Bauholz überließ der Herr jedem der acht Siedler ohne Entgelt. Besonders hilfreich seien die Freiheiten, die es ihnen sehr erleichtern würden, sich ein eigenes Leben aufzubauen.

Pistorius hörte aufmerksam zu und wollte genau wissen, um welche Rechte es sich handle. „Es ist uns frei gestellt, welches Handwerk wir ausüben. Unsere Männer müssen keinen Jagddienst leisten, auch der Kinderdienst auf dem Herrengut ist uns erlassen. Bier dürfen wir kaufen, wo es uns beliebt. Der Herr schreibt uns nicht einmal vor, wohin wir zum Gottesdienst zu gehen haben." Elisabeth hatte voller Begeisterung berichtet und erklärte: „Wir wollen unser Dorf zu Ehren des Herrn Oberneuschönberg nennen."

Der Olbernhauer Pastor nickte: „Nun verstehe ich, warum der Besitzer unseres Rittergutes, Magnus Oehmichen, keine Siedler für die wüst liegenden Anwesen findet. Solche Freiheiten kann er nicht bieten. Was würden die Alteingesessenen wohl für einen Aufstand machen, wenn er Zugezogene so bevorzugen würde." Nach einer Pause fügte er hinzu: „Es gibt jetzt schon genug Neid und Missgunst unter den Leuten."

Anna war das wie ein Stichwort, sie beklagte die Verwilderung, die sich überall breit macht. „Mein Schulmeister merkt das deutlich an den Kindern. Keine Ordnung herrscht mehr. Jeder scheint des anderen Widersacher zu sein." Auch Elisabeth kannte etliche Beispiele, die das bestätigten. Der Zwist gehe bis in die Familien hinein. „Drüben in Brandau hat eine junge Frau nur sieben Wochen nach der Hochzeit ihren Mann vergiftet, weil er nicht katholisch werden wollte." Pistorius seufzte: „Zwischen den böhmischen Dörfern und den sächsischen ist von guter Nachbarschaft, wie sie früher herrschte, nichts mehr zu spüren. Einst ging mein Vorgänger nach Buchwald hinüber, um seine evangelischen Schützlinge zu betreuen. Die Hirschberger begruben ihre Verstorbenen auf dem Brandauer Gottesacker, weil der viel näher lag als der Olbernhauer. Heutzutage wäre das unmöglich. Vor einigen Wochen musste ich einen Alten von 86 Jahren gar in meiner Badestube wohnen lassen, er musste fliehen, weil er nicht zum katholischen Glauben zurückkehren wollte. Dabei blieben ihm nur wenige Tage bis zu seinem Tode. Sie kennen keine Gnade!"

Die Frauen hörten erschüttert seinen Bericht. Anna musste anmerken, dass auch die eigenen Glaubensbrüder nicht gerade großherzig seien. „Herr Pastor, mit katholischen Leuten auf unserer Seite geht man auch nicht zimperlich um. Ich habe gehört, dass Sie deren Verstorbene nur auf dem Pestfriedhof begraben dürfen." Dem Gottesmann war das Thema sichtlich peinlich, jedoch musste er bestätigen: „Ich hatte Anweisung aus Annaberg, die Frau in aller Stille auf dem Pestilenzacker der Erde zu übergeben." „Jetzt ist mir auch klar, warum Sie so erbost waren, dass mein Mann mit einigen Schulkindern den letzten Weg der Toten singend begleitete", fügte sie etwas spitz hinzu.

26 LIEBE SUCHT NÄHE

Maria und Gustav kamen nach Stunden an ihrem verlassenen Häuschen an. Niemand erwartete die Eltern. Hilda lebte schon das dritte Jahr mit ihrem Mann und dem Kind im Anwesen der Schwiegereltern. Die Enge in der winzigen Dachstube erschreckte Maria immer wieder, wenn sie die Tochter besuchte. Eine Bettstatt, die Truhe und die Kinderwiege füllten den Raum ganz aus. Im Sommer konnte man die Hitze kaum aushalten und im Winter bedeckte eine dicke Reifschicht die Wände. Es gab im Bergflecken keinen Platz mehr in den Häusern. Nach dem Friedensschluss hatte ein Ansturm protestantischer Böhmen nach Sachsen eingesetzt; viele von ihnen blieben in den grenznahen Dörfern. Sie hofften, dass sie irgendwann heimkehren könnten und die Verfolgung aufhören würde.

Vor dem Krieg hatten in Seiffen knapp 500 Menschen gelebt, das wusste einst ihr Vater zu erzählen. Jetzt drängten sich bestimmt weit über 100 mehr in den Wohnräumen. Jeder, der ein Häuschen besaß hatte Hausgenossen aufgenommen. Die Leute beantragten beim kurfürstlichen Amt Siedlungsland, wollten sich außerhalb des Dorfes neue Heimat schaffen. Auch der Schwiegersohn gehörte zu den Siedlungswilligen.

Maria sorgte sich um Hilda und das Kind, nun sollte bald schon ein zweites Menschlein in diese Enge hinein geboren werden. Mit ihrem Schuster beriet sie hin und her, wie zu helfen sei. Bei ihnen gab es zwar noch eine kleine Kammer, aber die bewohnte bis vor einigen Wochen Bianca. Jan war ständig für die Herrschaft unterwegs und kam selten und nur kurz vorbei. Einst hatten sie und ihr Mann gehofft, aus den beiden würde ein

Paar und damit gerechnet, die jungen Leute unter ihrem Dach zu haben. Manchmal träumte sie davon, Enkelkinder würden durchs Haus wuseln. Bei diesen Gedanken wurde die Frau immer ein wenig trübselig, sie ahnte, dass weder der Junge noch Bianca bei ihnen einzögen.

Gustav spürte die Traurigkeit seiner Frau, als sie in das leere Haus zurück kamen. Er wusste, das lag nicht nur am Tod des Vaters. Schnell heizte er den Ofen an und setzte sich zu ihr. „Wir sollten Hilda und den Kleinen bei uns aufnehmen, bis ihr Karl eine anständige Bleibe für seine Familie geschaffen hat." Erleichtert stimme sie dem Vorschlag zu. „Wenn Jan doch mal heim kommt, wird sich ein Platz für ihn finden." Von Bianca sprachen die Eltern heute nicht, zu tief saß die Enttäuschung. Das fremde Mädchen war ihnen wie eine Tochter gewesen. Sie lebte, seit Pastor Knorr nach Sayda versetzt worden war, ständig bei ihnen. Nach und nach schien es, als würde Liebe zu Jan in ihr wachsen. Sie war ja noch so jung!

Doch eines Tages bestellte man den Sohn nach Pfaffroda zum Herrn. Als er heim kam, erklärte er voller Stolz, er sei als Botenreiter auserkoren. Um immer einsatzbereit zu sein, müsse er auf dem Gut wohnen. Das Mädchen hatte ohne sichtliche Enttäuschung alles mit angehört und ihn sogar ermutigt. „Da wirst du viele neue Orte und Menschen kennen lernen", erklärte es fast ein wenig neidisch. Gustav – seine seherischen Gaben kamen noch immer manchmal zum Vorschein – dachte sich, die Liebe Biancas zu dem Sohn könne nicht sehr groß sein. Wenn man verliebt ist, will man sich doch nahe sein. Der Mutter Gedanken dagegen gingen in die andere Richtung. Wie konnte Jan nur so zufrieden mit dem Befehl des Herrn sein? Manchmal zweifelte sie daran, dass er sich überhaupt je an eine Frau binden wolle.

Bianca lebte weiterhin bei Maria und Gustav, nannte sie sogar Mutter und Vater, half im Haushalt, manchmal auch in der Werkstatt. Besonders gern trug sie die reparierten Schuhe zu den Leuten. Die freuten sich, wenn das Mädchen kam. Freundlich und immer zu einem Scherz bereit, beeindruckte sie besonders die Burschen. Die Mutter sah das mit unguten Gefühlen. In ihr wuchs die Ahnung, eine Schwiegertochter bekäme sie mit Bianca wohl nicht.

Vor einigen Monaten merkte sie, dass ihr Hausgast oft spät und dann ganze Nächte nicht heimkam. Gustav meinte, das Fräulein sei nicht ihr Kind und sie hätten nicht das Recht, ihm Vorschriften zu machen. Doch Maria ließ es keine Ruhe. Als an einem Morgen ein sichtbar glückliches Mädchen ihre Küche betrat, beschloss sie, reinen Tisch zu machen.

Ehe sie noch eine Frage stellen konnte, kam Bianca auf sie zu, umarmte die Mutter, zog sie auf die Bank und erzählte unaufgefordert ihre ganze Geschichte. „Mutter, du erinnerst dich bestimmt noch an den letzten Herbst. Reiche Ernte an Beeren und Pilzen brachte ich jeden Tag heim. Das Kleinholz und die Zapfen füllten unseren Holzplatz. Du hast mich dauernd gelobt, wie fleißig ich sei. Deine Worte schnitten mir ins Herz. Nicht mein Fleiß sondern die Liebe trieb mich immer wieder hinauf. In Richtung der wieder aufgebauten Glashütte konnte ich beobachten, wie Meister Nicol Preißler an tieferer Stelle eine zweite Hütte erbauen ließ. Viele fremde Burschen waren zugange. Aber einer von ihnen fiel mir besonders auf. Nicht mit groben Werkzeugen ging er um. Still saß er am Rand des Waldes auf einem Stein und betrachtete lange Zeit einen Grashalm oder ein Blümchen. Schließlich holte er einen Stift aus seinem Wams und zeichnete mit ganz feinen Strichen auf ein Papier. Tagelang beobachtete ich ihn, die Neugier trieb mich jeden Tag ein Stück näher. Einmal entdeckte er mich und winkte mir, ich solle näher kommen. Mit lachenden guten Augen sah er mich an und meinte, er könne es nicht mehr ertragen, wie ich mir den Hals verrenke, um zu sehen, was er trieb. Schon lange war ich von ihm bemerkt worden. Erst war es mir ein wenig fatal, doch dann gestand ich ihm ein, dass ich gerne sehen wolle, was er so genau beobachte und aufzeichne. Es war, als würde ich den jungen Mann schon mein ganzes Leben lang kennen, so vertraut erschien er mir. Er sei ein Glasmaler und stamme aus Böhmen. Das Handwerk habe er von seinem Vater, der einst auch eine Glashütte betrieben habe, erlernt. Die Mutter starb an der Pest, als er noch nicht einmal acht Jahre alt war. Allein mit dem Vater blieb er zurück, seine Kinderstube war die Glashütte. Als treue Protestanten mussten sie vor Jahren aus Böhmen fliehen und fanden bei Meister Preußler einen Dienst. Da Mirko mit seinen feinen Entwürfen bald Aufsehen erregte, sollte er sich nur noch mit dem Zeichnen der Motive und dem Bemalen beschäftigen. So einen Künstler habe man noch nie in der Hütte gehabt, hätte der Meister gelobt."

Maria wurde klar, Jan besetzt nicht mehr den ersten Platz im Herzen des Mädchens. Als es weiter sprach, erkannte sie, Bianca war auf einen Weg gelangt, der von Jan und ihrer Familie weg führen würde. Und sie wusste auch, gegen die Liebe ist kein Kraut gewachsen.

„Man hat mir einen Dienst in der Glashütte angeboten." Maria entfuhr es: „Unter so vielen Männern?" Lachend und unbekümmert entgegnete sie: „Mein Mirko und dessen Vater werden mich schon beschützen. Wir wollen im kommenden Herbst heiraten und werden uns da oben ein eigenes Häuschen bauen."

Bianca merkte, dass Maria enttäuscht war. Sie griff nach ihrer Hand und versicherte: „Ich habe eurer Familie viel zu verdanken, ihr habt mich aufgenommen und vieles gelehrt, das werde ich nie vergessen." „Jan wir sich wundern", gab Maria zu bedenken. „Er ist doch niemals da, seit ich ihn kenne, hat er immer eine Menge wichtige Aufträge zu erfüllen, er wird mich nicht vermissen." Dem konnte Maria nicht widersprechen. Wenn er doch mal für wenige Stunden heim kam und erzählte, hatte die Mutter den Eindruck, er wäre überhaupt nur auf den Straßen zwischen dem Gebirge und dem Hof des Kurfürsten unterwegs.

Sie und auch ihr Gustav waren natürlich stolz auf den Jungen, weit hatte er es gebracht. Die Herrschaft vertraute ihm, wichtige Nachrichten musste er überbringen. Das erforderte hohen Einsatz und setzte Zuverlässigkeit voraus. Sie wusste und verstand auch, dass ein junges Mädchen nicht ständig nur auf den Liebsten warten wollte. Man schied in Frieden voneinander.

Als eines Tages sogar jener Mirko im Schusterhaus auftauchte, sich vorstellte und in wohl gewählten Worten die „Pflegeeltern" bat, ihm ihre „Ziehtochter" zur Frau zu geben, gestanden sich die Eltern ein, Bianca hat eine gute Wahl getroffen. „Sie wird mit dem jungen Mann glücklich werden", stellte Gustav überzeugt fest.

27 ALS BOTENREITER UNTERWEGS

Caspar von Schönberg sah versonnen auf das vor ihm liegende Pergament. Sein Vater war während des Krieges glücklicher gewesen als der Vetter auf Purschenstein. Sein Vermögen half ihm, bereits 1650 die Dörfer Dörnthal und Pfaffroda von dem Verwandten zu kaufen. Als Nachfolger freute er sich an seinem Besitz, merkte aber sehr bald, dass damit auch eine große Verantwortung auf ihm lastete. Vieles lag wüst. Er musste erkennen, dass ohne Menschen jeder Besitz braches Land ist.

Seit einigen Jahren schien sich das Problem von selbst zu lösen. Der Strom der Zuwanderer aus Böhmen riss nicht ab. Immer mehr Sielungswillige strömten ins Land. Fast täglich erhielt er Anfragen und Bitten von Leuten aus Böhmen, die sich in seinem Gebiet niederlassen wollten. Einige Dörfer waren schon überbevölkert. Es gab kaum noch Wohnraum. Die Nachkommen alteingesessener Einwohner zog es gleichfalls in unbebautes Land. Ihm konnte es recht sein, gerne nahm er sie alle auf. Es jammerte ihn, wenn er die Vertriebenen mit ihrer wenigen Habe ankommen sah. Menschen, die wegen ihres Glaubens die Heimat verließen, schienen ihm auch nicht die schlechtesten zu sein. Er dachte, es braucht Mut und Entschlossenheit, wenn einer zu seiner Sache steht und dafür bereit ist, ins Ungewisse zu ziehen. Seinem Land tat der Zuzug gut. Nach dem langen Krieg musste neues Leben einziehen. Ganz ohne kurfürstliche Rückversicherung wollte er das Werk aber nicht weiter treiben.

Noch einmal las er das Schreiben an den Landesherren genau durch. Er war zufrieden. Die Not der protestantischen Glaubensbrüder war anschaulich dargestellt und der Wille zur christlichen Nächstenliebe richtig ausgedrückt. Der von Schönberg siegelte das Schreiben und gab Befehl, man möge ihm den Boten schicken. Sich der Würde und Wichtigkeit seines Amtes völlig bewusst, betrat Jan die Gemächer des Herrn. Den Weg nach Dresden kannte er inzwischen gut, schon häufig musste er Botschaften in die kurfürstliche Residenz bringen. Er wusste, was von ihm verlangt wurde: Sicher und schnell die Briefe abliefern und eiligst zurückkehren, lautet jedes Mal der Befehl. Doch heute meinte der Herr, er solle so lange am Hofe des Kurfürsten warten, bis er das Antwortschreiben erhalten hätte.

„Lass Er sich von den Beamten nicht abwimmeln. Mache Er ihnen klar, der kurfürstliche Kammerherr Caspar von Schönberg warte dringend auf Antwort." Das war neu und erfreute den Boten, endlich würde er Gelegenheit haben, sich in der Residenz genauer umzusehen. Das ließ er sich natürlich nicht anmerken, ein herrschaftlicher Reiter durfte keinen persönlichen Vorlieben nachgehen. Ganz tief im Herzen regte sich die Erinnerung an die wunderhübsche Zofe, die er schon öfter gesehen und einmal sogar mit ihr geschäkert hatte.

Jan holte sein Pferd aus dem Stall, er hatte es schon gesattelt, die Pistole trug er am Gürtel und sein Reisesack lag bereit. Frohgemut machte er sich auf den Weg, fest entschlossen, diesmal das Schloss, die herrlichen Bauwerke, den Park und selbstverständlich die niedliche Mamsell näher zu besichtigen.

Wenn er über sein Leben nachdachte, kam ihm immer öfter in den Sinn, er müsse nun endlich sesshaft werden, eine Frau nehmen und eine Schar Kinder großziehen. Noch vor wenigen Jahren war er überzeugt, nur Bianca könne die Auserwählte sein. Bei einem Besuch daheim musste er erfahren, dass das Mädchen sich einen anderen

Mann genommen hatte. Mutter Maria meinte: „Du bist ja nur unterwegs."

Einen Moment war er bitter enttäuscht gewesen, gestand jedoch ein, sich in seinem abwechslungsreichen und manchmal abenteuerlichen Leben sehr wohl zu fühlen. Er konnte sich einfach nicht vorstellen, so wie der Vater, Jahr für Jahr auf dem Schusterschemel zu sitzen. Schuhe zu reparieren, hatte er zwar von Gustav gelernt, und wenn er manchmal einige Tage daheim war, half er gerne in der Werkstatt. Jedoch als Lebensaufgabe wäre ihm das zu belanglos. Schreiben und Lesen, mit Zahlen umgehen und mit Leuten reden, unterwegs sein und wichtige Botschaften überbringen, das entsprach seinen Vorstellungen von einem glücklichen Dasein. Jeden Tag dankte er in Gedanken dem Großvater, der ihn von klein an so vieles gelehrt hatte. Oft packte ihn die Reue, dass er dem alten Mann in seinen letzten Jahren nicht mehr geholfen hatte. Nicht einmal bei seiner Beerdigung war er gewesen. Gerade in jener Zeit brauchte ihn der Herr dringend, ständig war er in ganz Sachsen unterwegs. Der Caspar, wie er ihn in Gedanken nannte, kam anscheinend kaum noch ohne seine Hilfe aus und vertraute ihm die wichtigsten Aufgaben an. An Fürstenhöfe, auf Rittergüter und in Ratsstuben war er gekommen, mit hohen Herren hatte er im Auftrag Caspar von Schönbergs verhandelt. Auf diesen Reisen sammelte er viele Erfahrungen und gewann Freunde. Lächelnd dachte er, dass auch etliche Freundinnen dabei seien.

Es war ihm gelungen, manchen Gulden und viele Groschen anzuhäufen. In Freiberg erwarb er sogar einen Anteil an einem Bergwerk und auch der Leinwandhandel brachte Ausbeute. Jan hatte schnell gelernt, seine Beziehungen zu nutzen und in Geschäfte einzusteigen, die Gewinne versprachen. Sein erstes Kapital bekam er vor einigen Jahren vom Grafen Sternberg, für den er einen nicht ungefährlichen Auftrag erfüllt hatte.

Er war sich bewusst, dass er nicht ewig so weiter leben konnte. Ständig unterwegs, bei jedem Wetter auf dem Pferd – dies tat seiner Gesundheit nicht gut. Bald würde er die Vierzig erreichen, dann war es Zeit, sich ein Nest zu bauen. Wenn er all seine weiblichen Bekanntschaften überdachte, war keine dabei, die als Henne taugen könnte. In seine Vorstellungen von einer passenden Frau fielen ihm nur Eigenschaften ein, wie sie Mutter oder Tante Elisabeth besaßen; natürlich müsste sie außerdem jung und schön sein. So eine war ihm noch nicht begegnet. Ja, Bianca, die hätte ins Bild gepasst!

Von Ferne sah er Burg Frauenstein auftauchen und ermahnte sich, es sei an der Zeit, die Überlegungen aufzuschieben. Auch dort in der Stadt wartete ein schönes Kind und würde ihm die kurze Rast versüßen.

Als er am nächsten Tag in Dresden eintraf und sein Pferd in den Stall führte, kamen ihm zwei der Stallburschen entgegen. „Sieh an, unser Hinterwäldler ist wieder einmal da", scherzten sie gutmütig. „Brauchst du einen frischen Gaul, du musst doch gleich wieder hinauf in deine Einöde?" „Diesmal muss ich auf Antwort warten", gab er Auskunft. „Na, das kann dauern", unkte der, den sie Heini nannten. Die Männer freuten sich anscheinend über seinen Besuch und hatten sogleich Pläne, wie man den Abend bei einem anständigen Krug Bier verbringen wolle. Er stimmte zu, „aber erst muss ich meine Briefschaft im Schloss an den Mann bringen."

Jan hoffte, die Niedliche zu treffen, bekam sie aber nicht zu Gesicht. Seine Botschaft übergab er einem Schreiber und drang darauf, bald eine Antwort zu erhalten. „Mein Herr, der kurfürstliche Kammerherr Caspar von Schönberg, erwartet dringlichst eine Entscheidung des

Kurfürsten." „Alle haben es eilig", maulte der Schreiber. „Ich rate Euch gut, die Sache voranzutreiben, sonst könntet Ihr großen Ärger bekommen." „Kommt in zwei Tagen wieder, ich will tun, was ich kann", wurde der Mann etwas eifriger.

Am nächsten Tag tauchte seine Zofe auf und ließ erkennen, sie habe am Abend frei. Gerne wolle sie ihm zeigen, wie Kurfürst Johann Georg II. Dresden herrichten lasse. Nur die größten Könige hätten so wundervolle Residenzen. Voller Stolz, als wäre sie, die Leni, für all die Pracht zuständig, führte sie Jan herum. Zeigte das neue Schauspielhaus und schwärmte vom geplanten Großen Garten. Sie konnte erzählen! Ihre Rede floss, wie ein Wasserfall. „Unser Kurfürst ist ein großer Kunstverehrer, er liebt Theater, Musik und Malerei. Alles muss prunkvoll sein. Neulich gab es ein Feuerwerk, so etwas Herrliches hast du noch nicht gesehen! Ritterspiele und Maskeraden werden veranstaltet. Ich muss meine Herrin zu jedem Fest ankleiden, neulich durfte ich sogar heimlich bei einem Ball zusehen. Es war einfach wunderbar, die herrlich geschmückten Herrschaften, die übervollen Speisetafeln, die entzückende Musik und die unzähligen Kerzen", schwärmte sie in ungehemmter Begeisterung. Sie ließ ihren Begleiter nicht zu Wort kommen. Jan gab es auf, sie unterbrechen zu wollen. Das Fräulein redete und redete.

Endlich schien sie seine Schweigsamkeit zu bemerken. „Du sagst doch gar nichts, bist wohl neidisch auf den Prunk bei uns?" Erstaunt sah er auf sie nieder. „Ich frage mich nur, was das alles kostet." „Das kann doch mir egal sein", nach einem kurzen Nachdenken, „es gibt doch genug Leute im Land, die Steuern zahlen, und wenn das Geld alle ist, werden die Steuern eben einfach erhöht."

Der Mann, der schon viel im Land herumgekommen war und all das vom Krieg verursachte Elend gesehen und miterlebt hatte, war einfach sprachlos über so viel Unverstand. Ehe er sich zu einer bissigen Bemerkung hinreißen ließ, ermahnte er sich, die Kleine wüsste einfach nicht, wovon sie sprach und sei anscheinend ein ziemlich oberflächliches Geschöpf. Als sie sich liebevoll an ihn drängte, schob er das Mädchen sacht von sich und erklärte, er wolle sich zur Ruhe begeben, da er in aller Frühe aufbrechen müsse. Erstaunt und enttäuscht sah sie ihn an. „Ich dachte wir blieben noch zusammen, ich habe diese Nacht die Kammer für mich allein." Er schüttelte nur mit dem Kopf und wand sich zum Gehen. Erbost schrie sie ihn an: „Du bist doch nur eifersüchtig auf das feine Leben hier im Schloss. Dann geh doch hinauf in deine Wildnis und werde dort glücklich." Gehässig setzte sie hinzu: „Vergiss nicht, deine Steuern zu zahlen!" Dann trippelte sie mit erhobenem Haupt davon. Jan war entsetzt, wie konnte ihm dieses unendlich redende und leichtfertige Wesen jemals gefallen haben?

Zeitig am Morgen ritt er in einen herrlichen Herbsttag hinein. Die ersten Blätter waren des Grüns überdrüssig und begannen ihre Farbe zu ändern. Manche der Bäume trugen gar zweierlei, Sommergrün und Herbstrot. Jan besaß die Gabe, die Schönheit der Natur in sich aufzunehmen. Manchmal überlegte er, ob ihm das auch der Großvater beigebracht hatte, kam jedoch zu dem Schluss, dieses Erbe stamme von Mutter und der guten Tante Elisabeth. Als er noch ein Knirps war, machten ihn die beiden Frauen zu jeder Jahreszeit auf die Veränderungen in Wald und Flur aufmerksam. Besonders die Tante kannte jedes Pflänzchen und wusste deren Heilkraft zu nutzen. Gerne dachte er an jene Tage zurück, als er sie über die Berge nach Neuhausen begleitet hatte. Auch was Ewald damals alles über Land, Tier und Leute erzählte, war ihm noch gut in Erinnerung.

Gemächlich ritt er dem Gebirge zu und ganz neue Gedanken kreisten in seinem Kopf. Fast philosophisch schlussfolgerte er, viele Menschen seien für ihn wichtig gewesen und es sei an der Zeit, etwas weiterzugeben. Als ein Hase über den Weg hoppelte, wachte er auf aus seiner Versunkenheit und wunderte sich, dass ihn schon wieder ähnliche Hirngespinste beschäftigten wie vor wenigen Tagen. Tief aufatmend stellte er fest, dass er wohl doch langsam in die reifere Phase seines Lebens einträte. Er beschloss, den Herr zu bitten, ihm eine andere Aufgabe zu übertragen, die ihm ermöglichte, sesshaft zu werden. In letzter Zeit bemerkt er auch, dass Mutter und Vater älter geworden waren und seiner Hilfe bedurften.

Fast hatte er Frauenstein erreicht, wo er wieder eine Rast einlegen wollte, als ihm ein verdächtiges Geräusch aus seiner Besinnlichkeit riss. Von Ferne hörte er Schüsse, automatisch griff er an seine Pistole. Der Frieden war immer noch trügerisch, es trieben sich häufig noch Landsknechte in den Wäldern herum, die mit Überfällen und Räuberei ihr Kriegshandwerk fortsetzten.

Jan stieg vom Pferd und schlich sich vorsichtig in Richtung der Geräusche. Anschleichen und unentdeckt bleiben hatte er wahrlich gelernt. Hinter einem Busch verborgen sah er wie ein Fuhrwerk angegriffen wurde. Den Kutscher hatte man vom Bock gerissen und anscheinend schwer verletzt. Zwei Kerle machten sich auf dem Wagen zu schaffen, sie suchten nach Beute. Waren es nur Zwei? Mit denen könnte er fertig werden! Für die Räuber völlig unerwartet sprang er aus seinem Versteck, stieß ein lautes Gebrüll aus. „Fasst sie, bindet das Pack!" Dabei stürzte er vorwärts und schoss. Die Banditen waren so erschrocken, dass sie vom Wagen sprangen und in den Wald flohen. Einer schien verletzt zu sein, er lahmte stark und als Jan näher kam, sah er eine Blutspur im Gras. Neben dem verwundeten Fuhrmann kniete er nieder, der schien kaum noch am Leben zu sein. „Halt durch Kamerad, ich bring dich hinüber nach Frauenstein, dort gibt es einen Wundarzt." Der Mann stöhnte auf, offenbar hatte er starke Schmerzen. Doch er musste auf den Wagen gebettet werden. Wie er das allein bewerkstelligen sollte, war Jan schleierhaft. Da polterte es hinter ihm, erschrocken drehte er sich um, er dachte die Räuber kämen zurück.

Mit Erleichterung sah ein zweites Gefährt herangerumpelt kommen. Dessen Kutscher, sprang sofort vom Bock. „Was ist passiert?" „Man hat ihn überfallen." Der Mann beugte sich über den Verwundeten: „Das ist doch der Hegewald aus Claußnitz!" Jan forderte: „Wir müssen ihn in die Stadt schaffen." Sie hoben den Verletzten vorsichtig auf den Wagen. Jan band sein Pferd an die Rückseite des Karrens und übernahm die Fuhrmannsrolle. Ein trauriger Zug bewegte sich auf Frauenstein zu. Der unebene Weg musste für den Verwundeten eine Qual sein. Manchmal stöhnte er auf, dann fiel er wieder in tiefe Bewusstlosigkeit. Obwohl der Weg nicht weit war, brauchte es fast eine Stunde bis sie endlich auf den Markt rollten. Hilfsbereite Bürger eilten herbei und auch der Wundarzt war bald zur Stelle. Der Amtmann stellte sich ebenfalls ein und verhörte Jan auf das Genaueste. Der beschrieb, wie die Kerle ausgesehen hatten und verschwieg auch nicht, dass er einen von ihnen angeschossen habe.

Man schien nicht verwundert zu sein. „Das sind die beiden Kaiserlichen, die seit Wochen in der Gegend zu Gange sind, es gehen schon etliche Überfälle auf ihre Kosten", erklärte der Amtmann. Ein Alter mischte sich ein: „Es wird Zeit, dass man ihnen endlich das Handwerk legt."

Jan hatte das alles viel Zeit gekostet, er musste weiter. Nur eine kurze Rast, in der ihm seine Frauensteiner Freundin eine Mahlzeit vorsetzte, konnte er sich gönnen.

Da man den Boten des Herrn von Schönberg gut kannte, durfte er ungehindert weiter reiten. Er bat darum, ihn wissen zu lassen, ob der Hegewald- Fuhrmann überlebt und verabschiedete sich. Die Aufregung setzte ihm noch eine ganz Strecke zu, er hatte an diesem Tag kein Auge mehr für herbstliche Schönheiten.

Am Abend gelangte er in Pfaffroda an und der Herr verlangte trotz der späten Stunde noch seinen Bericht. Er lieferte den Brief des Kurfürsten ab und wurde gnädig entlassen. Von dem Überfall berichtete er nur kurz. Der Herr ordnete an: „Kommt Morgen beim Mittagsläuten, dann will ich genauen Bericht hören."

Caspar von Schönberg zeigte sich am nächsten Tag außerordentlich gnädig. Er bot seinem Briefboten sogar einen Hocker an und ließ sich über jede Einzelheit des Anschlags informieren. Jan nahm die Gelegenheit wahr und deutete an, er würde gerne eine andere Aufgabe für den Herrn übernehmen. Mit großer Unruhe erwartete er die Antwort des Adligen. Eigentlich war es eine Unmöglichkeit, so eine Bitte vorzutragen. Doch erstaunlich, Caspar wurde nicht ungehalten, er lächelte sogar und schien nur verwundert zu sein. „Du hast mir treu als Bote gedient und auch manche Verhandlung in meinem Auftrag glücklich zu Ende gebracht. Auch diesmal war dein Ritt nach Dresden von großer Bedeutung. Viele Einwanderer überschwemmen das Land. Ich will ihnen eine neue Heimat geben, jedoch ohne des Kurfürsten Zustimmung schien mir das zu gewagt. Du hast mir Botschaft gebracht, die mich in meinem Vorhaben bestärkt."

Jan war so erstaunt ob des Vertrauensbeweises, dass er sich kaum zu rühren wagte. Was ginge ihm die Korrespondenz des Herrn mit dem Kurfürsten überhaupt an, er war doch nur ein einfacher Diener.

Was er dann zu hören bekam, gefiel ihm. Wenn ihre Einwanderung auch schon Jahrzehnte zurücklag, waren er und seine Familie schließlich auch Glaubensflüchtlinge. Caspar nahm das vor ihm liegende Schriftstück zur Hand und begann es vorzulesen.

„Was diejenigen anlangt, so der Religion wegen aus Böhmen weichen und bei dir ansuchen, ihnen verstatten, dass sie sich eine Zeitlang unter Deiner Jurisdiktion aufhalten dürfen, sind wir zufrieden, dass Du sie aufnehmen mögest. Jedoch wollest hierin gute Vorsicht gebrauchen und auf die Personen, wer sie sind, fleißig Achtung geben damit nicht Betrug unterlaufe."

Caspar von Schönberg schwieg eine Weile und sah seinen Untertanen forschend ins Gesicht. „Deine Familie stammt ebenfalls aus Böhmen?" „Meine Großeltern kamen einst aus Brüx, Großvater war Rektor an der dortigen Schule", erklärte Jan nicht ohne Stolz. „Mein Vetter auf Purschenstein sprach Gutes über die Treue deiner Familie."

Sinnend saß der Schlossherr und blickte seinem Untergebenen in die Augen. Dem wurde das Schweigen langsam unangenehm. Hatte er sich mit seinem Anliegen doch zu weit vorgewagt?

Was er dann zu hören bekam, erklärte, warum Caspar am Anfang des Gesprächs gelächelt hatte. Jans Bitte auf Veränderung kam genau im richtigen Moment.

„Ich brauche einen zuverlässigen Mann, der sich um die Einwanderer und Siedler, ihre Wünsche, aber auch um ihr Tun kümmert. Diese Menschen sollen uns helfen, die Kriegsschäden zu überwinden. Auch der Landstrich, der an den Kurfürsten gegangen ist, wird bald als Siedlungsland gebraucht werden. Die Leute müssen

Schriftstücke verfassen, sie brauchen einen, der ihnen hilft, sich zurechtzufinden. Da du schriftkundig und weltgewandt bist, sollst du dieser Mann sein."

Nun war der Schusterssohn erst recht sprachlos über so viel Ehre. Aber er wusste, dass er dieses Amt bewältigen konnte. Er dankte Caspar und versprach, sich mit ganzer Kraft der Aufgabe anzunehmen. Als er den Raum verlassen wollte, hielt ihn der Herr zurück. „Heute ist von Frauenstein ein Bote mit einer Nachricht gekommen. Der Amtmann schreibt, man habe die Räuber gefasst, zwei kaiserliche Söldner seien es, die Monate als Raubgesindel in der Gegend ihr Unwesen trieben. Auf sie würde nun der Galgen warten. Der Fuhrmann Herklotz sei leider an seinen Verletzungen gestorben." Lobend wandte er sich direkt an seinen Untergebenen: „Er solle sich außerordentlich tapfer und umsichtig gezeigt haben, wird ausdrücklich erwähnt. Dafür gebührt Ihm auch mein Dank."

Mit einer Verbeugung und einem guten Gefühl verließ der einstige Postreiter und nunmehrige Siedlungsbeamte den Herrn. Er beschloss, jetzt müsse er unbedingt zu den Eltern, um ihnen von den guten Nachrichten zu erzählen.

28 ERSTAUNLICHE GEHEIMNISSE

Rege Geschäftigkeit herrschte auf dem Jesuitenhof in Komotau. Die Flucht Tausender Protestanten aus Böhmen hatte der katholischen Kirche riesige Besitzungen eingebracht. Doch die Menschen fehlten, die das Land bestellten, die Höfe versorgten, das Vieh betreuten. Dörfer lagen verlassen. Manche Flüchtlinge vernichteten selbst ihren Besitz, ehe sie nach Sachsen hinüber wechselten.

Eckhard beriet sich mit seinen Brüdern, was zu tun sei, um das Land zu bestellen. „Unsere wenigen Leute reichen nicht, wir müssen versuchen, die Geflohenen zur Heimkehr zu bewegen." Einer der Jesuiten gab zu bedenken, man habe schon Boten in die sächsischen Grenzdörfer gesandt. Die hätten sich redlich gemüht, Rückkehrer zu gewinnen, doch die Leute seien misstrauisch und blieben auf sächsischer Seite. In der Purschensteiner Herrschaft gebe es günstige Bedingungen für die Neuansiedlung. Ein anderer Bruder wusste zu berichten, Protestschreiben seien von der katholischen Kirche an den Kurfürsten in Dresden gegangen. Darin beschuldigte man die Exulanten, sie seien nicht des Glaubens wegen geflohen, sondern weil sie den Pflichten gegenüber ihren Herren nicht nachkommen wollten. Der Dresdner Georg hätte wohl alle Fälle genau prüfen lassen und festgestellt, es seien überwiegend Glaubensflüchtlinge, die in seinem Land um Exil gebeten und ordnete an, keiner von ihnen dürfe abgewiesen werden. Guter Rat war teuer.

Schließlich kam man zu einem Entschluss, unverdächtige Boten, einfache Leute denen man trauen könne, müssten in die jenseitigen Grenzorte geschickt werden.

Wenige Tage danach merkte Rosi, dass Ludolf etwas bedrückte. Die beiden waren sich in den letzten Jahren näher gekommen. Wenn sie miteinander sprachen, spürten sie eine große Seelenverwandtschaft. Mit der Zeit spross zwischen ihnen ein Pflänzchen, das sich wie Liebe anfühlte. Der Frau war nach der Begegnung mit ihrem Neffen Stück für Stück ihr ganzes Leben wieder bewusst geworden. Die Frage, warum und wie sie einst ins sächsische Marienberg gekommen war, beschäftigte sie wochenlang. Langsam fügte sich Teil für Teil zusammen. Ihr Mann Heinrich und sie flohen einst mit den beiden Buben aus Kaaden, weil man sie zwingen wollte, den katholischen Glauben anzunehmen. Klar stand plötzlich auch vor ihrem inneren Auge, wie einst der Vater, ein glühender Protestant, ihren Liebsten examiniert hatte, ehe er seine Zustimmung zu ihrer Heirat gab. Doch ihr Heinrich war nicht nur ein begnadeter Handwerker, er verehrte aus ehrlichem Herzen den Jan Hus ebenso wie den Martin Luther. So waren sie in der protestantischen Kirche in Brüx getraut worden und zogen bald danach in die Stadt Kaaden, wo ihr Angetrauter eine Schreinerwerkstatt betrieb. Sie erinnerte sich sogar daran, wie ihre große Schwester Maria lachend festgestellt hatte: „Unsere Familie ist gut versorgt, Möbel und Schuhe brauchen wir nicht zu kaufen, die machen unsere Männer."

All die Erinnerungen musste Rosi erst verarbeiten, so merkte sie anfangs gar nicht, wie Ludolf ihre Nähe suchte. Bis eines Tages die Vergangenheit in ihrem Herzen vernarbt und sie bereit war, sich einem neuen Leben zuzuwenden. Knecht Ludolf verstand es, sie behutsam dorthin zu führen.

Seine plötzliche Niedergeschlagenheit musste ernste Gründe haben. Normalerweise war der Mann immer gut gelaunt, manche seiner Scherze und Redewendungen brachte die ganze Mannschaft der Dienstboten zum Lachen. Auch die Jesuiten schienen ihm wohl gesinnt zu sein.

An einem Abend winkte er Rosi zu, sie möge mit ihm vor die Mauer in die Felder gehen. Diesen Spaziergang unternahmen sie häufig, wenn des Tages Arbeit getan war. Die anderen Mägde hänselten zwar manchmal: „Unser altes Liebespaar will allein sein." Rosi und auch Ludolf nahmen die Späße nicht übel. Jung waren sie wirklich nicht mehr. Rosi hatte die 50 schon überschritten und Ludolf zählte nur ein Jahr weniger als seine Angebetete.

Als sie eine Weile stumm nebeneinander gegangen waren, nahm der Mann ihre Hand. Erstaunt sah sie zu ihm auf. „Was bedrückt dich?" Nun brach es aus ihm hervor: „Bruder Eckhard will mich nach Sachsen schicken, ich soll Flüchtlinge zur Rückkehr bewegen. Das kann ich nicht! Auch will ich keinen Tag mehr ohne dich sein."

Überrascht stellte sie fest, dass ihr sonst besonnener Ludolf ziemlich durcheinander war und jetzt einmal ihren Rat brauchte. Warum er geflohene Protestanten nicht nach Böhmen holen wollte, ahnte sie. Schon lange war ihr klar geworden, dass der Knecht zwar im Dienste der Jesuiten stand, mit ihren Glaubenslehren aber nicht einverstanden war. Vor den Herren verbarg er seine Meinung und manchmal wunderte sie sich, dass er nicht auch geflohen war.

Rosi versuchte ihn zu beruhigen: „Warte bis Morgen, ich werde uns helfen." So recht verstand er nicht, was sie meinte, aber er vertraute der Frau. Als Rosi am nächsten Tag die Räume des Hausoberen in Ordnung brachte, suchte sie das Gespräch mit Eckhard. Der Jesuit hatte sie einst in den Wäldern gefunden und mit genommen. Sie war immer gut behandelt worden und man schätzte ihre Arbeit. Er wusste, dass sie schon lange mit dem Gedanken spielte, ihren alten Vater und ihre Schwestern in Sachsen aufzusuchen. Ihm war auch klar, sie käme womöglich nicht wieder. Trotzdem hatte er schon damals, als

Jan auftauchte, Verständnis gezeigt und konnte froh sein, dass sie bis heute geblieben war. Nun sprach sie über ihre Pläne.

„Ich habe gehört, Ludolf tritt eine Reise nach Sachsen an." Als der Hausobere das bestätigte, ahnte er schon, worum sie bitten würde. Halten konnte er sie nicht, sie war keine Leibeigene. „Wenn ich mich dem Knecht anschließe, könnte ich meinen alten Vater besuchen." „Ludolf soll einen wichtigen Auftrag für uns erfüllen und wird dich nicht bis zu deinen Leuten bringen können", gab er zu Bedenken. Eifrig und zuversichtlich erklärte ihm Rosi, sie könne sehr gut auch ein Stück allein vorankommen, der Krieg sei schließlich vorbei. „Es treibt sich noch genug Räuberpack herum", warnte der Jesuit. Er spürte, all seine Bedenken würden die Frau nicht zurückhalten. Schließlich stimmte er zu und an einem sonnigen Morgen machten sich die beiden Reisenden auf den Weg.

In der Stadt gab es einen Fuhrmann, der in Richtung Annaberg aufbrechen wollte. Auf dessen Wagen fand Rosi neben Getreidesäcken einen Platz, Ludolf saß mit auf dem Kutschbock. Die Straßen blieben ruhig und der Kutscher kannte sich gut aus. Oftmals lieferte er Getreide nach Sachsen und seit der Krieg vorbei war, blühte der Handel ganz langsam wieder auf. Der Mann erzählte zwar, die Straßen seien immer noch unsicher, es triebe sich allerhand Gesindel herum und mancher war schon deren Opfer geworden. Zufrieden stellte er fest: „Ich bin ganz froh, einen kräftigen Burschen dabei zu haben."

In Preßnitz wollten sie eine Pause einlegen. Ludolf sollte sich hier mit einem gewissen Hauptmann Rosenthal in Verbindung setzen. Der habe Erfahrungen mit Rückkehrwilligen, lautete die Order der Jesuiten. Allerdings hatte er nicht vor, diesem Befehl zu folgen. Als er dem

Fuhrmann den Namen des Mannes nannte, sah der ihn entsetzt an. „Was wollt ihr denn von dem Halsabschneider? Dem geht jeder anständige Mensch aus dem Weg."

Ludolf wurde hellhörig und fragte nach. Bereitwillig erzählte der Kutscher: „Den böhmischen Grundherren fehlen ihre Bauern, sie unternehmen alles, um die Flüchtigen zurück zu holen. Der Rosenthal ist ein ganz schlechter Mensch. Aus Stolzenhain waren voriges Jahr etliche Leute auf sächsisches Gebiet geflohen. Da hat sich dieser Hauptmann, um sich bei den böhmischen Herrn beliebt zu machen, eigenmächtig einen teuflischen Plan ausgedacht. Er drang mit 70 Bewaffneten in Sachsen ein, ließ die Leute mit Stricken zusammenbinden und nach Preßnitz ins Gefängnis bringen. Hier wollte man sie zwingen, römisch- katholisch zu werden. Die Leute beriefen sich auf den Friedensschluss, darüber hat der Gewalttäter nur gelacht. Schließlich boten ihm die armen Menschen all ihre Habe an, um sich freizukaufen. Wenn sie nicht den Bekehrungseid leisten und unterschreiben würden, könnten sie im Gefängnis verfaulen, ließ er verkünden. Nach drei Wochen waren sie so geschwächt, dass sie unterschrieben. Diese Bande bewacht ständig die grenznahen Felder und beobachtet, ob nicht etwa einer versucht, sich aus der alten Heimat ein wenig von seinem Besitz zu holen."

Eine Weile ratterte der Wagen weiter und die beiden Männer sprachen kein Wort. Rosi hatte von hinten dem Gespräch zugehört und meldete sich schließlich: „Wir sollten besser auf sächsischer Seite Rast halten." Erst dachte sie, man habe ihre Worte nicht gehört, merkte aber bald, der Fuhrmann hatte verstanden und Ludolf war froh darüber.

Im sächsischen Bärenstein verabschiedete man sich voneinander. Ludolf hatte eigene Pläne. „Der Ort ist nach dem Krieg durch viele Zuwanderer mächtig gewachsen und hier hat sich einer sesshaft gemacht, der auf uns wartete und dem wir vertrauen können", teilte er seiner verwunderten Reisegefährtin mit. Obwohl Ludolf noch nie hier gewesen war, fand er bald sein Ziel. Vor einem zweistöckigen Steinhaus blieb er stehen.

„Dort wohnt der Graf von Sternberg. Viele Jahre schon streitet er für den protestantischen Glauben. Oft half er uns, die wir drinnen in Böhmen ausharrten, wenn uns die Jesuiten gar zu sehr bedrückten. Als damals dein Jan bei uns auftauchte, war er im Auftrag dieses aufrechten Mannes unterwegs. Wenn er uns nicht Botschaft geschickt hätte, wären einige unserer Glaubensbrüder nicht mehr am Leben."

Seine Begleiterin konnte nur staunen, was ihr alles verborgen geblieben war. Die Heimlichtuerei von Jan hatte sie damals schon gewundert, dass aber der Knecht in die Sache verwickelt sei, war ihr nicht in den Sinn gekommen. Und sie dachte immer, Ludolf zu kennen.

Zum Nachdenken kam sie jedoch im Augenblick nicht, er zog sie auf das feine Haus zu und der Türklopfer schickte einen dumpfen Ton ins Innere. Nach einer Weile öffnete sich das Tor und ein alter Mann, anscheinend ein Diener, sah die Ankömmlinge fragend an. Ludolf bot einen freundlichen Gruß und ließ einen Satz hören, mit dem Rosi nichts anfangen konnte. „Die böhmischen Brüder lassen grüßen", hörte sie ihn laut und deutlich sagen. Der Alte verstand sofort, öffnete das Tor weit und seine Augen strahlten. „Da wird sich der Herr freuen."

Daheim bei den Eltern lebte Rosi als Kind in ordentlichen Verhältnissen. Reichtümer konnte Rektor Knorr zwar nicht anhäufen, aber ihr Haus war solide und gut eingerichtet gewesen und die Familie galt im Vergleich zu denen ihrer Freundinnen als wohlhabend. Sie erinnerte sich noch, wie sie immer voller Ehrfurcht das Studierzimmer des Vaters betreten hatte. Bücher bestimmten den Raum, der große Schreibtisch war stets ordentlich aufgeräumt und nur die Schreibutensilien und ein Stapel feines Papier lag bereit. Auch in der Küche, wo die Mutter ihr Reich hatte, fehlte es nicht an den nötigen Töpfen, Pfannen und Schüsseln. Die Wäschetruhe war gut gefüllt und nie mussten sie und die Schwestern zerrissene Kleider anziehen. Freilich Elisabeth als die Jüngste, trug die Röcke und Schürzen der Älteren ab. Rosi hatte sich als Kind und auch als junges Mädchen nie zu den Armen in der Stadt gezählt.

Was die Frau jetzt im Hause des Grafen sah, ließ sie an dieser Überzeugung zweifeln. Eine geschwungene Treppe führte in ein Obergeschoss, der Fußboden der Eingangshalle war mit feinsten Hölzern ausgelegt und ein Leuchter mit Dutzenden Kerzen hing von der Decke. Sie wagte sich kaum vorwärts zu gehen. Dann erschien ein älterer Herr. Das Gehen machte ihm sichtlich Mühe, er stützte sich auf einen Stock. Als er die Besucher entdeckte, leuchtete sein Gesicht auf und er kam, so schnell er vermochte, auf Ludolf zu und umarmte ihn.

Das Alter hatte ihn klein gemacht, er reichte dem Ankömmling kaum bis zur Schulter. „Endlich bist du gekommen", rief er aus und Rosi meinte, ein Schluchzen in seiner Stimme zu hören. Dann wandte er sich ihr zu, deutete eine Verbeugung an und entschuldigte sich, dass er nicht zuerst sie begrüßt habe. „Die Freude hat mich übermannt, ich sitze einsam in dem Haus und sehne mich nach meinen alten Freunden. Es ist immer ein Glück, wenn ich Nachricht erhalte oder gar einer nach mir schaut. Wenn ich meinen treuen Alfred nicht hätte, wäre ich verloren", begründete er seine Rührung.

Dann rief er nach dem Diener, gab Anweisung, er möge

für eine gute Mahlzeit sorgen und Zimmer für seine Gäste herrichten. Der Gerufene, obwohl auch nicht mehr der Jüngste, wieselte durch das Haus und schien aus ehrlichem Herzen die Freude seines Herrn zu teilen.

Bald saßen sie in einem Zimmer, das Regale mit Büchern, tiefe Sessel und ein großer Tisch füllten. Diener Alfred hatte Feuer im Kamin gemacht und auf einem kleinen Tisch Tee serviert. Die Köchin sei dabei ein Festmahl zu bereiten, verkündete er dem Hausherrn mit einem Augenzwinkern.

Der Graf wollte zuerst von Ludolf wissen, wie es bei den Jesuiten aussehe, ob sie es nun geschafft hätten, alle Protestanten zu vertreiben. Ludolf sprach mit dem Mann, als wäre er seinesgleichen. Rosi überraschte die Vertraulichkeit und sie befürchtete, das sei respektlos. Für die Männer schien diese Art des Austausches normal zu sein, anscheinend kannten sie sich schon sehr lange. Still hörte sie zu und erkannte ihren Freund kaum wieder. Sachen wusste der! Ihr Vater wäre nicht klüger, dachte sie.

Schließlich verlangte Sternberg über Ludolfs Begleiterin Auskunft zu erhalten. „Du wirst staunen", Rosi verschlug es die Sprache, jetzt redete er den Grafen sogar mit Du an. Aber auch das schien normal zu sein und Ludolf klärte auf: „Die Rosi ist die Tante von jenem Jan, den du uns vor wenigen Jahren mit deiner Warnung geschickt hast. Sie kam auf abenteuerliche Weise auf den Jesuitenhof und wir wollen uns zusammentun", dabei sah er sie zärtlich an und griff nach ihrer Hand.

Die Frau errötete, freute sich jedoch sehr darüber, wie sich Ludolf zu ihr bekannte. Jede Einzelheit wollte Sternberg über ihr Leben wissen, und so erzählte Rosi bald ohne jede Hemmung, woher sie stammte, welch schlimmes Schicksal sie erleiden musste, und auch vom Verlust ihrer Erinnerungen berichtete sie.

Aufmerksam hörte der alte Mann zu und schien von dem Leid betroffen zu sein. Als sie endete, meinte er: „Ich glaube das Schlimmste, was einem passieren kann, ist es, ein Kind zu verlieren." Dann sah er Ludolf liebevoll an und ergänzte: „Nicht jedem widerfährt das Glück, so einen Verlust durch einen anderen Menschen ersetzt zu bekommen."

Jetzt erfuhr Rosi, warum die beiden so vertraut waren. Der einzige Sohn Sternbergs und dessen Frau wurden einst Opfer der Pest. In der Zeit seiner größten Verzweiflung wollte es das Schicksal, dass von der gesamten Familie eines Freundes nur Ludolf die Seuche überlebte. Er nahm den Kleinen, als er gerade mal fünf Jahre alt war, bei sich auf und zog ihn groß. „Später wurde er mein zuverlässigster Helfer. Er war es, der im Namen der Rosenkreuzer in Böhmen Glaubensbrüder vor dem Kerker oder gar dem Scheiterhaufen rettete. Im Jesuitenhof lebte er als Knecht und hat vielen Menschen geholfen, rechtzeitig zu fliehen."

Was Rosi an diesem Tag erfuhr, musste sie erst einmal verdauen und sie war froh, als der gute Alfred meldete, der Tisch sei gedeckt. Nach dem reichhaltigen Mahl, war sie so müde, dass sie fast am Tisch einschlief. Sternberg sah ihr das an und ließ sie in ihr Gemach bringen. Ein wunderbar weiches Bett mit duftenden Laken erwartete sie. Kaum hatte sie sich niedergelegt, war sie auch schon eingeschlafen.

Die Männer saßen noch Stunden beisammen und besprachen, was sich in vielen Monaten ereignet hatte. Ludolf beschäftigte noch eine Frage: „Warum hast du dich hier im Gebirge niedergelassen, in Meißen warst du doch ein geachteter Mann und deine Verbindungen reichten bis an den Hof des Kurfürsten?" „Das ist eine wenig erfreuliche Geschichte", ließ sich der Ältere bedrückt vernehmen.

Dann erzählte er seinem Ziehsohn, was ihm widerfahren war. Als Sternberg zu Beginn des Krieges nach Meißen floh, ließ sich nicht verbergen, dass er ein beträchtliches Vermögen besaß. Auch der Kurfürst erfuhr von dem neuen Untertanen, der in keiner Weise auf Almosen angewiesen war wie die meisten Zuwanderer. Geldnot war am Hofe schon immer ein Problem gewesen. Die aufwendige Hofhaltung, dazu noch der Krieg, verschlangen Unsummen. Der Kurfürst beschloss, von dem Reichtum seines neuen Bürgers ein wenig für die sächsische Staatskasse abzuzweigen. Er bat Sternberg um ein Darlehen, doch der Graf lehnte das Ansinnen rundweg ab. Wohl war er sich bewusst, dass sei nicht ungefährlich. Er beschloss deshalb, sich weiter entfernt von der Residenz anzusiedeln. „Als ich dieses Haus kaufen konnte, glaubte ich mich in Sicherheit. Doch man beschuldigte mich, unerlaubt aus Meißen fortgezogen zu sein. Bis heute habe ich meinen Besitz noch nicht wieder bekommen, ein großer Teil wanderte nach Dresden."

Ludolf meinte, dass sei doch auch Willkür. Dem konnte Sternberg nicht widersprechen. „18 Kisten mit Silbergeschirr, viele Kleidungsstücke, 82 Dutzend Tisch- und Tafeltücher, Bettzeug und noch einiges andere habe ich eingebüßt." Augenzwinkernd fügte er an: „Von dem Haus in Dresden, wo ich einige meiner Güter versteckt halte, hat man glücklicherweise am Hofe nie etwas erfahren. Doch man lässt mich jetzt in Ruhe und das ist mir wichtig. Unser Orden braucht keine Hilfe mehr und für meine letzten Jahre reicht das, was ich noch besitze", zählte der Mann resignierend seine Verluste auf. Lächelnd fügte er hinzu: „Für dich und deine, Familie, die du anscheinend gründen willst, wird auch noch etwas übrig bleiben."

Der Wein, das gute Essen, der aufregende Tag und die Geborgenheit in Sternbergs Haus ließen den Zuhörer schläfrig werden. Der Graf, der keine Müdigkeit erkennen ließ, räusperte sich und holt seinen Ziehsohn aus dessen Dämmerzustand. „Mein Junge, es tut mir leid, doch ehe du mit deiner Rosi ins Gebirge gehen kannst, habe ich noch eine große Bitte." Sofort war der Jüngere wieder hellwach. „Als ich Meißen verließ, wurde mir vieles genommen. Da niemand von dem Haus in Dresden wusste, blieb es unberührt. Mein guter Bleibetreu mit seiner Familie behütete in den vergangenen Jahren mein Eigentum. Ich möchte, dass du dort einmal nach dem Rechten siehst. Am liebsten wäre mir, wenn du mit deiner künftigen Frau dort dein Heim finden könntest. Für euren Lebensunterhalt wäre gesorgt."

Als er die Zweifel bei Ludolf spürte, setzte er hinzu: „ Nach dem Tod Georg I. ist sein Sohn jetzt Kurfürst. Er führt zwar einen noch aufwendigeren Hof als sein Vater, soll sich aber um dessen vergangene Fehden nicht scheren. So berichtete es mir ein Vertrauter."

Dann erläuterte er seine weiter reichenden Pläne. Er wollte seine Schätze keinesfalls am sächsischen Hof verprassen lassen. Ludolf solle versuchen, so viel wie möglich zurück zu holen oder wenigstens eine Entschädigung erstreiten. Der alte Mann erläuterte ihm genau den Weg, wie das zu erreichen wäre und nannte ihm etliche Personen, die von Nutzen sein könnten. „Unsere protestantischen Glaubensbrüder haben so viel Leid erfahren und leben wegen ihrer Standhaftigkeit oft in größter Armut. Jeder wieder gewonnene Taler soll ihnen zugutekommen."

Ludolfs Gefühle waren zwiespältig, einerseits hatte er seiner Liebsten versprochen, ihre Familie aufzusuchen und sich in deren Nähe anzusiedeln, anderseits bot sich in Dresden ein sicherer Beginn für ein gemeinsames Leben. Er wusste aber auch, er konnte dem Grafen keinesfalls die

Bitte abschlagen. Nach einem kurzen Bedenken räumte er ein: „Ich werde mit Rosi reden, wenn sie einverstanden ist, gehen wir erst mal nach Dresden."

Ein wenig enttäuscht war die Frau, sie kämpfte immer mit der Angst, sie könne zu spät kommen und der Vater wäre nicht mehr am Leben. Sie verstand aber, dass Ludolf seines Ziehvaters Begehr nicht abschlagen konnte. Freilich erkannte sie auch die Vorteile. In der Stadt ein fertiges Haus bewohnen zu können, wäre allemal besser, als im Gebirge erst bauen zu müssen. Schließlich waren sie beide auch nicht mehr die Jüngsten, und ein wenig Sicherheit war nicht zu verachten. Nach all diesen Überlegungen erklärte sie den Männern, sie sei einverstanden und fügte lachend hinzu: „Ich lasse meinen Ludolf doch nicht allein in eine Stadt ziehen, wo es so viele schöne Frauen geben soll." Woher sie das wüsste, wollte der Graf wissen. „Man hört so allerhand", gab sie neckisch zurück und freute sich, wie glücklich sie den alten Mann mit ihrer Entscheidung gemacht hatte.

Noch zwei Tage blieben Rosi und Ludolf in Sternbergs Haus. Der schien die Stunden zu genießen und meinte, er wolle sein „Haus bestellen", schließlich wisse man nicht, ob man sich je wieder sehen würde. Es war wenig sinnvoll, ihm das ausreden zu wollen, es spürte, sein Leben neigte sich dem Ende zu.

Am letzten Abend sagte er zu seinen Gästen, er sei zufrieden und mit sich im Reinen, er habe nicht umsonst gelebt. Ludolf übergab er eine ansehnliche Summe und bestimmte, das Haus solle nach seinem Tode verkauft und der Erlös an Glaubensflüchtlinge gehen. Mit seinem Freund, einem Advokaten aus Annaberg, habe er alles besprochen und ein Schriftstück hinterlegt. Zum Abschied nahm er Ludolf wie Rosi fest in den Arm und wünschte ihnen Gottes Segen.

Rosi merkte den beiden Männern an, wie schwer ihnen der Abschied fiel und dachte sich, wie oft man doch im Leben Menschen verlassen muss und doch immer wieder neue findet, die einen ein Stück begleiteten. Sie war so froh, ihr Leben, zu dem auch die Vergangenheit gehörte, wieder gefunden zu haben. Sie war ihrem Ludolf dankbar, ihr dabei geholfen zu haben. Ein letztes Winken, dann wanderten sie davon, in ein Leben, von dem sie ein wenig Glück und Frieden erhofften.

29 DAS DORF AM WILDBACH

Eine Lichtung am dicht bewaldeten Ahornberg ließ den Blick frei auf einige kleine Anwesen, die sich an beiden Seiten des Wildbaches schmiegten. Noch vor wenigen Jahren beherrschte ausschließlich Wald den Landstrich.

Jan sah mit ein wenig Stolz auf das winzige Dorf. Er konnte mit Recht sagen, einen Anteil am Entstehen der Siedlung zu haben. Sacht streichelte er die winzige Gundula, das jüngste Mitglied der kleinen Gemeinde. Ihr Bruder Kuno lag in einiger Entfernung im Gras und beobachtete voller Hingabe, wie ein Käfer immer wieder ansetzte, einen Halm zu erklimmen. Jan liebte die Kinder, obwohl es nicht seine eigenen waren. Zu Schwester Hilda und ihrem Mann gehörte das niedliche Pärchen. Als es im Bergflecken Seiffen gar zu eng wurde, da viele böhmische Flüchtlinge eine Bleibe suchten, hatten sich die jungen Leute mit noch acht anderen Familien um Bauland beworben.

Hilda hauste mit ihren Kindern in den letzten Monaten vor dem Umzug bei den Eltern. Deren winziges Häuschen platzte aus allen Nähten. Selbst für Jan blieb, wenn er mal heim kam, nur in der Küche vor dem Ofen ein Schlafplatz. Ihm machte das nichts aus, die meiste Zeit war er unterwegs und besaß eigentlich keine feste Wohnstätte. Er blieb, wo er gerade zu tun hatte.

Der Purschensteiner Herr, Caspar von Schönberg, hatte ihn an den Kurfürsten empfohlen und so verantwortete, organisierte und beriet Jan die Leute, die sich am Rand der alten Dörfer ansiedeln wollten. Gemeinsam mit Oberförster Poppe und unter Aufsicht des Amtmanns Römer auf Frauenstein war er für die Auswahl und die Aufteilung der Grundstücke zuständig. Auch wenn es Probleme in den neuen Siedlungen gab oder die fälligen Abgaben eingetrieben werden sollten, hatte er das zu klären.

Ihm selbst war es noch immer nicht gelungen, eine Familie zu gründen und sesshaft zu werden. Bei seinen Besuchen im Elternhaus lag ihm die Mutter jedes Mal in den Ohren, er solle sich endlich eine Frau suchen und ihr noch ein paar Enkelkinder bescheren. Er tat ihre Vorhaltungen immer mit einem Lachen ab und tröstet, der Kuno und die Gundula seien doch so liebe Kinder und sie könne ihre Großmuttergefühle an den beiden austoben. Seufzend gab sie ihre Vorhaltungen an diesem Tag auf, um bei seinem nächsten Besuch genau an dem Punkt wieder zu beginnen.

In Jan machte sich die Überzeugung breit, es sei zu spät für ihn, sich nach einer Frau umzusehen. Es wäre wohl sein Schicksal, dass immer wieder neue und wichtige Aufgaben eine Brautschau vereitelten. So abenteuerlich wie in den schlimmen Kriegsjahren war sein Leben zwar nicht mehr, doch war er mit seiner derzeitigen Mission zufrieden. Es erfüllte ihn mit Befriedigung, wenn dem Wald wieder ein Stück Siedlungsland abgerungen war und er das Glück der Leute über das eigene Haus und das kleine Stückchen Land sah.

Die Kinder seiner Schwester hingen an ihm und der kleine Kuno stimmte bei jedem seiner Besuche ein Freudengeheul an. Das winzige Mädchen streckte ihm die Arme entgegen, es wurde ihm ganz warm ums Herz, wenn er das Dingelchen hoch nahm und umher trug. Auch heute war Hilda froh gewesen, als ihr der Bruder die Rasselbande für eine Zeit abnahm. Es war noch so viel im Haus und dem kleinen Garten zu tun.

Da saß er nun, der einstige Krieger, den es stets nur nach Abenteuern gelüstet hatte, mit zwei kleinen Kindern am Hang und genoss die friedliche Natur. Ein leichter

Sommerwind bewegte die Grashalme, Wolken zogen dahin und tauchten die Wiese abwechselnd in helles und dunkleres Grün. Gebannt beobachtete er, wie die Schatten über die Hügel wanderten. Gundula war eingeschlafen. Jan nahm diese Ruhe in sich auf und fühlte eine unbekannte Gelassenheit in sich einkehren.

Noch heute musst er sich mit den Siedlern treffen und in den nächsten Tagen wieder nach Frauenstein hinüber reiten. Die Beratungen mit den Leuten würden nicht einfach werden. Er schob die Sorgen beiseite, jetzt wollte er den Blick auf die Berge, die Stille des Tages und die Nähe zu den Kindern genießen.

Am Abend traf man sich auf einem freien Platz, der einmal zum Dorfanger werden sollte. Jetzt sah es hier noch ziemlich verwildert aus, jede der neun Familien musste erst einmal das eigene Anwesen wohnbar machen.

Wenige Jahre lebten sie in ihrem neuen Dorf, bis jetzt war man steuerfrei gewesen. Alle wussten, dass diese Schonzeit nun vorbei sein würde und 20 Groschen Erbzins und 18 Groschen Dienstgeld zu zahlen waren. Jans Erscheinen verstanden sie alle, er würde ihnen heute sagen, wann sie ihre Abgaben zu entrichten hatten. Ihm fiel es nicht leicht die Leute an den Vertrag zu erinnern, sah er doch bei der Familie seines Schwagers, wie schwer der Anfang auf dem Neuland war.

Er beschloss, mit einer guten Nachricht zu beginnen. „Der Kurfürst will euch nicht unnötig belasten...", im Stillen dachte Jan, das sei dem sicher egal, wenn nur die Steuern regelmäßig flossen. Wofür immer neues Geld gebraucht wurde, war ihm bei seinen Aufenthalten in der Residenz anschaulich gezeigt worden. Oft musste er an die leichtfertige Zofe denken. Wie hatte sie gleich gesagt? Wenn das Geld alle ist, werden die Steuern einfach erhöht.

Sein langes Schweigen machte die Leute unruhig. Samuel Hennig vom linken Ufer des Wildwassers räusperte sich und rief den kurfürstlichen Vertreter zurück in die Wirklichkeit. „Welche Wohltat will uns der Fürst erweisen?" fragte er ein wenig ungläubig. „Ihr sollt für euer Dorf ein Fleckchen von 20 mal 30 Ellen bekommen und das soll euch kostenlos übergeben werden." Etwas verständnislos sahen ihn die Leute an, wofür sollte so ein Stückchen Land gut sein? Sein Schwager verstand zuerst. „Soll wohl zu einem Kirchhof dienen?" Jan nickte bestätigend. „Vorläufig wollen wir hoffen, dass ihr nicht so bald einen begraben müsst. Wenn ihr eure Verstorbenen bis zum Hirschbergischen Wald schaffen müsstet, wäre das doch sehr beschwerlich."

Hier hakte Caspar Wolff ein: „Mit den Siedlern da drüben am anderen Hang kommen wir sowieso nicht zusammen. Zu weit entfernt ..." Bestätigend ergänzte Karl, man könne ihr Dorf nicht mit Niederseiffenbach in einen Topf werfen, es müsse eine Klärung her. Schließlich lägen zwischen den beiden Siedlungen nicht nur der Seiffenbach, auch ein ganzes Tal, der Ort Seiffen und ein Berg würden sie trennen. „Der Amtmann wird sich der Sache annehmen, ich habe schon mit ihm geredet. Doch heute gilt es anderes zu klären."

Alle nickten verstehend, aber keinesfalls zufrieden. „Jetzt kommt die Rechnung", erklärte einer ein wenig bissig. „Ihr habt es alle gewusst und unterschrieben", mahnte Jan. Er zog ein Pergament hervor und las aus dem Schreiben, welches zu jener Zeit an den Kurfürsten geschickt worden war: „Weil wir nun gesehen haben, dass die neun Personen alles junge und arbeitsame Leute sind, und zum Anbauen Lust haben ." Er rief ihnen in Erinnerung, worum sie damals ersucht hatten. „Ihr wolltet von

Seiffen wegziehen und habt um Land gebeten, wo ihr euch ein Häuschen bauen könnt."

„Weil es drinnen gar zu eng geworden war", fuhr ihm Hanns Stephan dazwischen. Ein anderer gab zu bedenken, das meiste Holz sei schon geerntet gewesen und zum Flößen sei der Ort nicht geeignet, da er viel zu weit von der Flöha entfernt war. Der Kurfürst hätte größeren Gewinn von ihrem Kaufgeld für das Bauholz eingestrichen, als es wert sei. 100 Gulden habe man ihnen berechnet. „Jedes Jahr zahlen wir neun Gulden ab. Oft weiß ich nicht, wo ich die Summe im Frühjahr und im Herbst hernehmen soll", klagte der kinderreiche Hennig.

Jan versuchte die Gemüter zu beruhigen.

„Ihr habt euch so ein schönes Dorf angebaut, jeder besitzt ein Haus und sechs hohe Tücher Land. Also ein sechsmal 80 Doppelschritte langes und sechs Ellen breites Stück, wo ihr anpflanzen könnt. Wir haben damals den Boden gerecht verteilt, darauf geachtet, welches Stück fruchtbarer ist und ihr bliebt für den Anfang ohne jede Steuer." „Der Purschensteiner Herr gibt seinen Zugezogenen das Bauholz aber umsonst" räsonierte Christoph Fischer. „Dieses Stück gehört nun mal dem Kurfürsten, da gelten andere Regeln, und die habt ihr alle gekannt."

Langsam wusste Jan nicht mehr, wie er den Siedlern noch weiter zureden sollte und er ahnte schon, was sie als nächstes beklagen würden. Caspar Wolff meldete sich im selben Augenblick: „Der weite Weg und es schmeckt nicht mal so wie das Böhmische ..." Der Vertreter der Obrigkeit wusste, was er meinte. Die Leute waren verpflichtet, ihr Bier aus Rechenberg oder Frauenstein zu holen. Es hieß ausdrücklich in der Anweisung, fremdes und sonderlich böhmisches Bier einzuschleppen sei bei hoher und ernster Strafe verboten. Ihm war auch bekannt, dass noch weitere Lasten auf die Siedler zukommen würden. Heute wollte er jedoch erst mal Erb- und Dienstgeld durchsetzen. Wenn das ohne großen Widerstand gelänge, würde er bei seinem nächsten Besuch die Sache mit den Botengängen und dem Hutweidezins vorbringen. Er ahnte schon, dass er in Frauenstein noch weitere Pflichten erfahren würde, die er den Siedlern erklären musste. An solchen Tagen machte ihm sein jetziger Dienst keine große Freude. Er sah ja, dass ihr Stückchen Land die Familien nicht ernähren konnte. Keiner von den neuen Siedlern lebte nur von den Erträgen des Feldes. Als Glasmacher, Bergmann, Schuhmacher, Hufschmied und Karrenmacher verdienten sie ihren eigentlichen Lebensunterhalt.

Doch bei allem Verständnis sagte sich Jan, er habe schon weitaus größere Not gesehen, als sie in diesem neuen Dorf herrschte. Er wusste auch, sie liebten das Geschaffene und waren im Grunde zufrieden. Schmunzelnd hörte er manchmal ihren Plänen zu, die schon jetzt nach so wenigen Jahren von Erweiterung und Anbau kündeten.

Als er ein wenig erschöpft im Haus der Schwester seine Schlafstatt aufsuchte, war er doch mit dem Tag zufrieden. Er tröstete sich mit dem Gedanken, es stände den Leuten zu bei all den Mühen, die sie auf sich genommen hatten, zu versuchen, ihre Lebensumstände immer wieder ein wenig zu erleichtern. Er nahm sich vor, in ihrem Sinne würde er auch diesmal mit dem Amtmann verhandeln. Ehe er sich seine Argumente zurechtlegen konnte, war er eingeschlafen.

Der neue Morgen sah Jan schon zeitig auf dem Weg in Richtung Olbernhau reitend. Tief durchatmend genoss er die frische Natur. Jahre war der Mann schon in jeder Jahreszeit und bei jedem Wetter unterwegs und immer wieder konnte er sich an den Bergen und Tälern, an Wäldern und Wiesen erfreuen. Er liebte dieses einsame unterwegs sein. Besonders in den letzten Jahren ertappte er sich häufig, dass er über Gott und die Welt und über den Sinn des Daseins nachdachte.

An diesem Morgen gestand er sich ein, seine Nachdenklichkeit liege wohl an seinem fortgeschrittenen Alter. Er sah viele Dinge mit ganz anderen Augen als noch vor Jahren. Heute lächelte er über seine einstige Sucht nach Abenteuern und schätzte es, wenn er ruhige Tage und sichere Wege erwarten konnte. Immer öfter dachte er darüber nach, sich endlich ein eigenes Haus zu bauen. Seine Schwester und die früheren Gefährten lebten es ihm vor, wie man mit einem Ehegefährten an der Seite und einer Schar Kinder durchaus ein zufriedenes Leben führen könne. Wenn er auch die Vorhaltungen der Mutter immer mit einem Lachen abtat, dachte er wohl über ihre Worte nach. Die Eltern beschäftigten häufig seine Gedanken, er sorgte sich. Alt war der Vater geworden, die Mutter ließ sich ihre Beschwerden zwar nicht anmerken, aber er sah, wie schwer es ihr fiel, die täglichen Pflichten zu meistern. Er musste ihnen beistehen!

Ehe er nach Frauenstein hinüber wollte, hatte er sich vorgenommen, bei den Tanten in Grünthal und Oberneuschönberg vorbei zu schauen. Anna und ihr Schulmeister waren auch nicht mehr die Jüngsten. Sie würden Großeltern, hatte Anna ihm bei seinem letzten Besuch erzählt. Die Tochter war schon einige Jahre mit einem Hüttenarbeiter verheiratet und erwartete ihr erstes Kind.

Seine liebe Tante Elisabeth und ihr Ewald genossen in der neuen Gemeinde großes Ansehen. Wie eh und je kümmerte sich die Tante um jeden, der ihre Hilfe brauchte, und der Ewald war gar zum Gemeindevorsteher aufgestiegen. Das kleine Paulchen, das einst auf seinen Schultern geritten war, diente in der kurfürstlichen Garde und saß auf einem edleren Ross, als er es einst für den Kleinen gewesen war. Jan schmunzelte und fühlte, wie sich ein gutes Gefühl in ihm ausbreitete. Eigentlich konnte er mit seinem Leben doch ganz zufrieden sein. Die Familie war in der neuen Heimat angekommen, alle hatten ihren Platz gefunden. Der Herr in Pfaffroda, bei dem Jan regelmäßig einkehrte, schätzte sie. Einmal sagte er sogar, er hätte selten so treue Untertanen gehabt, wie die Nachkommen des Brüxer Schulmeister Knorr. Stolz hatte Jan seiner Familie von dieser Wertschätzung erzählt.

Aber... die Tante Rosi!? Von ihr hatten sie nie wieder gehört. Ob sie noch bei den Jesuiten lebte? Den Großvater konnte sie nun nicht mehr besuchen, wie sie es damals versprach.

Jan überquerte die Flöha und die ersten Häuser von Oberneuschönberg tauchten auf. Nun musste er seine Bestandsaufnahme erst mal abschließen und freute sich auf das strahlende Gesicht von Elisabeth. Die trat gerade aus der Haustür, als der Reiter sichtbar wurde. Wie ein junges Mädchen kam sie über den Hof gelaufen und das erwartete Strahlen empfing ihn. „Du wirst immer jünger", rief der Neffe, sprang vom Pferd und drückte sie so fest an sich, dass sie lachend abwehrte, „willst du mich umbringen!?" Elisabeth zog ihren Neffen ins Haus. „Du wirst hungrig sein, setz dich nieder, gleich sollst du eine anständige Mahlzeit haben."

Da Jan schon seit dem frühen Morgen unterwegs war, langte er tüchtig zu. Noch kauend wollte er wissen, wann Ewald nach Hause käme. „Das wird heute erst spät werden, er ist beim Herrn, will wegen einer Kirche mit ihm reden. Der Weg nach Olbernhau ist lang und im Winter beschwerlich. Wir wollen eine eigene Kapelle aufbauen. Ewald hofft, das Holz von der Herrschaft zu bekommen." Der Gast nickte, „bei euch geht es wohl gut voran?" Elisabeth konnte das nur bestätigen. „Wenn du mehr wissen willst, musst du mit meinem Gemeindevorsteher reden."

Jan wollte die Zeit nutzen und Tante Anna und den Schulmeister aufsuchen. „Am Abend bin ich wieder da. Mein Pferd stelle ich in euren Stall." Fröhlich gab die Frau zu verstehen, sie würde gut auf das edle Ross achten.

Ganz so glücklich schien Anna nicht zu sein. Zwar freute sie sich auch über den Besuch, klagte aber sogleich, sie sorge sich sehr um ihre Tochter. Die solle in wenigen Tagen niederkommen, sei gesundheitlich jedoch nicht auf der Höhe. Sie fürchte, die Geburt könne über ihre Kräfte gehen.

Jan hörte sich die Befürchtungen der Tante an, wusste aber, dass Anna schon immer, übervorsichtig gewesen war, wenn es um ihr Kind ging. Sich selbst hatte sie nie geschont, der Tochter aber alle Steine aus dem Weg geräumt. Er versuchte zu trösten, „es wird schon alles gut gehen, bald bist du Großmutter und kannst ein gesundes Enkelkind verwöhnen." Prompt bekam er die Meinung der Familie zu hören. Er solle nicht so gescheit daher reden, er habe es ja noch nicht mal zu einer Frau, geschweige zu Kindern gebracht. Da schwieg er lieber still und wechselte das Thema. Wie es denn in der Schule liefe, er habe gehört, dass mit dem Ende des Krieges ihr Mann wieder regelmäßig unterrichten würde. Anna ließ sich ablenken und sang ein Loblied auf ihren Angetrauten. „Er hat ja selbst in schlimmsten Kriegszeiten immer wieder seine Schüler zusammengeholt, so einen Lehrer bekommen die nicht gleich wieder." Stolz erzählte sie, durch die feste Anstellung sei das Einkommen der Familie gesichert. Man müsse nicht, wie in anderen Dörfern, ständig hinter den wenigen Pfennigen Schulgeld her rennen. „Mein Gemahl ist aber auch ein gelehrter Schulmeister und nicht nur einer, der den Kindern nebenher ein wenig lesen und schreiben beibringt."

Jan verabschiedete sich bald und war zufrieden, bei der Familie des Schulmeisters war alles in Ordnung. Am Abend konnte er seine Fragen beim Gemeindevorstand Ewald anbringen. Er wollte einige Auskünfte über die Bedingungen der Siedler in der Purschensteiner Herrschaft bekommen. Beim Amtmann auf Frauenstein hoffte er, mit diesem Wissen noch einige Verbesserungen für seine Leute aushandeln zu können. Jan fragte zielgerichtet nach den Leistungen, die an die Herrschaft zu erbringen seien und welche Rechte ihnen Caspar von Schönberg zugestanden habe. Ewald gab bereitwillig und sachkundig Auskunft. „Das Land hat die Herrschaft damals für 50 Gulden an die Siedler verkauft. Es war geräumt und jeder erhielt 40 Stämme Bauholz und zwei Bäume für Schindeln kostenlos. Erst nach drei Jahren mussten wir die Kaufsumme nach und nach abzahlen. In dieser Zeit waren wir völlig frei von Zinsen und Diensten."

Jan hörte aufmerksam zu, ergänzte dann: „Bei uns oben auf kurfürstlichem Land, erhielten die Leute den Boden kostenlos, hatten aber für das Bauholz in Raten 100 Gulden zu zahlen. Nach drei Jahren fallen nun Erbzins, Dienstgeld und Hutweidegeld an. Die Steuern bedrücken die Leute schwer." Der Mann der Tante schien zu vergleichen. „Wenigstens haben deine Bauern keine Hau- und Rechentage zu leisten. Bei uns gehen auf herrschaftlichen Wiesen und Feldern einige Tage drauf. Leider fällt unsere Ernte immer in die gleiche Zeit. Da gibt es schon manchmal Gemurre, wenn das eigene Heu noch nicht eingebracht ist."

Jan gab zu bedenken, der Kurfürst hätte hier oben schließlich kein eigenes Land zu bestellen. „Dafür müssen die Siedler aber in barer Münze zahlen." Ewald schien zu verstehen und gestand zu, dass sie weder Botengänge noch Jagddienste zu leisten hätten. Sie besäßen die Wasserfreiheit und freie Kirchenwahl. Heute hätte man ihm sogar Bauholz für ihre Kirche zugesagt. Sehr zufrieden ergänzte er: „Und wir können unser Bier holen, wo wir wollen." Das war für Jan ein Signal. „Ich glaube, meine Leute ärgert der Bierzwang noch mehr, als das Kirchengeld." Ewald nickt verstehend, „ihr müsst es aus Rechenberg oder Frauenstein holen, habe ich gehört. Ein sehr weiter Weg …"

Am Ende kamen die Männer zu dem Schluss, es ließe sich wohl an den Tatsachen nichts ändern. Auf kurfürstlichem Land herrschen andere Sitten, als bei der hiesigen Herrschaft. Ewald brachte es auf den Punkt: „Der Caspar von Schönberg ist eben ein besonders gnädiger Herr." Dem konnte dessen einstiger Botenreiter nur zustimmen.

30 GRÄFLICHER BESITZ

Kalter Novemberwind heulte um die Hausecken. Ludolf und Rosi kamen vom Elbufer, wo sie bei jedem Wetter ihren täglichen Spaziergang absolvierten. Es kam ihnen immer noch ungewohnt vor, dass sie über ihre Zeit allein verfügen konnten. Ein Leben lang bestand beider Tagesablauf nur aus Pflichten. Völlig frei und unabhängig zu sein, mussten sie erst lernen.

Wenn Rosi sich, wie sie es von Kind auf gewohnt war, im Haus nützlich machen wollte, stellte sie immer wieder fest, die beiden Frauen Bleibetreu hielten die Wirtschaft fest in ihren Händen.

Als das Paar vor Monaten in Dresden anlangte, zeigte sich der alte Diener hocherfreut. Der Ring, den Sternberg seinem Ziehsohn mitgegeben hatte, öffnete den Ankömmlingen nicht nur die Tür, sondern auch Bleibetreus Herz. Sorgenfrei und behaglich konnte er die letzten Jahre mit Frau und Tochter in dem schönen Haus leben. Er war dem Grafen dankbar für dessen Vertrauen und hatte gewissenhaft Eigentum und Anwesen gehütet. Dass jetzt Ludolf als Vertreter des Herrn auftauchte, empfand er als folgerichtig. Er hatte gewusst, einmal würde er Rechenschaft abgeben müssen. Mit gutem Gewissen konnte er berichten. Das Haus war wohl bestellt und die Abrechnungen stimmten bis auf den letzten Groschen. Im Grunde war er froh, nicht mehr die Verantwortung für Sternbergs Besitz tragen zu müssen.

Seine Ehefrau und die Tochter sahen die Veränderungen mit anderen Augen. Der Frau war klar, dass sie von nun an nicht mehr uneingeschränkt würde wirtschaften können. Ihrer Josefine, die nur das Finchen genannt wurde, hatte sie beigebracht, wie man ein solch vornehmes Haus pflegt und die reichen Wäscheschätze in Ordnung hält. Immer wieder stellte die Mutter fest, das Mädchen übertraf mit ihren Kochkünsten gar ihre eigenen Kreationen. Eigentlich wäre ihr Finchen für jeden Mann ein Gewinn gewesen. Zu einem ansehnlichen Weibsbild war es herangewachsen und ihre Aussteuer konnte sich sehen lassen. Der Graf hatte sich immer großzügig bei der Entlohnung gezeigt, und sie lebten fast ohne eigene Kosten auf dem schönen Grundstück. Die Mutter wusste jedoch, warum ihre Tochter, die nun schon mehr als dreißig Jahre zählte, immer noch als Jungfrau bei den Eltern war. Sie konnte sich auch denken, dass ihre Bekannten hinter vorgehaltener Hand von „der alten Jungfer" sprachen. Das Mutterherz tat ihr weh, wenn sie sehen musste, wie ihr Kind einfach nicht den richtigen Mann fand.

Freilich, das Finchen litt unter einem kleinen Fehler, ihr linkes Bein war von Geburt an ein wenig kürzer als das andere. Wenn sie daher kam, war ein Hinken nicht zu übersehen. Die Eltern sahen diesen kleinen Makel als nicht bedeutend an, aber die jungen Männer in der Stadt waren anscheinend anderer Meinung. Das Finchen Bleibetreu gab immer zu verstehen, ihr würde die Ehelosigkeit nichts ausmachen. Sie widmete sich mit ganzer Kraft und Hingabe der Hauswirtschaft. Außerdem war sie äußerst geschickt bei Näharbeiten, und lesen konnte sie auch noch. Der Vater hatte der Tochter sogar beigebracht, wie man mit feiner Schrift einen Brief verfasst. Auf all diesen Gebieten war das Fräulein eine Perle und sich ihres Wertes bewusst, darum wollte sie sich im Haus das Heft keinesfalls aus der Hand nehmen lassen.

Die ganze Familie Bleibetreu behandelte die neuen Hausbewohner als Herrschaften, denen es nicht zustand, niedrige Arbeiten zu verrichten. Jeder Wunsch wurde ihnen, noch ehe er ausgesprochen, sofort erfüllt. Rosi fand sich nur schwer in diese Rolle. Ein Leben lang war sie Dienende gewesen und sollte sich nun bedienen lassen? Das konnte sie kaum ertragen. Sie brauche eine Aufgabe, ließ sie Ludolf wissen, sonst würde sie noch trübsinnig bei all dem Wohlstand. Der empfand die neuen Umstände als angenehm. Er begriff einfach nicht, wie man mit so einem Leben unzufrieden sein konnte. „Genieße es doch einfach, bedient zu werden", redete er Rosi immer wieder zu. Schließlich tröstete er: „Sobald der Winter vorbei ist, reisen wie hinauf ins Gebirge und besuchen deine Leute."

Der einstige Knecht auf dem Jesuitenhof stammte aus einer anderen Kinderstube. Seine Familie gehörte einst in Böhmen zu den Wohlhabenden. Selbst als seine Eltern und die beiden Brüder der Pest zum Opfer fielen, konnte er durch Sternbergs Hilfe das gewohnte Leben weiter führen. Der Graf sorgte nicht nur für sein leibliches Wohl, er achtete darauf, dass der Junge eine gute Bildung erhielt. Wenn Ludolf sich erinnerte, lernte er Not und Elend eigentlich nur bei anderen Menschen kennen. Als er im Auftrag des Bundes in Böhmen tätig war, begegnete ihm viel Armut und Leid. Später, bei seinem Leben auf dem Jesuitenhof, musste er zwar wachsam sein, dass er nicht entdeckt wurde, aber um seine täglichen Bedürfnisse brauchte er sich nicht zu sorgen. Satt wurde er jeden Tag und die Arbeit machte ihm nichts aus, schließlich war er jung und stark. Als er dort noch seine liebe Rosi fand, war sein Glück vollkommen.

Er hatte in den vielen Jahren des Krieges und der Unsicherheit gelernt, dass man jeden Tag nehmen musste, wie er kommt. Über gute Zeiten solle man sich freuen und sie genießen. Kamen schlechte Tage, müsse man die eben auch meistern, so lautete seine Lebensmaxime. Er war einer, der ein Auge für das Gute und Schöne hatte, und er fand an jeder Sache immer auch positive Seiten. Sein Spruch lautete selbst in den schwierigsten Lagen: „Wer weiß, wofür es gut ist." Er wünschte sich, seine Gefährtin würde die Welt ebenso sehen. „Du hast schließlich mit der Verwaltung des Besitzes eine Aufgabe", hielt ihm Rosi vor. „Die Josefine lässt mich ja kaum in die Küche, sobald ich nur einen Topf anfasse, tut sie als würde ich Schaden nehmen."

Ludolf merkte, er musste etwas unternehmen, um den Frieden im Haus zu erhalten. An einem Morgen bat er das Ehepaar Bleibetreu in den Salon. Er wusste, dass er sehr vorsichtig mit ihnen reden musste. Das Finchen hatte er nicht mit bestellt. Damit wollte er zu verstehen geben, die Eltern seien vor Jahren für die Hausverwaltung angestellt worden und nur mit ihnen galt es, Abmachungen zu treffen. Mit freundlichen Worten erklärte er den treuen Leuten, seine Frau solle in Zukunft einige Aufgaben übernehmen. Das Haushaltsgeld würde sie verwalten, die Einkäufe tätigen, die Pflege der Zimmer und die zu kochenden Speisen anordnen. Frau Bleibetreu möge so freundlich sein und seiner künftigen Frau alles zeigen.

Der Mann nahm die Anweisungen gelassen hin, seine Frau zeigte eine gewisse Unruhe. Der neue Hausherr konnte sich denken, dass es nicht um ihre Ehre, sondern um die von Josefine ging. Doch Frau Bleibetreu widersprach nicht und murmelte nur: „Wie der Herr befehlen."

In den nächsten Tagen ging das Finchen mit mürrischem Gesicht im Hause umher und zeigte sich tief gekränkt. Rosi verstand, was der jungen Frau zu schaffen machte und bemühte sich, sehr feinfühlig zu sein. Sie fragte oft nach, wie man in Haus und Küche dieses und jenes regelte und ließ sich manches zeigen, was sie eigentlich schon selbst herausgefunden hatte. Nach und nach taute die Beleidigte auf, sie erkannte, man schätzte ihre Arbeit durchaus. Rosi besprach jede Woche mit Josefine die zu kochenden Speisen und ging gemeinsam mit ihr zu den Fleisch- und Brotbänken. Sie ließ sich raten, wo es die beste Ware und preiswertesten Angebote gab.

Wie es Ludolf gehofft hatte, kehrte Harmonie im Haus ein. Wenn er manchmal die Frauen in der Küche überraschte, hörte er schon vor der Tür fröhlichen Wortwechsel und nicht selten lautes Lachen. An solchen Tagen ging er zufrieden wieder an seine eigenen Pflichten.

Das Finchen fasste zur Herrin, wie sie Rosi nannte, langsam Vertrauen. Die beiden kamen sich näher, und bald merkte die erfahrene Frau, Josefine war ganz und gar nicht glücklich. Was sie ihrer Mutter gegenüber nie zugegeben hätte, offenbarte sie. Die junge Frau litt ganz furchtbar unter ihrer Behinderung. Einmal zeigte sie ihren tiefsten Herzenskummer und geißelte sich selbst mit den Worten: „Wie eine Wackelgans komme ich daher, es ist kein Wunder, dass mich keiner will."

Als Rosi, die so viel Unglück erlebt hatte, das hörte, zog sie Finchen neben sich auf die Ofenbank und legte den Arm um ihre Schulter. Sie begann zu erzählen, schilderte, was sie in Josefines Alter durchleiden musste. Sie sprach von ihrer Flucht aus Kaaden, ihrem Leben in Marienberg und vom Krieg im Gebirge. Obwohl sie das selbst immer wieder erschütterte, beschrieb sie, wie ihre beiden Buben und der Mann ums Leben kamen.

Mit großen Augen hörte die Unzufriedene gebannt zu. Tränen des Mitleids konnte und wollte sie wohl auch nicht zurückhalten. Sie war tief berührt und versuchte, mit streichelnder Hand ihr Mitgefühl zu zeigen.

Lange Zeit war es ganz still im Raum. Das Finchen atmete tief auf und gab zu verstehen, ihr sei es eigentlich immer gut ergangen. Und wenn sie eben keinen Mann bekomme, würde sie auch so weiter leben. Mit Tränen in der Stimme setzte sie hinzu: „Ich hätte eben so gerne ein paar Kinder gehabt." Rosi tröstete: „Du bist noch nicht zu alt und wenn einer dich wirklich liebt, stört ihm dein kleines Wackeln bestimmt nicht. Du bist so ein kluges und tüchtiges Mädchen, jeder der Kerle kann froh sein, wenn er dich kriegt."

Von diesem Tag an, musste Frau Bleibetreu manchmal um ihr Muttervorrecht bangen. Ihr über alles geliebte Finchen schien mit der Herrin ein gar zu enges Verhältnis zu pflegen. Auch überlegte sie, ob es sich gehöre, wenn Dienstboten und Herrin so freundschaftlich miteinander umgingen. Weder Rosi noch Josefine machten sich solche Gedanken. Es herrschte eine gelöste und friedvolle Stimmung, damit waren schließlich alle zufrieden.

Als das Christfest näher rückte, meinten die Dresdener Frauen, nun müsse man Vorbereitungen treffen, um Striezel zu backen. Ein Glück, dass die nötigen Zutaten endlich wieder zu haben seien. Wenn man nur genug Taler besäße, konnten Mehl, Butter, Zucker und alle nötigen Gewürze aufgetrieben werden. Eifrig standen alle drei Frauen in der Küche, und Rosi wurde in die Geheimnisse der sächsischen Weihnachtsbäckerei eingeweiht.

31 ALLTAG IM FRIEDEN

Der Amtmann in Frauenstein wartete schon ungeduldig auf die Nachrichten, die Jan aus dem Gebirge mitbrachte. Aus Dresden war die Anweisung gekommen, Erbsteuer und Dienstgeld von den Neuansiedlern zügig einzutreiben. Die Hofhaltung in der Residenz war kostspielig.

„Den Leuten fällt es schwer, all zu wenig gibt der Boden dort oben her. Das Wenige was wächst, wird zu oft vom Wild vernichtet. Während des Krieges hat sich das Viehzeug zu einer echten Plage gemausert", begann Jan seine Schützlinge zu verteidigen. Von der Wildplage sprach man im ganzen Gebirge. Nicht nur Hirsch und Reh hatten sich unmäßig vermehrt, auch Wölfe trieben ihr Unwesen. Immer häufiger griffen Bären auch Menschen an. Ohne Scheu wagten sie sich in die Dörfer und man hatte Furcht, unbewaffnet die Wälder zu durchqueren. Von diesen Ärgernissen wusste auch der Amtmann. Er hatte, wie andere seiner Kollegen, nach Dresden davon berichtet. „Der Kurfürst will bald ins Gebirge herauf kommen und endlich wieder große Jagden veranstalten, hat man mir berichtet."

Jan horchte auf, kam hier womöglich schon wieder eine neue Last auf die Menschen zu? Er würde aufpassen und kannte die Verträge. Die Wildsbacher jedenfalls waren nicht zu Jagddiensten verpflichtet. Amtmann Römer nahm ihm sogleich seine Sorge: „Georg II. bringt Jagdhelfer und Treiber in großer Zahl mit. Er wird wohl besonders im Revier um Marienberg jagen." Dann kam er sogleich wieder auf die fälligen Abgaben zu sprechen. Der Viehbestand interessiert ihn besonders und er mahnte, die Leute sollten nicht vergessen, den Hutweidezins zu löhnen, dazu wären sie verpflichtet. Unwillig murrte Jan: „Die Siedler können sich kaum noch trauen, ihre Ziegen im Wald weiden zu lassen. Wölfe hat man auch da oben schon gesichtet." Der Amtmann wurde ruppig: „In wessen Dienst seid ihr unterwegs? Als kurfürstlicher Beamter solltet ihr etwas härter durchgreifen. Ihr macht euch zu sehr mit dem Volk gemein." Jan schwieg vorsichtshalber, es brachte niemanden Nutzen, wenn er sich mit der Obrigkeit anlegte. Sein Schweigen ließ den Vorgesetzten gleich noch eine andere Sache ins Gespräch zu bringen.

Gewichtig strich er ein Schreiben glatt, räusperte sich und trug vor, was die kurfürstliche Kanzlei anordnete: „Sonderlich aber da sie sehen, hören oder erfahren würden das höchstbesagte seiner churfürstliches Durchlauchtiges Ampte gehölzen, wildpahnen, Gränzten, bereumungen und Fischwasser oder anderen Herrlichkeiten, einiges Nachtheil und Schaden erfolgte. Solches alsbald ins Ampt anzumelden, und sich sonst als ehrlich treue leute zu verhalten."

Der Zuhörer verstand sehr gut, was man erwartete. Da ihr Siedlungsland nahe an Böhmen grenzte, gab es immer wieder Übergriffe auf sächsisches Territorium. Die Wilddieberei betrieb man von Böhmen aus neuerdings als gutes Geschäft. Jan vermutete, dass seine Bauern da oben nicht ganz unbeteiligt waren. Wer wollte es den Männern verdenken, wenn sie das Wild, das nur zu oft die Felder verwüstete, lieber als Braten in der Pfanne sahen als auf ihren Äckern. Er ahnte, diese neue Meldepflicht würde nicht unbedingt Begeisterung bei den Leuten hervorrufen. Ab und an eine Forelle aus den Bächen bereicherte die Mahlzeiten. Wenn er genau nachdachte, hatte ihm bei Schwester Hilda auch so mancher Wildbraten geschmeckt. Wenn nun jeder dieser kleinen Übergriffe gemeldet werden müsste, sähe es noch armseliger auf den Tischen aus. Bis heute hatte er das alles als eine Art Mundraub angesehen. Erklären musste er den Leuten die Anordnung zwar, aber kontrollieren könne er deren Einhaltung wohl kaum. Er konnte seine Augen schließlich nicht überall haben.

So nahm er auch diese neue Anweisung ohne Widerspruch entgegen und brachte noch das Anliegen der Leute über die Selbständigkeit ihres Dorfes zur Sprache. Hier rannte er offene Türen ein. Römer lag eine amtliche Verordnung vor, die besagte, die beiden Dörfer Seiffenbach seien zu trennen. Der Amtmann reichte ihm das Schreiben und er konnte die gleichen Argumente lesen, die schon die Siedler vom Wildbach vorgebracht hatten. Da eine große Distanz, hohe Berge und das Dorf Seiffen dazwischen liegen sind nunmehr „in zwey Dörfflein, oder gemeinden eingeteilt worden, und der orth, wo die benannten Drey erste angebaut haben, fürhin Niederseiffenbach der Andere platz aber am wildwasser gelegen, wo die Neune anbauen Ober Seiffenbach heißen."

Jan war sich sicher, das würde die Leute freuen. Sie waren jetzt ein selbständiges Dorf und ein Stückchen zu einem Gottesacker besaßen sie auch schon. Er war zufrieden, ihnen wenigstens eine gute Nachricht bringen zu können. Sein Schwager hatte schon angedeutet, weitere Familien wollten sich an dieser Stelle um Land bewerben.

Als er heimwärts unterwegs war, überlegte er ernsthaft, ob er sich nicht auch dort oben ansiedeln sollte. Aber das würde er vorher mit den Eltern bereden. Bei ihnen wollte er einkehren, ehe er hinauf nach Oberseiffenbach ginge. Genüsslich sagte er den Namen des nun selbständigen Dorfes „Oberseiffenbach" laut vor sich hin

Und wieder geriet er in seine Gedankenwelt. Mit Zufriedenheit dachte er, man könne ihn eigentliche als

Gründer dieser neuen Ansiedlung bezeichnen. Und das war ein sehr beglückendes Gefühl!

Als er das Haus der Eltern erreichte, wunderte er sich über die geschlossene Haustür. An schönen Tagen wie heute stand sie immer weit offen. Den Eltern wird es wohl zu kühl sein, wenn man älter wird friert man leichter, beruhigte er sich. Er trat ein und eine ungewohnte Stille empfing ihn. Doch schon näherten sich Schritte, die er als die der Mutter ausmachte. Sie trat aus der Tür der Schlafkammer und legte den Finger auf die Lippen. „Er schläft jetzt, die ganze Nach hat Vater gehustet." Verhärmt sah sie aus. „Er ist krank?" fragte Jan. „Gleich nach deinem letzten Besuch ging es los. Hustenanfälle, Müdigkeit … er wird immer weniger."

Maria schien verzweifelt, alle ihre Hausmittel brachten Gustav keine Linderung. Sie ahnte, was kommen würde. Fast fünf Jahrzehnte lebten sie zusammen, gute und schlechte Zeiten hatten sie gemeinsam durchgestanden. Die Heimat mussten sie verlassen, zwei anständige Kinder zogen sie groß. Nun war wohl die Zeit des Abschieds gekommen. Sie sprach diese Gedanken nicht aus, doch er verstand.

„Komm rein, bist du hungrig?" Dann saßen Mutter und Sohn am Tisch und schwiegen. Nach langer Zeit fragte Jan: „Soll ich einen Doktor holen?" Die Mutter sah ihn an, schüttelte mit dem Kopf, „der kann ihm auch nicht helfen." Jan fragte sich, woher sie das so genau wissen könne. In seine Gedanken hinein erhob sich die Mutter, „er ist aufgewacht", sie ging aus der Küche, und wieder wunderte er sich, woran sie das erkannt habe. Leise folgte er ihr.

Als er den Vater in seinem Bett liegen sah, ahnte er, was die Mutter schon wusste. Spitz war des Vaters Gesicht geworden, röchelnd ging sein Atem, er schien zu fiebern.

Vorsichtig hielt ihm die Mutter einen Becher mit Tee an den Mund. Ein heiserer Husten verhinderte, dass er trinken konnte. Sie legte ihm ein feuchtes Tuch auf die Stirn und nahm seine schlaffe Hand. „Unser Jan ist gekommen."

Da schlug Gustav die Augen auf, sein Blick war klar. Er gab zu verstehen, Jan möge näher kommen. Mühsam flüsterte er: „Kümmert euch um die Mutter." Jan musste sich ganz tief hinab beugen, um ihn zu verstehen. Beruhigend streichelte er den Vater und nickte ihm zu. Der schloss die Augen und schien wieder in einen tiefen Schlaf zu fallen.

In den nächsten beiden Tagen wechselten sich Mutter und Sohn ab. Stunde um Stunde saß immer einer am Bett des Kranken. Einen Nachbarsjungen schickten sie nach der „Wildsbach", wie die Leute die Ansiedlung nannten, der benachrichtigte Hilda. Sie war nach wenigen Stunden gekommen. Um ihre Sprösslinge kümmerte sich eine Nachbarin.

Gustav kam nicht wieder zu sich, er schlief hinüber aus einem Leben voller Arbeit und Sorgen, aber auch voller Glück und Zufriedenheit in die Stille einer anderen Welt.

Jan und Hilda kümmerten sich um eine würdige Beerdigung des Vaters. Elias Pistorius, der langjährigen Freund der Familie, kam und hielt eine zu Herzen gehende Predigt. Maria ertrug tapfer den Verlust und bestand darauf, in ihrem Schusterhaus zu bleiben.

Der Winter kam früh. Wochenlange herrschte eisige Kälte. Eine dicke Schneedecke hüllte die Berge ein. Winterstürme tobten über den Kamm. Da konnte sich kaum einer aus der Hütte trauen. Selbst das Wild wusste sich nicht zu helfen, es kam auf der Suche nach Futter bis in die Dörfer. Tausende Tiere erfroren.

Auch Menschenopfer forderte der Winter. Pastor Haberstroh aus Dörnthal erfror, als er auf dem Weg von

Sayda heimwärts war. Wehe dem, der nicht vorgesorgt und zu wenig Feuerholz gestapelt hatte. Maria und ihr guter Gustav trugen jeden Sommer Äste, Stockwurzeln und abgebrochene Stämme heim. Die Frau konnte sich nicht erinnern, dass ihnen jemals die Feuerung ausgegangen war.

Dieser Winter konnte einem Angst machen. Im Schuppen war sie schon bei der vorletzten Reihe der Scheite angekommen. Glücklicherweise lag noch ein ganzer Haufen Wurzeln auf dem Hof. Wurde es ernst, könne sie darauf zurückgreifen. Die Schneemassen müssten freilich weggeschaufelt werden. Sie war froh, dass Jan die meiste Zeit daheim war. Alle Straßen waren seit Wochen unbegehbar und er musste seinen Dienst ruhen lassen.

Wenn sie das Klopfen des Schusterhammers hörte, das aus der winzigen Werkstatt in die Küche herüber tönte, trieb ihr die Erinnerung immer wieder Tränen in die Augen. Sie musste sich dann stets klar machen, nicht ihr Gustav, sondern Jan war dort zugange.

Vater hatte noch etliche Paar Schuhe liegen, die er wegen der Krankheit nicht mehr reparieren konnte. Eines Tages erinnerte sich der Sohn, dass er beim Vater das Handwerk erlernt hatte. Ohne ein Wort ging er in die Werkstatt, setzte sich auf den Schemel, der ihm immer so zuwider gewesen war, und begann mit der Arbeit. Nach wenigen Stunden, als der erste Schuh fertig war und sich das Ergebnis sehen lassen konnte, spürte er eine Befriedigung, die er niemals erwartet hätte. Nun saß er Tag für Tag, die Mutter brachte ihm manchmal einen heißen Tee und zu den Mahlzeiten rief sie ihn in die Küche. Es war in diesen Winterwochen, als würden Mutter und Sohn in einer eigenen Welt leben.

Maria war dankbar für seine Hilfe und entkam der Einsamkeit. Jan schien auch nicht unzufrieden zu sein. Beide wussten, diese erzwungene Abgeschlossenheit würde nicht andauern. Sobald es das Wetter erlaubte, musst Jan wieder seine Siedler betreuen und die Aufträge des Amtmanns erfüllen. Schließlich stand er letztendlich im Dienste des Kurfürsten und konnte sich nicht in einer Schusterwerkstatt verkriechen.

Als Lichtmess heran rückte, besserte sich das Wetter. Sturm und Schneefälle schienen sich ausgetobt zu haben und herrlicher Sonnenschein ließ Eiszapfen und die weiße Pracht glitzern. Der Frost hielt an, war aber erträglich, die Straßen wurden begehbar. Schlitten von Pferden gezogen, kamen gut voran.

An solch einem sonnigen Morgen machte sich Jan auf, um die Siedler an die bald fälligen Steuern zu erinnern. Über die Eigenständigkeit ihres Dorfes und auch, dass sie ein wachsames Auge auf Leute haben sollten, die sich am Besitz des Kurfürsten vergreifen wollten, hatte er sie schon vor dem Wintereinbruch unterrichtet.

Sie wussten was gemeint war, keiner sprach es aus, und Jan erklärte nichts näher. Trotzig dachte er, sollen sie sich doch ihren Braten oder ihre Forelle holen, sie haben es nötiger als die in Dresden. Wenn er manchmal in die hungrigen Augen der Kinder sehen musste, packte ihn ein unbändiger Zorn auf die Verschwendung, die man in der Residenz trieb. Oft war er sich nicht sicher, wie lange er sich noch als Steuereintreiber betätigen würde. Den Leuten zu helfen, sich ein eigenes Haus zu bauen und dem Wald ein Stückchen Acker abzugewinnen, das machte ihm Freude. Ihnen jedoch das Brot vom Mund zu nehmen, tat ihm im Herzen weh. Und doch wusste er, Steuern und Dienste verlangen die Herren schon immer, das würde auch er nicht ändern können. Der Großvater hatte oft gesagt, der Herrgott habe es so eingerichtet. Es gäbe Herren und Knechte, das sei göttliche Ordnung.

Das Frühjahr brachte eine schnelle Schneeschmelze. Tagelanger Regen ging nieder. Selbst kleinere Wasserläufe traten über die Ufer. Wiesen und Felder verschlammten, an die Frühjahrsbestellung war noch nicht zu denken. Die Vorräte waren aufgebraucht, Hunger machte sich breit. Die geschwächten Menschen wurden für Krankheiten anfällig. Besonders die Kleinen litten. Seit Jahren waren nicht so viele Kinder wie in diesem Frühling gestorben. Auf dem kleinen Stückchen Land, das die Oberseiffenbacher für einen Friedhof erhalten hatten, fand man schon vier kleine Gräber.

Auch Hildas Familie war nicht verschont geblieben. Die niedliche Gundula, die Jan noch vor wenigen Monaten liebevoll umher getragen hatte, lag im ersten Kindergrab. Hilda war kaum zu trösten. Maria versuchte zu helfen, doch wusste sie, nur die Zeit würde die Wunde schließen. Die Tochter tat ihr unendlich leid. Als Großmutter trauerte sie auch um das Enkelchen, bei einer Mutter war der Schmerz sicher vielfach größer.

Dankbar dachte sie über ihr eigenes Leben nach. Kein Kind musste sie hergeben, ein guter Mann war Jahrzehnte an ihrer Seite. Gemeinsame harte, aber auch glückliche Jahre konnte sie mit ihm erleben. Die Vertreibung aus der alten Heimat war schlimm gewesen, doch alle aus der Familie konnten neue Wurzeln schlagen. Der furchtbare Krieg, hatte ihnen unerträgliche Not gebracht, aber es waren alle am Leben geblieben.

Bei diesen Gedanken kam ihr Rosi in den Sinn. Wie bedauerte sie deren Schicksal. Es schien, als hätte die Schwester für die ganze Familie die Opfer bringen müssen. Was mag nur aus ihr geworden sein?

Seufzend gestand sie sich ein, der Herrgott habe es gut mit ihr gemeint. Sogar jetzt im hohen Alter erlebte sie glückliche Tage. Ihren kleinen Enkel Kuno zog es immer wieder ins Haus der Großmutter. Sie freute sich zwar, doch kamen ihr auch Zweifel. Sollte das Kind nicht bei seiner Mutter sein? Der Kleine war so ein aufgewecktes Kerlchen und hätte Hilda womöglich über den Verlust des Mädchens hinweg helfen können. Als sie mit dem Schwiegersohn über ihre Bedenken sprach, meinte der, Hilda würde sich rastlos in die Arbeit am Haus und im Garten stürzen, das schien sie zu trösten. Wenn Kuno sich bei Maria aufhielt, wüssten sie, er wäre gut betreut und könnten ruhig ihrer Arbeit nachgehen. Also nahm die Großmutter das Geschenk dankbar an. Sie ließ den Jungen an all ihren Verrichtungen teilnehmen. Mit Begeisterung gingen sie gemeinsam in den Wald, sammelten Äste und Zapfen. Sie lehrte ihn, die Kräuter zu erkennen und wusste unversiegbar Geschichten zu erzählen.

Einmal war das Kerlchen verschwunden, sie suchte im Garten und bei den Nachbarn. Als sie begann, sich Sorgen zu machen, ließ sie ein leises Klopfen aufhorchen. Kam das nicht aus der Werkstatt? Leise öffnete sie die Tür. Da saß der Knirps auf Gustavs Schemel und hämmerte mit Hingabe auf einem Stück Leder herum. Erschrocken sah er hoch, als er sie bemerkte. Da übermannte es die Frau, sie nahm den Kleinen in den Arm und konnte die Tränen nicht zurück halten. Großmama, sei nicht traurig, ich habe geübt, wenn ich groß bin, will ich nämlich Schuster werden, wie der Großvater."

Nun war es erst recht um Marias Fassung geschehen. Hatte sie das nicht vor vielen Jahren alles schon einmal erlebt? In einer anderen Werkstatt und an einem anderen Ort, als Jan so ein kleiner Bub war, saß der ebenso eifrig auf seinem eigenen Schemel. Auch er hatte nur Schuster werden wollen – wie sein Vater.

Der „kleine Bub" saß zu eben dieser Zeit Amtmann Römer gegenüber. Der hatte sein rechtes Bein auf einen Schemel platziert und verzog vor Schmerzen das Gesicht. „Die Gicht!", stöhnte er. „Gerade jetzt, wo ich unbedingt an den Hof muss."

Jan ahnte, was von ihm verlangt wurde. Hatte er nicht vor Jahren den Botendienst für Caspar von Schönberg aufgegeben, weil er nicht ständig unterwegs sein wollte? Der Amtmann schonte ihn wahrlich nicht. Alles, was ihm unangenehm war, schob er ihm zu. Jetzt musste er anscheinend wieder in die Residenz. Viel lieber wäre er bei seinen Leuten in den neuen Dörfern gewesen. Da blieb auch für die Mutter ein wenig Zeit. Er gestand sich ein, die Tage im Winter auf dem Schusterschemel waren nicht die schlechtesten gewesen. Er sehnte sich einfach nach einem etwas ruhigerem Leben. Wenn er immer wieder nur auf den Straßen unterwegs war, würde er es nie zu einem eigenen Haus bringen. Er hätte es sich wirklich leisten können. Erst neulich rechnete er seine Taler zusammen und stellte fest, sie würden für ein anständiges Anwesen reichen. Eine Werkstatt könnte er einrichten oder vielleicht sogar einen Handel aufmachen. Verärgert stellte er fest, solange der Frauensteiner Amtmann bestimmt, was ich zu tun habe, bleiben das nur Träume! Ich kann ja nicht mal vorbringen, meine eigene Familie versorgen zu müssen. Einmal deutete er Römer an, er müsse sich jetzt mehr um seine Mutter kümmern, da der Vater nicht mehr lebe. Der Amtmann hatte ihn nur erstaunt angesehen, aber nicht auf seine versteckte Bitte reagiert.

Resignierend nahm er das Schreiben für die Dresdner Kanzlei entgegen, verstaute es in seiner Satteltasche und war wieder einmal unterwegs hinunter ins Elbtal.

32 WIEDERSEHEN

In den Schreibstuben am Hofe kannte Jan sich aus. Pflichtgemäß übergab er die Botschaft und wartete. Lange und genau prüfte ein Beamter den Inhalt. Jan trat von einem Fuß auf den anderen, hatte er doch gehofft, sich bald wieder auf den Heimweg machen zu können. Endlich sah der Gewissenhafte auf und ließ herablassend verlauten, es würde einige Tage dauern, bis er mit einer Antwort rechnen könne. Der Frauensteiner Amtmann verlange ausdrücklich, der Bote habe zu warten, bis der Fall geklärt sei. Voller Empörung dachte Jan, nun wisse er, warum Römer plötzlich einen Gichtanfall bekommen habe.

Ohne ein Wort verließ er die Amtsstube und war wütend wie lange nicht. Als er damals beim Herrn von Schönberg um eine andere Aufgabe gebeten hatte, wollte er genau das ändern, was er jetzt erlebte. Die Enttäuschung schürte seine Empörung. Er schimpfte sogar leise vor sich hin, als er sich auf den Weg hinunter zu Elbe machte. „Was bin ich jetzt? Wieder nur einer, der Botschaften überbringt! Der Auftraggeber ist sogar von niedrigerem Stand als damals."

Mit weit ausholenden Schritten, fast rennend, bewegte er sich auf den Fluss zu. Er brauchte Bewegung! Er war so erbost! Lange sah über das Wasser und beruhigte sich allmählich. Der Fluss war nach dem Frühjahrshochwasser in sein Bett zurückgekehrt. Am Rand sah man noch, wie weit er über die Ufer getreten war.

Oberhalb tauchte ein mächtiges Floß auf. Viele Baumstämme, aneinander befestigt, wurden von Flößern in die Mitte des Flusses dirigiert. Fast beneidete er die Männer. Geschickt balancierten sie über die Stämme und schienen das freie Leben zu genießen.

Doch langsam tauchte sein Verstand wieder aus dem Strudel des Zornes auf. Leicht ist deren Arbeit auch nicht, hatte er nicht schon oft von Verunglückten gehört, die zwischen die Stämme geraten waren? Bei Nässe und Kälte immer unterwegs, nein, er hatte keinen Grund die Flößer zu beneiden. Langsam verschwand das lange Floß um eine Biegung und Jan kehrte in die Wirklichkeit zurück. Er musste erst mal zu den Stallknechten gehen und sehen, dass er für die nächsten Tage ein Unterkunft bekam. Langsam trottet er wieder auf die Stadt zu.

In einiger Entfernung kamen ihm zwei Frauen entgegen, die anscheinend einen Spaziergang unternahmen. Es handelte sich wohl um Damen aus der besseren Gesellschaft. Ihre Kleidung ließ darauf schließen. Dem Hofstaat gehörten sie sicher nicht an, sonst wären sie mit Wagen oder Sänfte unterwegs. Interessiert schaute er ihnen entgegen und stellte fest, die Jüngere hat eine Blessur, sie hinkte ein wenig. Hat sich wohl bei dem ungewohnten Ausflug den Fuß vertreten, spekulierte er.

Dann übermannte ihn urplötzlich ein Gefühl, wie er es schon einmal erlebt hatte. Die Ältere der beiden Frauen kam ihm sehr vertraut vor. Noch wenige Schritten liefen sie aufeinander zu, dann blieb die Frau wie angewurzelt stehen und starrte dem entgegenkommenden Mann entgeistert an. Einen winzigen Moment war sie wie versteinert. Dann lief sie auf Jan zu, fiel ihm um den Hals und auch er hatte sie erkannt. „Mein lieber Neffe!" rief Rosi, „wo kommst du denn her?" Sie fasste ihn an den Händen und rief ihrer Begleiterin zu: „Es ist ein Wunder, es ist ein Wunder!"

Die junge Frau stand verlegen ein wenig entfernt und sah erstaunt auf das Schauspiel. Sie konnte sich einfach keinen Reim auf das sonderbare Verhalten der Herrin machen. „Komm her Finchen, sieh, ich habe den Sohn meiner Schwester zum zweiten Mal, wie durch Zauberei gefunden!"

Jan wurde die gar so überschwängliche Begrüßung der Tante vor fremden Augen ein wenig peinlich. Er sah der Begleiterin der Tante entgegen. Das Finchen, wie sie gerufen worden war, kam leicht lahmend näher. Die Verlegenheit war ihr anzusehen, ein leichtes Rot bedeckte ihr Gesicht. Zögernd gab sie dem fremden Mann die Hand. Der registrierte, welch angenehm festen Händedruck sie hatte. Von so einer zarten Person, dachte er, war das nicht zu erwarten.

Nachdem sich ihre erste Verwirrung gelegt, war von Schüchternheit nichts mehr zu spüren. Sie berührte Rosi, die sich immer noch nicht von der Überraschung erholt hatte, leicht am Arm: „Sollten wir deinen Neffen nicht ins Haus bitten." „Meine liebe Josefine, du hast wieder einmal den richtigen Gedanken! Ich bin noch ganz durcheinander und lasse den Jungen womöglich auf der Straße stehen", erwiderte die Tante. Jan wurde untergehakt und in Richtung Stadt gelenkt. Eine Möglichkeit seine eigenen Ziele zu verkünden, hatte er nicht. Rosis Glück war einfach überwältigend. Die Einladung kam ihm recht, er musste sich für die nächsten Tage sowieso um ein Bleibe kümmern. Bei der Tante einzukehren, war sicher komfortabler, als in einer Stallkammer zu übernachten.

Anscheinend gehörte dieses Finchen ebenfalls zum Hauswesen, er gestand sich ein, das war ihm ganz und gar nicht unangenehm. Beeindruckt betrachtete er nach einem kurzen Weg das feine Haus auf das man zusteuerte. „Wohnst du hier?" fragte er staunend. „Ja, mein Junge, komm rein, sieh dich um, gleich wirst du alles erfahren."

Das Fräulein Josefine war, sobald sie das Haus betreten hatten, verschwunden. Rosi zog ihren Neffen hinter sich her und rief lautstark nach einem Ludolf. Als er den Namen vernahm, stutzte er, hatte der Knecht damals auf den Jesuitenhof in Komotau, nicht genau so geheißen?

Aus einer Seitentür trat ein Mann, und obwohl er den nur einmal gesehen hatte, erkannte er ihn sofort wieder. Die blonden Haare, jetzt schon ein wenig ergraut, die lustigen Augen und die stattliche Figur. Das war der Knecht vom Jesuitenhof! Aber wie kam der zu so einem feinen Anwesen? Jan wurde die ganze Sache immer undurchsichtiger.

„Ludolf, sieh nur wen ich unten an der Elbe gefunden habe!" Rosi schob Jan in Richtung des Mannes. Der erkannte den Gast sofort wieder. „Das ist doch Sternbergs Bote, der uns damals so wichtige Nachrichten gebracht hat! Komm her, mein Freund, lass dich umarmen. Du ahnst gar nicht, welch großen Dienst du uns zu jener Zeit erwiesen hast." Jan stand ziemlich sprachlos im Hausflur und hoffte, man würde ihn bald aufklären. Die beiden spürten seine Verwirrung.

Ludolf öffnete die Tür zu einem Zimmer, das fast so vornehm aussah wie die Räume auf dem Schloss bei den Schönbergs. Staunend trat der Gast ein. Man setzte sich in tiefe Sessel, die um einen Tisch platziert waren. Kaum hatte man Platz genommen, kam das Finchen mit einem Tablett herein. Sie sah Rosi an und meinte, man müsse dem Gast schließlich etwas anbieten. Rosi lächelte Jan zu, „ich sage es immer wieder, die Josefine denkt einfach an alles." Sich der jungen Frau zuwendend: „Ich danke dir für deine Umsicht, du bist wirklich eine Perle." Finchen knickste höflich und verschwand.

Ludolf beobachtete schmunzelnd seine Rosi, sie platzte fast vor Neugier. Kaum blieb Jan die Möglichkeit, von dem Wein zu probieren. Er musste erzählen! Über jede der Schwestern wollte die Frau genaueste Auskunft haben, besonders das Befinden des Vaters bewegte sie. Als Jan sagen musste, der Großvater sei schon vor einigen Jahren und sein eigener Vater Gustav vor Monaten gestorben, schwieg sie betroffen und begann zu weinen. „Ich habe immer befürchtet, dass ich zu spät komme", klagte sie. Dann verließ sie weinend das Zimmer.

Betroffen schaute Jan auf den Mann. „Lassen wir ihr eine Weile Zeit. Seit Monaten liegt sie mir in den Ohren, wir müssten hinauf ins Gebirge. Der Winter... bei euch oben war er sicher noch schlimmer." Jan konnte das nur bestätigen, wochenlang sei kein Durchkommen gewesen. „Jetzt wo es Frühling wird, werden wir euch besuchen."

Dann forderte er den Gast auf zu berichten, was er in der Residenz zu tun hätte. Der erzählte von seinen Aufgaben bei der Ansiedlung böhmischer Exulanten und stieß auf reges Interesse. Er hielt auch nicht mit seinem Unmut hinter dem Berg und deutete an, er wolle einfach nicht mehr ständig nur auf den Straßen zugange sein.

Verstehend nickte Ludolf. „Das wird sicher auch deiner Frau nicht gefallen." Fast verzweifelt klagte Jan, er habe es noch nicht einmal geschafft, sich eine Frau zu nehmen und einen eigenen Hausstand zu gründen. Es sei wohl sein Schicksal, immer nur Bote zu sein. Bei diesem Seufzer lächelte der Hausherr. „Als Hermes bist du anscheinend unentbehrlich." Jan verstand die Anspielung und dankte innerlich wieder einmal dem Großvater. Auch aus der griechischen Geschichte hatte der ihm einiges beigebracht. „Als Götterbote sehe ich mich nun nicht gerade, mir wäre es recht, wenn Aphrodite mal bei mir vorbei schauen würde."

Die beiden Männer sahen sich an, fühlten große Sympathie füreinander und begannen gleichzeitig zu lachen. Im gleichen Moment kam Rosi zurück und nahm ein wenig verwundert die fröhliche Stimmung wahr. Sie schien ruhiger geworden zu sein und fand es an der Zeit, dass man Jan Aufklärung gab. Stunden saßen sie zusammen. Das Leben von Jahrzehnten musste erzählt werden. Als es längst dunkel geworden war, tauchte Fräulein Josefine wieder auf und gab artig zu verstehen, sie habe im Esszimmer das Abendmahl angerichtet. Rosi registrierte belustigt, das Finchen gäbe sich heute besonders vornehm. Ob das mit dem Gast zusammenhing?

Beim Abendessen versiegte das Gespräch immer noch nicht. Ludolf schien verwundert, als Jan andeutete, Elisabeths Sohn diene bei der Kurfürstlichen Garde. Da er in den wenigen Monaten seines Aufenthalts in Dresden schon Verbindungen knüpfen konnte, kannte er einige Zusammenhänge. Die Hinweise seines Ziehvaters öffneten ihm so manche Tür. Was er über die Garde wusste, ließ ihn aufhorchen und er klärte Jan auf, diese Einheit bestände eigentlich nur aus Kroaten. Er wundere sich, wie Elisabeths Sohn dort dienen könne.

Der wusste jedoch nichts Genaueres und Ludolf nahm sich vor, die Sache bei Gelegenheit zu hinterfragen.

Jan gefiel es in dem gut eingerichteten Domizil ausgezeichnet. In den nächsten Tagen lernte er auch das Ehepaar Bleibetreu näher kennen. Dessen Tochter hielt sich auffallend oft in der Nähe des Gastes auf. An Schüchternheit litt sie nicht und Jan fand, man könne sich gut mit ihr unterhalten. Schon bald wechselten sie heimliche Blicke, die natürlich von Rosi sehr wohl bemerkt wurden. Ihr gefiel, was sie da beobachten konnte. Sie hätte es beiden gegönnt, wenn sie zueinander fänden.

Sie ahnte nicht, die Liebe hatte das Fräulein Josefine Bleibetreu so sehr getroffen, dass sie gar ihre gute Erziehung vergaß. Für Jan stellte es keine Hürde dar, ihre Einwilligung zu bekommen, sie am Abend in ihrer Kammer aufzusuchen zu dürfen. Finchen warf alle Ermahnungen der Mutter über Bord und empfing ihre erste große Liebe. Vor Aufregung wurde ihr abwechseln heiß und kalt und sie zitterte so sehr, dass sie kaum reden konnte. Der Erfahrene verstand es, ganz sacht alle Bedenken der Frau mit zarten Küssen und liebevollen Streicheln zu vertreiben. Als er sich nach Stunden von Josefine verabschiedete, gestand sie sich ein, nie zuvor etwas Schöneres erlebt zu haben. Sie nahm sich vor, mit all ihrer Liebe darum zu kämpfen, damit diese Nacht sich unendlich oft wiederhole.

Mit weiblichen Spürsinn ahnte Rosi schnell, hier geschah mehr als der Austausch von heimlichen Blicken. Sie teilte Ludolf ihre Beobachtungen mit, der natürlich erstaunt meinte, er habe nichts gemerkt. Was sie sich wieder einbilden würde. Da lachte die Frau, „Männer..., die haben für so was keinen Blick." Ludolf reagierte auf seine Art. Er nahm sie in den Arm, schwenkte sie herum und meinte: „Da können wir doch eine Doppelhochzeit feiern!"

In der Tat, es war an der Zeit, ihre Beziehung vor Gott und der Welt zu legalisieren. Als Knecht und Magd mochten sie als Liebespaar durchgehen, aber wenn sie angesehene Bürger der Residenzstadt sein wollten, konnten sie nicht in „wilder Ehe" leben. Bei den hohen Herren im Schloss, wo jeder Mann der auf sich hielt, eine Geliebte unterhielt, gehörte das zwar zu den Privilegien, für sie aber galten andere Sitten. Ludolf und Rosi hatten sich geschworen, ihr Leben gemeinsam zu führen. Da gehörte es sich, dies auch vor dem Altar zu bezeugte. Rosi durfte gar nicht darüber nachdenken, was ihr gestrenger Herr Vater zu ihrem Lebenswandel gesagt hätte.

Nach zwei Wochen bekam Jan seine Botschaft ausgehändigt und musste wieder hinauf ins Gebirge. Gerne hätte er die Annehmlichkeiten noch eine Weile genossen und wäre, besonders dem Finchen zuliebe, geblieben. Die Pflicht rief und die Mutter würde sich schon wundern, wo er so lange bliebe. Sie war es zwar gewohnt, dass er tagelang unterwegs war, aber diesmal hatte er ihr versprochen, bald wieder daheim zu sein. Jan bedankte sich herzlich für die Gastfreundschaft und besonders bei dem Fräulein Josefine für deren liebevolle Betreuung. Finchen wurde nun doch einmal verlegen.

„Bald sehen wir uns in Seiffen wieder", versprach Ludolf und Rosi ergänzte: „Sollen wir Josefine mitbringen?" Sie zwinkerte ihrem Neffen verschwörerisch zu: „Natürlich nur, wenn sie das möchte." Wie aus einem Munde erwiderten die beiden, wie sehr sie sich freuen würden, sich bald wieder zusehen. Er ritt davon und Josefine sah ihm noch lange nach, in ihrem Herzen wuchs eine Hoffnung.

Ludolf war fest entschlossen, Rosi den Wunsch zu erfüllen und noch in diesem Sommer hinauf ins Gebirge zu reisen. Er musste vorher noch einige Geschäfte in die Reihe bringen. Am Hof und besonders in militärischen Kreisen nutzte er seine Verbindungen. Graf Sternberg hatte ihn gewarnt, er solle seinen Besitz zusammenhalten, aber nicht auf Konfrontation gehen. Aus dem ständigen Geldmangel in der Schatulle des Kurfürsten ließe sich, wenn man es nur klug anstelle, sogar Nutzen ziehen. Diesen Rat beherzigte er und so schuldeten ihm in der Zwischenzeit etliche hohe Offiziere anständige Summen. Da sie nur spärlich und unregelmäßig Sold erhielten, befanden auch sie sich in dauernder Geldnot. Gewohnt, ein luxuriöses Leben zu führen, blieb ihnen nur, sich Geld zu leihen. Des Grafen Ziehsohn war oft ihre letzte Rettung. Seine Zinssätze waren bezahlbar. Die Beträge, die er vorschoss, hielten sich in Grenzen. Reichtum würde er mit dieser Art von Geschäften nicht ansammeln können. Viel wichtiger war es ihm, Leute kennenzulernen, die ihm Türen öffneten.

Sternberg riet in jener Nacht, als sie beisammen saßen, er müsse geduldig sein und abwarten können. Am Ende solle er kein anderes Ziele verfolgen, als den beschlagnahmten Besitz wieder einzutreiben. In einem Testament verfügte er, aller Gewinn möge protestantischen Böhmen zugutekommen.

Nach einem warmen Vorfrühlingstag klopfte in der Dämmerung ein dunkel gekleideter Mann an seine Tür. Er kannte den jungen Offizier, der als Spross einer angesehenen adligen Familie beim Kurfürsten diente. Der Hausherr führte den Gast in seine Schreibstube. „Kommt Ihr, um eine Rückzahlung zu leisten?" Ludolf legte den Schuldschein bereit. „Es hat noch immer keinen Sold gegeben...", brachte der zögernd hervor. „Es ist gut, dass Ihr mir Bescheid gebt. Ihr begehrt also einen Aufschub?" Die Verlegenheit des Schuldner war nicht zu übersehen. „Ich wollte Euch bitten, mir noch einmal 5 Taler zu leihen."

Eigentlich tat ihm der junge Mann leid, aber er wusste auch, dass der noch an anderer Stelle verschuldet war. Die Würfel ließen ihn nicht mehr los. Hier war es angebracht, einige väterliche Ratschläge zu erteilen. „Setzt Euch!" Zaudernd nahm der Bittsteller Platz.

Ludolf sah ihm gerade in die Augen und fragte, wie er es anstellen wolle, jemals seine Schulden zu begleichen, wenn er immer neue mache. Er ließ durchblicken, dass er von der Spielleidenschaft wusste. „Mein Großvater wird mir sicher etwas vererben", brachte der junge Offizier leise hervor. „Euer Großvater lebt doch noch!" Ludolf war empört. „Aber er ist alt und krank." „Ist es ehrenhaft, auf den Tod des eigenen Ahnen zu spekulieren?"

Stumm sah der Mann vor sich hin, man spürte seine Verzweiflung. Womöglich droht ihm gar ein Duell, vermutete der Geldverleiher. Dann kam ihm eine Gedanke. „Gut, ich gebe Euch noch einmal fünf Taler, ich schreibe sie nicht einmal auf den Schuldschein, wenn ihr mir einen Dienst erweist."

Es war förmlich zu spüren, wie der Verzagte auflebte. „Bei der kurfürstlichen Garde soll einer dienen, der vom Gebirge oben stammt. Paul ist wohl sein Name. Den schickt Ihr mir binnen drei Tagen ins Haus, dann sollt Ihr die Summe haben." „Den kenn ich, ein sehr angesehener Unteroffizier, ist bei den Kroaten zugange." Nun wusste Ludolf, er würde den Mann finden.

Er sprach am Tag darauf mit Rosi und bereitete sie vorsichtig darauf vor, sie würde bald einen weiteren Verwandten bewirten können. Die wurde ganz aufgeregt und wollte genaueres wissen, doch der Mann hielt sich bedeckt und wartete ab.

Nach nur zwei Tagen, es war ein Sonntag, tauchte schon vor der Mittagszeit ein Uniformierter auf und gab dem Herrn Bleibetreu, der ihm die Tür öffnete, zu verstehen, er würde erwartet. Der wachsame Diener ließ den Fremden erst mal vor der Tür stehen und gab der Hausfrau Bescheid. Die rannte sogleich zum Eingang, schaute sich den schmucken Mann an und rief aus: „Dein Großvater war der Rektor Knorr aus Brüx!" Der Angesprochene wusste gar nicht, was er darauf erwidern sollte. Glücklicherweise kam Ludolf hinzu und meinte, man solle den Herrn Unteroffizier erst einmal herein lassen. Bleibetreu und Rosi versperrten das Tor und Paul war mit der Situation völlig überfordert.

Lachend fasste die Hausherrin nach der Hand des jungen Mannes: „Ich bin deine Tante, die Schwester deiner Mutter." Ein Leuchten ging über sein Gesicht, „du bist die verschwundene Tante Rosi", brachte er überrascht hervor.

Nun musste das Fräulein Josefine schon wieder einen Gast bewirten. Sie stellte fest, das sei zwar ein angenehmer junger Mann, aber keinesfalls mit Jan zu vergleichen. Sie nannte Jan innerlich den „Ihren." Dieser Paul war viel zu jung, ihm fehlten die Erfahrung und die Einfühlsamkeit des reiferen Mannes. Bei gründlicherem Nachdenken musste sie sich eingestehen, sie sei ziemlich ungerecht, da sie den heutigen Gast doch gar nicht kennen würde. Die Liebe, schalt sie sich, mache sie blind.

Die Gefühlswelt des Finchens interessierte in der großen Stube niemanden. Man war in wichtige Familiengespräche vertieft. Rosi wollte auch das kleinste Detail aus dem Leben ihrer Schwester Elisabeth wissen. Sie kannte ja weder den Vater von Paul, noch hatte sie ein Vorstellung, wie es sich in einem neu gegründeten Dorf im Gebirge lebte.

Der Neffe berichtete bereitwillig und sparte nicht mit Lob für den Herrn von Schönberg, der die Siedler so großzügig unterstütze. Er habe sogar dafür gesorgt, dass er, obwohl Sohn eines einfachen Bauern, eine Freistelle an der Landesschule Pforta erhalten habe. Drei Jahre habe er eine gute Ausbildung bekommen. Dann habe man ihn nach Dresden beordert, um als Furier bei der kroatischen Garde des Kurfürsten zu dienen.

Rosi war anzusehen, dass sie nicht verstand, was er vortrug. Er setzte zu einer Erklärung an: „Der Kurfürst ließ die Truppe anwerben und erhielt dazu die Genehmigung des Kaisers. Mit großem Prunk wurde sie in Pirna in Dienst gestellt und später in Dresden untergebracht. Wenn der Kurfürst mit der prachtvollen Leibgarde auftritt, herrscht großes Aufsehen. Der Fürst zahlt aus seiner Privatschatulle jeden Monat 852 Reichstaler für deren Unterhalt. Bald kam es jedoch in der Stadt zu Unstimmigkeiten mit den Bürgern. Die beklagten sich über das derbe Auftreten der

Kroaten und die hohen Kosten, die sie verursachten. Vom Hof kam die Bezahlung für die Quartiere unregelmäßig. Die Garde verlangte freie Kost und Logis, was ihnen vom Kurfürsten zugesichert worden war. Die Klagen der Bürger wurden immer lauter, es herrsche keine Ordnung bei der Einheit. Johann Georg II. berief Rittmeister Silly, der solle die Truppe disziplinieren. Ich und noch drei weitere Kameraden wurden zu seiner Unterstützung berufen. Wir haben die Kosten zu errechnen und die Forderungen der Bürger zu prüfen."

Nach dieser langen Rede musste der Neffe erst einmal nach dem Weinglas greifen, das Josefine serviert hatte. Ludolf merkte dem Jungen an, wie stolz er auf seine Mission war. Er fragte nach. „Ich habe gehört, der Silly sei verstorben." Eifrig nickte Paul und gab Aufklärung: „Sein Nachfolger ist der berühmte Vizekapitän Janko Peronski. Ein großartiger und mutiger Mann, er hat immer ein gutes Wort für seine Untergebenen, verlangt allerdings unbedingten Gehorsam."

Der Hausherr dachte sich, wie unsinnig die Taler verprasst werden, während das einfach Volk in größter Not vegetiert. Diese Gedanken behielt er für sich, er wollte den jungen Mann nicht verunsichern. „Da willst du wohl auch ein berühmter General werden?" fragte die Tante. Heftig widersprach der Neffe. „Das ist nur ein Befehl auf Zeit. Wenn ich hier entlassen werde, gehe ich heim. Meine Ausbildung auf der Landesschule ermöglicht es mir, eine gute Stelle zu bekommen. Ich könnte als Schulmeister oder als Beamter mein Auskommen finden", erklärte er sehr selbstbewusst.

Ludolf wünschte ihm Glück und tat kund, sie würden in weniger als zwei Wochen hinauf zur Familie reisen. Wenn er eine Nachricht mitgeben wolle, würden sie die gerne überbringen.

33 | DAS GLÜCK IM GEBIRGE

Endlich konnten Rosi und Josefine den Reisekoffer packen. Morgen sollte die Fahrt hinauf ins Gebirge beginnen. Die beiden Frauen genossen die Vorbereitungen. Ludolf schaute kritisch zu und ermahnte immer wieder, sie blieben doch nicht bis Weihnachten da oben und er wisse nicht wozu sie den ganzen unnützen Kram mitschleppen wollten. „Deine Schwestern haben sicher Bettzeug und ein Handtuch wird sich auch finden lassen."

Es schien, als wären sie taub, immer neue Sachen brachten sie herbei, der riesige Holzkoffer quoll über. Als die beiden Reisetanten auch mit vereinten Kräften den Deckel nicht schließen konnten, kamen sie endlich zur Besinnung und sortierten alles neu. So ging das nun schon tagelang. Selbst Mutter Bleibetreu schüttelte nur noch mit dem Kopf. Als Finchen gar noch auf die Idee kam, man müsse einen größeren Koffer nehmen, auf dem Speicher habe sie einen gesehen, schob Ludolf energische einen Riegel vor. „Der Postkutscher hat nicht so viel Platz auf dem Dach des Wagens, schließlich wollen andere Reisende ihr Gepäck auch unterbringen." Die Enttäuschung war zwar groß, aber gegen dieses Argument konnten sie nichts vorbringen.

Finchens Eltern hatten sich noch nie länger als einen Tag von ihrer Tochter getrennt. Der Abschied war tränenreich und die guten Ratschläge hätten ein ganzes Buch gefüllt. Ludolf beendete die Zeremonie mit dem Hinweis, sie würden weder auf den Mond noch nach Afrika reisen, sondern nur ins Erzgebirge. Er sah die Sache realistisch und wusste sehr gut, dass die Fahrt in der Postkutsche kein Vergnügen werden würde. Er konnte sich das Geholper schon vorstellen. In den letzten Tagen war es auch noch sehr warm geworden. Die Enge in der Karosse würde den Frauen zu schaffen machen. Die Strecke war keinesfalls an einem Tag zu bewältigen und sie mussten übernachten. Die Herberge in Frauenstein sei ganz passabel, es gäbe nur wenig Ungeziefer, konnte er in Erfahrung bringen. Außerdem mussten sie ab Frauenstein sehen, dass sie für das letzte Stück einen Wagen auftreiben konnten. Der Postmeister hatte ihm versichert, das wäre kein Problem, es stünden immer Bauern bereit, die sie auf einem einfachen Gefährt bis ans Ziel bringen würden. Er hoffte nur, dass sie kein weiteres Missgeschick, ein gebrochenes Rad etwa, aufhielt. Sorgen bereitete es ihm auch, dass sich da oben noch immer Räuberbanden herumtreiben sollten. Von diesen Befürchtungen ließ er natürlich nichts verlauten.

Bleibetreu und seine Frau hatten die Reisenden bis zur Poststation gebracht und winkten dem Wagen lange und sehr besorgt hinterher. Ludolfs Befürchtungen bewahrheiteten sich. Die Wege waren ausgewaschen, tiefe Löcher und große Steine ließen das Gefährt oft bedrohlich schwanken. Je höher man hinauf kam, umso halsbrecherischer gestaltete sich die Fahrt.

Zwei Damen und ein älterer Herr reisten mit ihnen. Erstere stießen unentwegt spitze Schreie aus. Der Mann schlief und ließ sich weder durch Wanken noch Geräusche stören. Ludolf wunderte sich, wie sein beiden Frauen die Tortur ertrugen. Weder Rosi noch Josefine zeigte Angst, sie schienen das Abenteuer zu genießen und machten sich gar noch über den Schnarcher, der ihnen gegenüber saß, lustig. Er beobachtete, wie sie sich gegenseitig Blicke zuwarfen und das Lachen kaum verbergen konnten. Ihm war es recht so und er dachte zufrieden, zimperlich sind sie nicht. Bei Rosi war das zu erwarten gewesen, hatte sie doch schon viel schlimmere Dinge in ihrem Leben durchgestanden. Wie allerdings das Finchen alle Unbill gelassen hinnahm, wunderte ihn schon.

Glücklicherweise brach weder ein Rad, noch begegneten ihnen Räuber. Die Herberge war sauber und das Essen annehmbar. Am nächsten Morgen stand ein Wagen vor der Tür, den der Wirt bestellt hatte. Das abenteuerliche Aussehen des Fahrzeugs ließ die Reisenden staunen. Den Leiterwagen hatte der Bauer durch Sitzbretter und eine aus Stroh geflochtene Überdachung verfeinert. Hilfsbereit half dessen Besitzer den „Weibsen" hinauf, was nicht ohne Gelächter und Gekreische abging. Ludolf kannte seine Angebetete kaum wieder, sie schien sich von Stunde zu Stunde zu verjüngen. Jeder noch so kleine Anlass brachte sie zum Kichern. Er setzte sich zum Bauern auf den Bock und registrierte hinter sich eine ausgesprochen fröhliche Stimmung.

Gegen Mittag fuhr man in eine kleine Stadt ein, die der Bauer Sayda nannte. Hier beabsichtigte man Rast zu halten, auch wollte Rosi das Grab ihres Vaters besuchen. Der Fuhrmann schüttelte bedauernd den Kopf, als sie ihn nach einem ordentlichen Gasthof fragten. „Einst war das ein blühender Ort mit Schule, Baderei und einem ansehnlichen, aus Stein gebautem Rathaus. Viele Unglücke hat die Stadt in den letzten Jahrzehnten erleiden müssen. 200 Häuser brannten ab, die Pest forderte 238 Opfer. 1634 haben die Kaiserlichen unvorstellbare Verwüstungen angerichtet, Kirche, Rathaus und Schloss zerstört. Fast am Ende des Krieges plünderten vier schwedische Regimenter vierzehn Tage lang in der Stadt und den umliegenden Dörfern." Entsetzt hörten seine Fahrgäste zu. Der Mann wusste, dass nach dem Krieg gerade 100 Einwohner in 76 Häusern übrig geblieben waren, alles andere hatte wüst gelegen. Den Gasthof würde man gerade wieder aufbauen, er wüsste nicht, ob man schon eine Mahlzeit erhalten könne.

Als sich Rosi vorstellte, wie der Vater hier gelebt haben musste, war es mit ihrer Fröhlichkeit vorbei. Sie suchten auf dem Friedhof Pastor Knorrs Grab. Eine alte Frau zeigte ihnen die Stelle. Als sie den Text auf dem Stein sahen, waren alle drei erschüttert.

Die Alte stand neugierig dabei und gab zum Besten, der Knorr sei ein verbitterter alter Kerl gewesen, der weder sich noch seine Schäflein geliebt hätte. Rosi wollte auffahren und den Vater verteidigen, aber Ludolf fasste nach ihrer Hand und flüsterte ihr zu, sie möge keine Widerrede halten. Sie wüssten nicht, was hier in den letzten Lebensjahren des Vaters geschehen sei.

Als sie wieder bei dem Wagen ankamen, hatte der Fuhrmann für eine einfach Mahlzeit gesorgt. Sogar ein Krug Wein stand auf einem Tisch, den man vor der Baustelle des Gasthofs aufgestellt hatte. Die Stimmung der Frauen ließ nichts mehr von Ausgelassenheit spüren. Sie mussten erst einmal verdauen, was sie über das Elend der Stadt gehört hatten, das noch überall zu sehen war. Rosi machte der böse Spruch auf dem Grab und die ebenso unschönen Worte der Alten zu schaffen.

Der Bauer merkte, dass seine Fahrgäste anscheinend keine Ahnung hatten von dem Leid, das allenthalben im Gebirge über die Menschen gekommen war. Rosi konnte sich am ehesten eine Vorstellung machen, erinnerte sie das Gehörte doch an die schlimmste Zeit in ihrem Leben, als der Krieg und die Pest ihre Familie auslöschten.

Die Weiterfahrt gestaltete sich nicht mehr so lustig. Glücklicherweise waren die Wege einigermaßen befahrbar und nach kaum drei Stunden erreichte man das Dorf, in dem Schwester Maria und Jan lebten.

Finchen gelang es am ehesten, die schlimmen Nachrichten beiseite zu schieben. Ihre Aufregung nahm sichtlich zu, je näher man dem Reiseziel kam. Die Gedanken an Jan ließen sie kaum noch still sitzen. Wird er daheim sein? Konnte sich ihre Hoffnung auf Liebe erfüllen? Wie würde Jans Mutter die Frau aus der Stadt, die auch noch lahmte, aufnehmen? Diese Gedanken drehten sich unentwegt in ihrem Kopf und sie war kaum noch ansprechbar. Ihr Herz pochte, die Hände wurden feucht, als man die Dorfstraße entlang rumpelte. Ein Knirps zeigte ihnen das Haus des Schusters.

Ludolf hob ihr Gepäck vom Wagen, entlohnte den Fuhrmann und ging auf das Haus zu. Er klopfte an die Tür, „ist jemand daheim"? Die Frauen blieben in einiger Entfernung stehen, es sah aus, als bewachten sie den riesigen Reisekoffer. Da öffnete sich die Haustür und eine ältere Frau schaute etwas kurzsichtig auf den fremden Mann. Ehe der sich vorstellen konnte, kam Rosi heran geeilt, zog die Frau in ihre Arme und begann hemmungslos zu weinen. Obwohl sie sich Jahrzehnte nicht gesehen hatten, war die Vertrautheit ihrer Kinderzeit gegenwärtig. Die Schwestern vergaßen rundherum alles. Maria zog Rosi ins Haus und wollte sie gar nicht wieder los lassen. Die Jüngere kam zuerst in die Gegenwart zurück: „Ludolf, Finchen, wo bleibt ihr denn?"

Die beiden standen ein wenig verlassen vor dem Haus und wussten nicht so recht, wie sie sich verhalten sollten. Auch die Hausherrin erinnerte sich an ihre Pflichten, lief zurück und begrüßte den Mann und die junge Frau. „Das ist mein lieber Ludolf und hier stelle ich dir eine gute Freundin von deinem Jan vor", mischte sich Rosi ein. Suchend sah sie sich um: „Wo ist denn dein Sohn?" Eben dieser Gedanke beschäftigte auch Josefine. Wo war er nur, für den sie diese Reise unternommen hatte? Seine Mutter winkte ab: „Der Junge ist schon wieder unterwegs." Als sie die Enttäuschung des Fräuleins spürte, schränkte sie ein: „Ganz in der Nähe wollen sich Siedler niederlassen. Er ist dort, um die Landzuweisung zu beaufsichtigen. Ich habe die Vermutung, dass er für sich selbst oben am Hörnel ein Grundstück reservieren will."

Im gleichen Moment schlich sich das Bürschlein, welches ihnen den Weg gewiesen hatte, in die Stube. Maria strahlte förmlich auf: „Komm her, Kuno, begrüße unsere Gäste." Zögernd und ein wenig eingeschüchtert, kam das Kind näher und reichte den fremden Leuten die Hand. Seine Unsicherheit erhöhte sich noch, als ihn die fremde Frau in den Arm schloss und weinend flüsterte: „Was für ein liebes Kerlchen." Verlegen machte er sich los und schmiegte sich an seine Großmutter. Die gab Aufklärung: „Kuno ist der Junge von unserer Hilda. Er ist die meiste Zeit bei mir, seine Eltern haben draußen am Wildbach eine Siedlerstelle angenommen und gar zu viel Arbeit." Von Kunos Schwester erzählte sie vorläufig nichts, sie ahnte nur zu gut, warum Rosi beim Anblick des Jungen so aus der Fassung geraten war. Sich dem Knaben zuwendend, bat sie ihn, er möge den Onkel Jan herholen und ihm sagen, der Besuch aus Dresden sei gekommen. Ehe sie den Auftrag noch recht ausgesprochen hatte, lief der Knabe schon los, um den Onkel zu suchen.

Erstaunt meldete sich Josefine zu Wort: „Kann der Kleine denn ganz allein gehen?" Maria lachte, „der kennt sich aus, weicht unserem Jan doch kaum von der Seite." „Ich würde gerne mitgehen, wenn ihr nichts dagegen habt." Die beiden Frauen sahen sich amüsiert und verstehend an. Maria rief den Jungen zurück: „Nimm das Fräulein aus Dresden mit und zeige ihr den Weg." So recht schien dem Kleinen das nicht zu gefallen, aber wenn die Großmutter es verlangte, musste er folgen. Der Jan hatte sicher überhaupt keine Zeit, sich mit so einer feinen Frau abzugeben. Als er spürte, die „feine Frau" konnte gar nicht so schnell rennen, wie er, erfasste ihn Mitleid und er griff nach ihrer Hand. Bei dieser Berührung erfasste das Finchen ein nie gekanntes Gefühl von Zärtlichkeit. Nach kurzer Zeit näherten sie sich einer Waldlichtung und sahen, wie einige Leute Holzpfähle in den Boden trieben.

Josefine erkannte Jan schon aus der Ferne, er schien Anweisungen zu geben und schrieb in ein dickes Heft. Sie blieb am Rand des Geschehens stehen, während der Junge zu seinem Onkel rannte und mit den Händen gestikulierend auf die Frau aufmerksam machte. Überrascht sah Jan auf und ein Lächeln verklärte sein eben noch so ernstes Gesicht. Den Leuten gab er ein Zeichen und lief auf Josefine zu. Die Freude über ihr Kommen war nicht zu übersehen und dem Finchen fiel ein Stein vom Herzen. Sie spürte sofort, ihre Hoffnungen hatten sie nicht getäuscht und zu geheimer Sorge gab es keinen Grund. Der Mann schien ihr noch genauso zugetan, wie vor Wochen.

„Eine Weile habe ich noch hier zu tun, dann komme ich sogleich heim. Kuno, du bringst die Tante zur Großmutter und sorgst dafür, dass sie sich von der Reise ausruht." Wie ein Soldat nahm der Kleine Haltung an und rief laut und deutlich: „Zu Befehl." Entgeistert sah Finchen dem Schauspiel zu. Jan gab lachend Aufklärung: „Kuno ist nämlich mein Adjutant." Der Junge nahm das Spiel allerdings sehr ernst. Er fasste wieder nach ihrer Hand und zog sie in Richtung Dorf. Bei der Großmutter angekommen, flüsterte er ihr zu, was Jan von ihm verlangt hatte. „Natürlich muss sich unser Besuch erst mal ausruhen", stimmte sie zu. „Du holst einen Korb voll Holz herein und ich stelle Wasser auf. Wir werden heute etwas Feines kochen." Diese Aussicht schien dem Jungen zu gefallen und schon war er unterwegs, um der Großmutter zur Hand zu gehen. Aber auch Josefine wollte sich nützlich machen. Als sie sah, wie Jans Mutter Wasser holen wollte, nahm sie ihr den Eimer aus der Hand und ging in den Hof, wo sie einen Wassertrog entdeckt hatte. Verwundert ließ es Maria geschehen und dachte nicht unzufrieden, das Fräulein weiß, wo es anzupacken gilt.

Ludolf und Rosi saßen im Gemüsegarten auf der Bank und genossen den Sommertag. Eine friedliche Stille und der Duft von Kräutern und Blumen hüllte sie ein. Nach der langen Fahrt waren sie doch ziemlich erschöpft. „Wir sind halt nicht mehr die Jüngsten", flüsterte Rosi ihrem Mann zu, als sie das emsigen Treiben Finchens beobachtete. „Deshalb wird es Zeit, dass wir endlich Hochzeit halten, andere Leute sind in unserem Alter schon Großeltern", kam Ludolf auf ihr Hauptthema zu sprechen. Träge nickte Rosi. „Wir sollten uns gleich hier oben trauen lassen. Da ist meine Familie in der Nähe, und in Dresden vermeiden wir unnötiges Aufsehen. Überrascht schaute sie der Mann an. Auf diesen Gedanken war er noch gar nicht gekommen. „Wir werden mit deiner Schwester und dem Neffen reden, ob das zu bewerkstelligen ist", stimmte er eifrig zu.

Es dauerte noch einige Zeit, bis Jan auftauchte. Entschuldigend erklärte er den Gästen: „Im Dorf wird es zu eng, etliche Auswanderer sind aus Böhmen zugezogen. Die Leute siedeln jetzt am Rand der Siedlung. Unsere Hilda und acht weitere Familien haben oben am Wildbach ein neues Dorf entstehen lassen. Nun erwarben sechs Leute, allesamt Exulanten, zwischen Orschberg und dem Einsiedler Land am Hörnel. Die Herrschaft der Schönbergs hat mich beauftragt, die Sache zu überwachen. Heute haben wir ausgemessen."

Ludolf hörte aufmerksam zu, dann erklärte er lakonisch, sie seien doch eigentlich alle Exulanten, die vor Jahren wegen ihres Glaubens vertrieben, hier in Sachsen eine neue Heimat gefunden hätten. Auf Josefine zeigend: „Unser Fräulein Bleibetreu ist natürlich eine waschechte Dresdnerin." Mit einem anzüglichen Unterton: „Aber sie scheint sich mit uns Zugewanderten ganz gut zu verstehen." Josefine bekam einen roten Kopf und wusste, was bei ihr selten war, keine passende Widerrede zu geben. Sie nahm sich vor, dem Ludolf bei passender Gelegenheit seine Spitze zurückzuzahlen.

Nach und nach senkte sich die Dunkelheit über das stille Dorf, die Vögel verstummten. Über den Bergen stieg der Mond empor, rund und hell tauchte er den Garten in ein Dämmerlicht. Josefine ließ sich vernehmen, sie habe so früh am Abend noch nie eine so friedliche Stunde erlebt. Rosi stimmte ihr zu, in der Stadt störe fast immer ein Geräusch die Ruhe.

„Wie glücklich wir sein können, dass der furchtbare Krieg endlich vorbei ist. Friedliche Stunden…, dieses Geschenk gab es lange Jahre auch bei uns hier oben nicht. Wenn man in ständiger Angst lebt, kann selbst die herrlichste Natur keine Ruhe bringen", meldete sich Maria zu Wort. Alle ließen die Worte auf sich wirken und wussten, wie Recht sie hatte. Nach einer Weile erhob sich Jan, er wolle noch ein Stückchen gehen. Auffordernd reichte er Josefine die Hand. Als sich die Jüngeren entfernt hatten, fühlte sich Rosi verpflichtet, ihrer Schwester die Vorzüge Josefines darzulegen. Maria nickte und meinte, sie hätte schon in den wenigen Stunden beobachtet, die junge Frau würde nicht vor der Arbeit davon laufen. Aber schließlich müsse Jan entscheiden und sie werde ihm weder zu- noch abraten. Heimlich befürchtete sie, der Junge folge dem Fräulein nach Dresden.

Genau das versuchte Jan in dieser Stunde dem Finchen klar zu machen. Ein wenig verschlüsselt deutete er an, gerne würde er endlich eine Familie gründen, aber er könne die Mutter nicht allein lassen. Seine Zukünftige müsse sich entschließen, mit ihm im Gebirge zu leben. Erstaunt sah Josefine zu ihm auf, und ihre Keckheit kam wieder zum Vorschein. „Soll das etwa ein Antrag sein?" Der Mann hatte nicht gedacht, dass sie so schnell verstehen würde und war überrascht, wie geradezu sie reagierte. Sie standen nahe beieinander und gerne hätte er das Mädchen in den Arm genommen. Ehe er sein letztes Zögern überwinden konnte, ergriff Josefine die Initiative. Sie nahm seinen Kopf in beide Hände und gab ihm einen innigen Kuss direkt auf den Mund. Der weltgewandte Jan stand sprachlos, wusste aber auf ähnliche Art ihre Zärtlichkeit zu erwidern.

Ein wenig atemlos nach dieser für Finchen ungewohnten, aber oft ersehnten Beschäftigung, schob sie den Mann ein wenig von sich. „Selbstverständlich ziehe ich zu meinem Mann." Dann zögerte sie, „wenn er mich trotz meines zu kurz geratenen Beines haben will." Ein wenig unglücklich zeigte sie auf ihre Füße. „Von Geburt an war das linke Bein kürzer als das rechte. Darum hinke ich auch wie eine Ente", brachte sie sarkastisch hervor.

Nun musste Jan unbedingt trösten, und er versicherte ihr sehr überzeugend, ihm störe das überhaupt nicht. Er liebe sie so, wie sie der Herrgott geschaffen habe und sie hätte so viele gute Seiten, die er gar nicht alle aufzählen könne. Josefine versuchte, die Erleichterung hinter einem Lachen zu verbergen. Dann fing sie aber doch zu weinen an. Jan verstand, was sie so bewegte und er versprach ihr, bis zum Ende seines Lebens für sie da zu sein… und übrigens sollten sie bald heiraten.

„Wir müssen deiner Mutter von uns erzählen. Sie muss mich auch mögen, wenn wir zusammen unter einem Dach leben wollen." Jan zögerte. „Ich wollte eigentlich ein Stück Land dort kaufen, wo du mich heute besucht hast." Das Finchen meinte, man könne doch erst mal bei der Mutter bleiben und wenn der Platz nicht mehr reichen würde, könne er ja anbauen. Jan dachte, praktisch ist das Mädchen und das sei kein schlechter Gedanke. Das Grundstück hatte Vater schon vor Jahren gekauft, Hilda besaß ihr eigenes und seine Taler könne er tatsächlich für einen Anbau nutzen.

Voller glücklicher Pläne kehrten die beiden in den Garten zurück und platzten mitten hinein in ein Gespräch, das sich auch um eine Hochzeit drehte. Ludolf rief ihm zu, er käme gerade recht, er wolle sich mit Rosi im Gebirge trauen lassen. Da fiel ihm seine Angebetete ins Wort: „Maria hat erzählt, ein Pastor Pistorius sei in Olbernhau tätig. Der Mann ist ein ganz guter Freund aus der Zeit, als ich in Marienberg lebte. Er war der Lehrer unserer beiden Jungen." Ludolf erschrak für einen Moment, er wusste, Rosi konnte noch nie über diese Zeit reden, ohne in Tränen auszubrechen. Doch heute schien alles anders zu sein, sie war so voller Glück und Zuversicht!

Jan wusste, der Pastor an der Olbernhauer Kirche, der einst in Marienberg die Kinder unterrichtete, hatte dem Großvater vor Jahren die Botschaft von Rosis schlimmen Schicksal gebracht. Als Jan selbst während des Krieges in Olbernhau als Defensioner diente, war er ihm wie ein Vater. „Pistorius selbst musste während des Krieges viel Leid mit seiner Gemeinde und am eigenen Leib ertragen", setzte er bedauernd hinzu. Er könne sich umhören, wann ein Gefährt nach Olbernhau aufbrechen würde. Sie hätten die Absicht, auch die beiden Schwestern Anna und Elisabeth aufzusuchen, da könne man mit dem Mann

Verbindung aufnehmen, überlegte Ludolf laut. Protestierend warf Maria ein, sie seien eben erst angekommen und sollten nicht schon die Weiterreise planen. Auch Josefine schien der Gedanke an einen baldigen Abschied überhaupt nicht zu gefallen. Jan spürte sofort, was sie beschäftigte. „Du könntest in der Zwischenzeit bei mir und der Mutter bleiben. Siehst dich um und prüfst, ob dir das einsame Gebirge als neue Heimat gefällt."

Überrascht vernahmen die anderen diesen Vorschlag. Maria dachte, jetzt ist es also soweit, er scheint sich endlich zu entscheiden. Ihr konnte das nur recht sein, er wollte also nicht in die Stadt. Sogleich stimmte sie dem Vorschlag zu. „Bei uns bist du gut aufgehoben. Du wirst sehen, im Sommer ist es wunderschön im Gebirge. Und wenn du die Berge und Wälder einmal lieb gewonnen hast, wird es dir auch im Winter gefallen."

Finchen konnte gar nicht so schnell denken, wie sich die Dinge entwickelten. „Aber zu den Eltern nach Dresden muss ich schon noch einmal. Sie wissen doch noch gar nichts von all den Neuigkeiten."

Liebevoll nahm Jan sie in den Arm, „wir werden zusammen nach Dresden fahren, schließlich muss ich bei Herrn Bleibetreu um die Hand seiner Tochter anhalten." Maria fragte vorsichtig an: „Da können wir wohl eine Verlobung feiern?" Die Verliebten sahen sich an und nickten der Mutter zu.

Maria stand auf, ging ins Haus und nach einer Weile kam sie mit einem Krug Wein zurück. Noch lange saß man beisammen und besprach die guten Vorhaben. Ehe man zu Ruhe ging, seufzte Rosi tief auf und brachte ihrer aller Gefühle zum Ausdruck. „Der Herrgott möge uns eine friedliche Zeit bescheren. Nicht gegenseitig umbringen sollen sich die Menschen sondern sich lieben und gegenseitig achten. Ich meine, das ist der wahre Sinn allen Glaubens."

34 NEUE SCHUHE

Nach einer Woche waren Rosi und Ludolf in Richtung Oberneuschönberg abgereist. Jan hatte sich um eine Fahrgelegenheit gekümmert und ihren Besuch bei Elisabeth von einem Boten ankündigen lassen. Er selbst war oft unterwegs und die beiden Frauen nutzten die Zeit, um sich kennen zu lernen. Die künftige Schwiegermutter stellte bald fest, das Finchen brauchte keinerlei Ratschläge, wenn es gilt, einen Hausstand zu führen. Sie verstand es, ein großes Haus zu verwalten. Dort unten in Dresden schienen sie jedoch nicht so sparsam mit allem umzugehen, wie Maria es gewohnt war. Jan hatte ihr erzählt, wer der Besitzer des Anwesens sei, in dem ihre Schwester und Ludolf lebten. Dieser Graf Sternberg tauchte seit Jahrzehnten immer wieder einmal in ihrer Familie auf. Oftmals hatte er ihre Dienste beansprucht. Damals, als sie noch in Brüx lebten, war ihr Gustav für den Grafen schon wichtig gewesen und das nicht nur, weil er ihm ein Paar feine Stiefel gemacht hatte. Maria bemerkte sehr wohl die Fremden, die meist bei Nacht auftauchten und wieder verschwanden, wenn sie auch nie darüber sprach. Vor einigen Jahren erhielt Jan vom Grafen jenen Auftrag, den die Männer so geheim hielten. Sie selbst beherbergte von Sternberg etliche Tage in ihrem Haus und pflegte ihn soweit gesund, dass er schließlich weiterreisen konnte. Nun handelte der künftige Mann ihrer Schwester auch in dessen Auftrag. Ludolf sei gar der Ziehsohn des Grafen, hatte ihr Rosi zugeflüstert.

Diesen geheimnisvollen Herrn schien ein unsichtbares Band immer wieder zu ihrer Familie zu führen. Viele Zusammenhänge verstand sie nicht, aber eines musste die Frau zugestehen, nie erfuhren sie Nachteile durch ihn. Er nahm zwar wie selbstverständlich ihre Hilfe in Anspruch, zeigte sich jedoch immer sehr großzügig. Dank seiner Taler gerieten sie und ihr Gustav niemals in große Armut. Manchmal kam ihr die Vermutung, ihr Haus hier wäre auch mit gräflichem Geld erworben worden. Geredet hatte ihr Verstorbener zwar nie über Einzelheiten, war aber immer voller Lob für Sternberg gewesen. Auch der Junge und Rosi sprachen mit allergrößter Hochachtung von dem Mann. Der künftigen Schwiegertochter war der Graf auch kein Unbekannter. Sie lernte ihn zwar nie persönlich kennen, erzählte aber, ihre Eltern besorgten in seinem Auftrag das Haus in Dresden. Maria beschloss, sich nicht in weitere Grübeleien zu verstricken und das Gute, was vom Grafen kam, einfach dankbar anzunehmen.

Jetzt freute sie sich erst mal, dass die jungen Leute in ihrer Nähe blieben und glücklich miteinander waren. Sie bemerkte natürlich, dass in der kleinen Kammer, in der Josefine die Nächte verbrachte, oft ein weiterer Gast einkehrte. Freilich, ihr Vater wäre empört und würde ihr Vorwürfe machen und von Sünde sprechen. Sie empfand das, was dort geschah, nicht als sündhaft, schließlich waren die beiden alt genug und sie gönnte ihrem Jungen wie auch dem Finchen das Glück.

Es war nicht zu übersehen, wie das Fräulein regelrecht aufblühte. Wenn der Sohn Zeit hatte, versuchte er behutsam, seine Liebste mit dem Leben hier vertraut zu machen. Er zeigte ihr die schönsten Aussichtspunkte, erklärte die Gegend und war sogar mit ihr in die neue Siedlung zu Hilda gewandert. Maria tat es nur leid, wenn sie sah, wie schwer dem Finchen das Laufen fiel. In der Stadt waren die Straßen ebener. Wenn Jan Josefine über Waldwege bergan und bergab führte, befürchtete sie manchmal, es könne der jungen Frau zu anstrengend sein.

Seit einigen Abenden ließ Jan die beiden Frauen allein und sie hörten, wie er in der Werkstatt zugange war. Die Mutter fragte sich, was er wohl dort tat. Von Reparaturaufträgen wusste sie nichts, vielleicht hatte er unterwegs einen erhalten und sprach nur nicht darüber, schob sie ihre Neugier beiseite.

Nach einer Woche kam er mit geheimnisvollem Gebaren zu den Frauen in den Garten und verlangte von seiner Verlobten, sie möge den Rock hochheben und ihm das linke Bein reichen. Maria wollte schon einschreiten, das gehöre sich nun wirklich nicht, doch dann schwieg sie beeindruckt still. Hinter seinem Rücken brachte der Junge etwas hervor, das fast so aussah, wie Josefines Stiefelette. Er zog ihr den Schuh vom Fuß und passte das Gebilde an. Überrascht sah die junge Frau auf sein Tun. „Steh auf und geh ein paar Schritte", forderte er. Etwas unsicher erhob sie sich, machte einige Schritte, fast ohne zu hinken. Entgeistert sah sie auf ihre Füße. Es fühlte sich an, als hätte sie ein neues Bein bekommen. Ganz vorsichtig auftretend bewegte sie sich vorwärts.

„Passt der Schuh, drückt er?" Sie starrte den Liebsten an, „was hast du gemacht?" Fast ein wenig verlegen erklärte Jan, er habe nur versucht, eine dickere Sohle unter den Schuh zu bauen, damit der Unterschied der Beine ausgeglichen werde.

„Du musst dich erst daran gewöhnen", erläuterte er und wartete auf einen Freudenausbruch. Doch das Finchen fing an zu schluchzen und konnte sich gar nicht beruhigen. „Ich dachte, du freust dich und nun weinst du", brachte Jan irritiert hervor. Da kam die Liebste auf ihn zu und schmiegte sich an ihn. „Noch nie hat mir jemand so ein wertvolles Geschenk gemacht."

Maria sah gerührt zu und dachte, ihr Junge sei doch ein guter Mensch. Wenn sie oftmals auch mit seinem umtriebigen Wesen haderte, gestand sie sich in dieser Stunde ein, sie und ihr Gustav hätten einen rechtschaffenen Mann erzogen. Bei diesem Gedanken war die Frau sehr froh.

Josefine gewöhnte sich erstaunlich schnell an ihr neues Schuhwerk. Glücklich lief sie an der Seite ihres Liebsten, nahm mit Interesse die neue Umgebung auf und stellte unzählige Fragen. Gescheit entdeckte sie auch so manches, was nach ihrer Meinung zu verbessern wäre. Sie legte, wie konnte es anders sein, ihren städtischen Maßstab an. Oftmals musste Jan sie daran erinnern, dass hier arme Leute lebten.

Einmal führte er Finchen an eine Stelle, wo ein tiefes Loch in der Erde klaffte. Ängstlich hielt sie sich vom Rand entfernt und klammerte sich an Jan. „An dieser Stelle betreiben die Bergleute seit Jahrhunderten ihre Suche nach Zinnerz. Die Gänge wurden unter der Erde vorangetrieben und höhlten den Boden aus. Ein alter Bergmann hat mir erzählt, im Jahre 1593 sei hier ein großes Unglück geschehen. Der Boden hätte nachgegeben, alles sei in sich zusammengefallen und diese Binge sei entstanden. Wahrscheinlich wurden die unterirdischen Erzgänge nicht genug abgestützt."

Josefine hörte aufmerksam zu und wollte wissen, ob sich damals Menschen im Berg befunden hätten. Dazu wusste Jan nichts zu sagen. Ihm sei nur erzählt worden, dass die Bergmänner großen Respekt vor dem Ort hätten. „Sie suchen seitdem an anderen Stellen nach Erz."

Die Frau nickte eifrig, sie habe schon gesehen wie man graben würde und wollte wissen, ob das für die Bergleute, wenn sie das Zinn fänden, genügend einbrächte um die Familien zu ernähren. Die Ausbeute schien zurzeit nicht sehr groß zu sein. Caspar von Schönberg habe das

Gelände samt Pochwerke und Bergschmiede verkauft. Jetzt sei schließlich alles an die Seiffner Familie Langer gegangen, die es für nur 200 Taler erwerben konnte. Er habe gehört, man fördere jetzt gerade mal 56 Zentner Erz im Jahr. „Einst war der Bergbau für die Schönbergs eine gutes Geschäft, sie verlangten den Bergzehnt und die Nutzung der Schmelzhütten durch die Bergleute brachte pro Zentner zusätzlich 10 Groschen ein."

Jan kam auf ihre Frage zurück und erzählte, viele Leute hätten das Graben schon aufgegeben und suchten sich ein anderes Auskommen. Etliche Männer würden jetzt schnitzen. Besonders im Winter, wenn der Bergbau nicht möglich sei, nutzten sie das Holz der Wälder um Löffel und Büchsen herzustellen, die von Händlern angekauft würden. Das brächte ein kleines Zubrot. Der Alte, der ihm das alles erzählt habe, sei jedoch fest überzeugt, unter dem Dorf würden unermessliche Schätze liegen. Eines Tages würde der Bergbau wieder aufblühen und den Menschen großen Reichtum bringen.

Ein wenig ängstlich ließ sich Josefine vernehmen: „Du gehst aber nicht unter die Erde?" Lachend wehrte Jan ab: „Vorläufig bin ich noch für den Kurfürsten unterwegs. Doch will ich meinen Dienst bald quittieren. Bin ich nicht ein guter Schuhmacher?" Er zeigt auf sein neuestes Werk. „Ich werde meines Vaters Handwerk weiter führen und mir den kleinen Kuno als meinen Nachfolger heranziehen."

Ein wenig verschämt widersprach das Dresdner Fräulein, vielleicht käme noch ein weiterer Nachfolger in Frage. Entgeistert und sprachlos stand Jan am Rande der Binge. „Willst du andeuten…?" Das Finchen lachte glücklich über seine Verwunderung: „Ist es dir etwa nicht recht, einen eigenen Sohn zu haben?" Da nahm er sie in den Arm und wollte sie herumschwenken. Josefine kreischte erschrocken auf und zog ihn ein Stück von der gefährlichen Stelle weg. „Willst du mich und dein Kind in den Abgrund werfen?" Erschreckt hielt er inne, nahm sie ganz sacht in den Arm und zeigte ihr durch einen innigen Kuss, wie glücklich er war.

Als ihm die Nachricht richtig bewusst wurde, kam er sofort zur praktischen Seite. Erstens müsse sie sich jetzt sehr schonen, zweitens müssten sie schnellsten heiraten und er würde den Anbau am Haus sofort beginnen. Nun war es an Finchen, den Mann zu zügeln. „Ich denke, wir sollten eines nach dem anderen angehen. Zu den Eltern müssen wir zuerst."

Er stimmte ihr zu. Gleich Morgen kümmere er sich um eine Droschke, sie könne keinesfalls in einem einfachen Leiterwagen reisen. Auch hier gebot sie seinem Eifer Einhalt. „Ich bin nicht krank sondern bekomme ein Kind, und das scheint mir eine ganz natürliche Sache zu sein."

35 WIEDER VEREINT

Das Wiedersehen Elisabeths und Rosis fiel ähnlich gefühlvoll aus wie vorher mit Maria. Die beiden Schwestern konnten gar nicht voneinander lassen. Ihre Männer, die sich ja völlig fremd waren, mussten sehen, wie sie sich miteinander bekannt machten. Stundenlang galt es, sich gegenseitig Jahrzehnte ihres Lebens mitzuteilen.

Wie viel Leid war ihnen widerfahren! Nicht nur Rosi verlor durch Seuche und Krieg ihre ganze Familie. Ewald hatte das gleiche Schicksal getroffen. Alle miteinander vereinte die Vertreibung aus Böhmen. In langen Gesprächen kamen sie immer wieder zu dem Schluss, dass sie bei allem Leid glücklich sein konnten, wieder eine neue Heimat gefunden zu haben. Ewald war in der neu entstandenen Gemeinde ein geachteter Mann, der Sohn konnte sogar eine höhere Schule besuchen. Stolz sprachen seine Eltern von Paul.

Da fiel den Gästen ein, dass sie eine Botschaft dabei hatten. Sie erklärten Ewald und Maria, deren Sohn sei wirklich ein kluger junger Mann. Das Erstaunen konnte nicht größer sein und das Fragen hatte keine Ende. Woher sie das wüssten, wie sie zu dem Brief gekommen seien und, und, und....

Lachend gebot Ludolf Einhalt: „Langsam! Immer der Reihe nach!" Dann erzählte er, wie Paul in ihr Haus gekommen war. Elisabeth hörte gerührt den Bericht und ließ durchblicken, es wäre bei aller Freude über seine gute Stelle traurig, dass er schon lange nicht heim gekommen sei. Die Eltern hofften, er würde bald in ihrer Nähe eine Anstellung finden. Der weltgewandte Ludolf tröstete, bei Pauls Bildung fände sich bestimmt eine Aufgabe in der Umgebung. Er vermute, dass der Furierdienst in Dresden nicht mehr ewig dauere. Wie er wisse, könne der Kurfürst die Garde nicht mehr lange unterhalten, zu groß wären die Geldsorgen.

Pauls Eltern hörten gespannt zu und kamen zu der Überzeugung, die Rosi hätte einen sehr gescheiten Mann. Schließlich kam der „Gescheite" auf sein eigenes Anliegen zu sprechen. „Wir wollen uns hier bei euch trauen lassen, und Rosi war sehr glücklich, als sie hörte, ein alter Freund diene in Olbernhau als Pastor. Von Ihm, Pistorius ist sein Name, will sie unbedingt getraut werden."

Als der Name des Pastors fiel, taten sich alle Türen auf. Elisabeth meinte, der Elias gehöre schon viele Jahre zu den engsten Freunden der gesamten Familie. Seit er damals die Nachrichten über Rosis Schicksal nach Neuhausen gebracht habe, seien sie miteinander verbunden.

Schon am nächsten Tag erhielt Elias Pistorius Mitteilung von Rosis Auftauchen und die Schwestern baten ihn zu einem Treffen bei Schwester Anna in Grünthal. Auch hier wurden Rosi und Ludolf mit Freude empfangen. Stundenlang berichteten beide Ehepaare gegenseitig, was ihnen in den Kriegsjahren widerfahren war. Das Wiedersehen zwischen Rosi und den ehemaligen Lehrer ihrer Söhne verlief mit großer Rührung auf beiden Seiten. Pistorius fasste Rosi an den Händen und wiederholte immer wieder: „Du lebst, du lebst." Er schob sie ein wenig von sich weg und betrachtete sie genau. „Es geht dir, wie ich sehe, gut. Als du einst verschwunden warst, hat keiner gedacht, dass wir dich je wieder sehen." Sich Ludolf zuwendend: „Einen guten Mann hast du auch wieder gefunden. Da gratuliere ich von ganzen Herzen." Der Angesprochene fasste die Gelegenheit beim Schopf und brachte ohne Umschweife ihr Anliegen vor.

„Von mir wollt ihr euch trauen lassen?" Nach einem kurzen Zögern: „Den Gottesdienst feiern wir aber in meiner Kirche. Die Gemeinde hat viel leiden müssen, Kriegshorden machten auch vor dem Gotteshaus nicht Halt. Gottlob ist es wieder errichtet und durch großmütige Spenden rechtschaffen gestaltet. Einen ehrwürdiger Taufstein übergab die Grünthaler Knappschaft, die geschnitzte Kanzel spendeten die Rothenthaler Bergbrüder und ein auf kupferner Platte gemaltes Altarbild überreichte unser guter Freund Faktor Roth."

Pistorius redete sich in Eifer und schien ganz aufgeregt. Rosi dachte bei seinem Anblick, wie alt er geworden war. Seine Hingabe schien jedoch ungebrochen.

„Auch die Glocken sollen bei der Hochzeit läuten. Alles war einst vernichtet, aber ein kleines Glöckchen konnten wir für 36 Reichstaler erwerben. Die Görsdorfer Gemeinde musste es verpfänden und so bekamen wir es. Aber nicht nur die kleine Glocke tönt durch unser Tal. Beim Glockengießer Hillinger aus Freiberg ließen wir eine 14 Zentner schwere gießen. Freilich, 87 Taler konnte die Gemeinde bei allem guten Willen nicht aufbringen. Der gute Mann gab sich mit einer Anzahlung von zehn Talern zufrieden. In den letzten Jahren konnten wir manchmal unsere Schuld nicht begleichen, dadurch stiegen die Zinsen. Hillinger mahnte schon öfters", erklärte der Pastor sorgenvoll. Nach einer kurzen Besinnung: „Jetzt fehlen uns noch 16 Taler, mit Gottes Hilfe werden wir das auch noch schaffen."

Ludolf dachte, der Mann hat ein bewundernswertes Gottvertrauen. Das allein wird nicht reichen, um die Schuld zu begleichen. Er beschloss, nach der Trauung einige Taler beizusteuern. Sein Ziehvater hatte ihn gut ausgestattet und er würde es sich leisten können. Der Mann forderte ihm Hochachtung ab. Schmidt hatte erzählt, des Pastors Frau sei gestorben, er leide sehr, würde jedoch ohne Rücksicht auf sich selbst mit Aufopferung seiner Gemeinde dienen. Man sah ihm an, dass er froh war über das Geschaffene und mit ganzer Seele seine Mission ausfüllte. Der alte Pastor schien sich sehr darüber zu freuen, dass sie sich entschlossen hatten, hier ihren Bund zu besiegeln.

Noch lange saß man am Abend beisammen. Ewald und Elisabeth waren herüber gekommen und man einigte sich, am nächsten Sonntag die Trauung zu begehen. Sie hatten beschlossen, keine große Hochzeitsfeier zu veranstalten. Schulmeister Schmidt stellte einen Krug Bier bereit und es wurde ein langer Abend mit guten Gesprächen. Pistorius sprach von seinen Sorgen und alle hörten ihm bereitwillig zu. Sie wussten, wie sehr ihm das Wohl seiner Gemeinde am Herzen lag.

Schulmeister Schmidt stieß auf große Aufmerksamkeit, als er daran erinnerte, wie oft sie alle in die Wälder fliehen mussten und er immer wieder neu begonnen hatte, die Kinder zu unterrichten. Dieses Thema war für den Pastor ein Stichwort und er klagte über die Verhältnisse in der Olbernhauer Schule, wo man seit vielen Jahren nicht so einen tüchtigen Schulmeister wie seinen Freund Schmidt habe. Der meinte verwundert, es unterrichte doch Valerius Linßenhammer, von dem er gehört habe, er sei ein tüchtiger Lehrer. „War, war…", widersprach Pistorius. Als man ihn fragend ansah erzählte er, wie unheilvoll sich das Schulwesen in Olbernhau in neuester Zeit entwickeln würde. „Fünf Jahre verrichtet der Linßenhammer sein Amt ordentlich. Dann geschah es, dass man ihm 60 Reichstaler stahl. Dieser Verlust warf den Mann völlig aus der Bahn. Er verfiel in Schwermut und der Trunksucht. Es wurde immer schlimmer mit ihm, zum Unterricht erschien er nur noch besoffen. Er wusste nicht mehr welcher Tag war und führte in seinem Rausch gotteslästerliche Reden vor den Kindern. Jede Achtung vergab er sich und etliche Eltern wollen ihre Kinder aus der Schule nehmen." Der Erzähler wandte sich Schmidt zu: „Zu dir nach Grünthal wollen sie ihre Sprösslinge schicken, den weiten Weg nicht achtend. Mehrmals wurde er schon ermahnt, er gelobte Besserung, um nach wenigen Tagen in sein Laster zurück zu verfallen. Selbst seine kirchlichen Dienste vernachlässigt er, schließt den Turm nicht mehr zu und lässt von den Kindern die Zeiger der Uhr stellen und auch das Lauten geschieht ohne seine Aufsicht."

Man hörte Elias teilnahmsvoll zu, aber einen Rat konnten sie dem Freund nicht geben. Elisabeth sah ihren Ewald zwar bedeutungsvoll an und Ludolf, der den Blick bemerkte, dachte sich seinen Teil. Hofften die beiden gar auf eine Stelle für ihren Paul? Ausgesprochen haben sie ihre Gedanken nicht.

Spät am Abend verabschiedete man sich voneinander. Pistorius wollte erst am nächsten Morgen heimkehren. Rosi und Ludolf gingen mit zum Anwesen nach Oberneuschönberg, dort wollten sie bis nach der Trauung bleiben. Man hatte sich so geeinigt, da Ewalds Haus mehr Platz bot als die kleine Lehrerwohnung.

36 IN ALTER RUNDE

Jan und Finchen hatten kurzerhand Maria aufgefordert, sie möge ihr bestes Kleid anziehen und in den bereit stehenden Wagen steigen. Nach langer Zeit kam die Mutter wieder einmal aus dem Dorf heraus und freute sich sehr über die Reise.

Rechtzeitig kamen sie zur Trauung bei der Olbernhauer Kirche an. Wie staunten die Schwestern über das unerwartete Wiedersehen! Rosi und Ludolf waren ebenso aufgeregt wie junge Brautleute.

Freund Pistorius zelebrierte einen anrührenden Gottesdienst. Er fand die schönsten Worte, sprach über schlimme vergangene Zeiten und gab Zuversicht für ein friedvolles und glückliches Leben. Später, im Haus von Elisabeth und Ewald, wurde den Frauen bewusst, dass sie nach Jahrzehnten der Trennung erstmals wieder alle beisammen saßen.

„Zu meiner Hochzeit vor über vierzig Jahren daheim im Elternhaus, waren wir zum letzten Mal alle beisammen", überlegte Maria laut. „Damals waren wir alle junge Mädchen und nun…", kritisch sah Elisabeth in die Runde und beendete lachend den Satz, „sind wir vier alte Weibsen."

Ludolf fühlte sich verpflichtet zu widersprechen: „Alt seid ihr noch lange nicht, meine Rosi ist schließlich gerade noch eine Braut gewesen." Eifrig und fröhlich unterstützen ihn die anderen Männer. Bis in die Nach hinein hatte man einander viel zu erzählen. Elisabeth und ihr Ewald brachten alles, was Küche und Keller hergaben, auf den Tisch, und so gab es doch noch eine richtige Hochzeitsfeier.

Ehe man sich am anderen Morgen verabschiedete, versprachen sich alle ein baldiges Wiedersehen. Anna meinte, der Krieg sei ja nun Gott sei Dank vorbei, man müsse sich so oft wie möglich besuchen. Die anderen Schwestern stimmten ihr zu. Selbst Rosi, die den weitesten Weg hatte, versicherte, wenn sie auch jetzt erst einmal wieder hinunter müssten, wenigstens einmal im Jahr wolle sie mit ihrem Ludolf ins Gebirge kommen.

Das jüngere Liebespaar gab ihnen den Auftrag, sie mögen den Eltern Bleibetreu ausrichten, in zwei Wochen kämen sie nach und sie mögen sich auf große Überraschungen gefasst machen.

Alle hatten das Glück der beiden mit Freude gesehen, und die erfahrenen Frauen merkten sehr wohl, was mit Josefine los war. Man sprach zwar nicht darüber, aber sie ahnten, bald könne man ein neues Mitglied in ihrer Familie begrüßen.

Vater und Mutter Bleibetreu konnten zuerst gar nicht fassen, dass ihr Kind oben im Gebirge geblieben sei. Rosi hatte lange Gespräche mit der Mutter zu führen, ehe die einsah, das Finchen sei mit ihren über dreißig Jahren nun tatsächliche eine Josefine geworden, die ihr eigenes Leben führen müsse. Endlich tröstete die besorgte Frau die Hoffnung, in wenigen Tagen käme das „Kind" und würde die vielen Neuigkeiten den Eltern selbst mitteilen. Rosi musste all ihre Willenskraft aufbieten, um nicht eines der Geheimnisse auszuplaudern. Ludolf warnte immer wieder, sie solle sich zurück halten und es sei Sache der jungen Leute, den Eltern ihre Pläne darzulegen.

Herrn und Frau Bleibetreu wurden die wenigen Tage bis zur Heimkehr ihrer Tochter sauer. Einmal passierte es sogar, dass die erfahrene Frau das Essen anbrennen ließ, weil sie gar so viele Gedanken und Sorgen bedrückten.

Endlich war es soweit! Die Mutter konnte ein strahlendes Finchen in den Arm nehmen. Erstaunt sah sie, dass ihre Tochter fast ohne zu hinken auf sie zu geeilt kam. Noch nie zuvor war den Eltern ihre Tochter so schön erschienen. Sie strahlte von innen heraus und schien überaus glücklich zu sein. Schon am ersten Abend ging Jan zu Herrn Bleibetreu und bat formvollendet um die Hand seiner Tochter. Der Mann war keineswegs erstaunt, er konnte sich denken, warum Josefine so glücklich war.

Was sollte er schon dagegen einwenden? Dieser Jan schien ein solider Mann zu sein, der die Tochter anscheinend sehr liebte. Hatte er nicht sogar einen Weg gefunden, ihr das Laufen zu erleichtern? So ein Mann sei vertrauenswürdig, das war wenigstens seine Überzeugung. Die Zweifel seiner Frau teilte er nicht. Er dachte, genau wie Rosi, die Tochter sei schließlich eine erwachsene Frau und sie sollten glücklich sein, dass sie doch noch einen guten Mann bekommen habe.

An einem Morgen kommt Finchen in die Küche, die Mutter bereitet gerade das Frühstück vor. Ohne Vorwarnung wird ihr vom Geruch der Speisen übel. Frau Bleibetreu ist verwirrt. Ist ihre Tochter krank aus dem Gebirge zurückgekommen? Hat sie sich den Magen verdorben? Sie beschließt auf jeden Fall, Kamillentee zu kochen. Als Josefine ziemlich blass im Gesicht zurückkehrt, fragt sie nach.

Die junge Frau nimmt die Mutter in den Arm, „dein Tee wird meine Beschwerden nicht beheben, die muss ich wohl noch einige Monate aushalten", erklärt sie mit einem glückseligen Lächeln. Zuerst versteht die Mutter nicht, was gemeint ist, doch allmählich kommt ihr ein Gedanke und völlig entgeistert fragt sie: „Bekommst du... etwas Kleines?" Josefine bestätigt die Vermutung und scheint kein bisschen verlegen oder schuldbewusst. Das muss

Frau Bleibetreu erst mal verdauen. Ohne an das fällige Frühstück zu denken, setzt sie sich auf einen Küchenstuhl und schüttelt ungläubig mit dem Kopf. Schließlich scheint sie über die Folgen nachzudenken und ihre erste Reaktion lautet: „Ihr müsst sofort heiraten!"

Auf einmal steht Rosi unter der Küchentür. Als sie die ratlose Frau sitzen sieht, bricht sie in ein lautes Lachen aus. „Ich hab es doch gewusst! Ich wusste es!" „Warum ist denn die liebe Frau Bleibetreu so entsetzt? Es ist doch wunderbar, dass endlich ein Enkelkind unterwegs ist." Soweit dachte die künftige Großmutter noch gar nicht, die letzten Tage hatten sie schon aus dem Gleichgewicht gebracht und nun auch noch das! Sie konnte sich über Rosi und Finchen nur wundern, die beiden schienen sich der Tragweite der Ereignisse gar nicht bewusst zu sein.

Sie stand auf, dass die Herrschaften noch kein Frühstück hatten schienen ihr egal. Während sie die Küche verließ murmelte sie: „Ich muss erst mal mit dem Vater reden." Rosi meinte: „Es ist einfach zu viel auf einmal, lass ihr Zeit." Nach einigen Tagen hatten sich die künftigen Großeltern an den Gedanken gewöhnt und betrieben mit aller Energie Vorbereitungen für die Hochzeit.

Als der wichtige Tag heran war, fuhren alle gemeinsam zur Kirche, der Herr Pastor kam seiner Pflicht nach und segnete Jan und Josefines Bund vor Gott. Freilich, so schön wie die Trauung in Olbernhau fiel dieser Gottesdienst nicht aus, aber die Eltern, das Brautpaar und auch die Trauzeugen Ludolf und Rosi waren zufrieden. Zu einem kleinen Festmahl hatte man den Neffen Paul und eine Schwester von Frau Bleibetreu eingeladen und es wurde für alle ein glücklicher Tag.

Finchens Mutter schien mit dem Verlauf ganz zufrieden, sie war sowieso der Meinung, wenn der Storch schon unterwegs sei, solle die Feier nicht allzu laut sein. Rosi dachte, dass diese Überzeugung sehr der ihres verstorbenen Vaters glich.

Paul berichtete, er bliebe nur noch wenige Wochen in Dresden, sein Dienst sei beendet. Wie Ludolf vorausgesagt, die kurfürstliche Garde würde wegen der hohen Kosten aufgelöst. Diese Nachricht brachte Jan auf den Gedanken, dass er schnellstens heimkehren könne, um den begonnen Anbau am Haus noch vor dem Winter fertig zu stellen. Schließlich wollte er, dass seine Frau in ihre eigenen Räume einziehen könne. Wenn Paul auf seiner Rückreise Josefine zur Seite stände, gewänne er einige Wochen. Paul war sofort bereit, die Schwangere nach Seiffen zu begleiten und erst danach heim zu den Eltern zu reisen.

Als Jan das Gespräch mit seinem jungen Vetter führte, musste er an die Tage zurück denken, als er dessen Mutter über das Gebirge nach Sachsen begleitet hatte. Wie war er voller Abenteuerlust und sich der tatsächlichen Gefahren keineswegs bewusst. Auch nach Jahren meinte er aber immer noch, er habe seine Aufgabe damals gut erfüllt. So vertraute er auch Paul ohne große Sorge seine Liebste an. Ludolf versprach eine bequeme Kutsche zu besorgen, um die Reise für Josefine so angenehm wie möglich zu machen.

Die Neuvermählte meinte, ein wenig Sehnsucht würde sie nach ihrem Ehemann schon haben, sah aber ein, das sei die beste Lösung. Heimlich flüsterte sie ihm zu: „Du baust das Nest und ich kümmere mich darum, es schön einzurichten." Die junge Frau besaß eine stattliche Aussteuer und konnte, wenn ihr ein eigener Wagen zur Verfügung stand, ohne Mühe all die Tischtücher, das Bettzeug, die viele Wäsche und das Geschirr transportieren. Wenn sie an den übervollen Reisekoffer bei der vorigen Fahrt dachte, genoss sie es, all die vielen Dinge einzupacken.

Die Eltern Bleibetreu freuten sich, die Tochter noch einige Wochen bei sich zu haben. Die Mutter zweifelte sehr daran, dass man dort oben in der Wildnis überhaupt ein Kind zur Welt bringen könne.

Rosi musste wieder einmal aufklären. Sie brachte der Besorgten bei, es kämen auch in den Gebirgsdörfern jeden Tag Kinder zur Welt und es gäbe dort sehr tüchtige Wehmütter. Dem konnte die Frau natürlich nicht widersprechen, aber die Zweifel und Sorgen blieben. Fest nahm sie sich vor, spätestens im nächsten Sommer nach dem Rechten in den „dunklen Wäldern" zu sehen. In Gedanken stellte sie sich einen undurchdringlichen Urwald vor, wo die Leute in einfachsten Hütten hausten und ständig von wilden Tieren bedroht wurden. Und in dieser Wildnis sollten ihr geliebtes Finchen und so ein zartes Wesen, wie ihr künftiges Enkelkind, leben. Da konnte die Herrin erzählen, was sie wollte, sie traute der ganzen Sache einfach nicht.

Die beiden jung verheirateten Frauen bereiteten eifrig Finchens Umzug vor. Ludolf dachte, jetzt sind sie so richtig in ihrem Element, diesmal können sie zusammenpacken, was ihr Herz begehrt. Er beschloss, ein großes Fuhrwerk zu mieten und ahnte, auch das würde schwer bepackt sein.

Anfang Oktober war es so weit. Josefine und Paul stiegen in den Wagen, den man am Vorabend beladen hatte. Tränenreich gestaltete sich der Abschied. Die Frau mit dem nicht mehr zu verbergenden Bäuchlein, tröstete sich und die Eltern: „Im nächsten Sommer kommt ihr alle hinauf und besucht uns." Ein letztes Winken, die Reise begann hinein in einen sonnigbunten Herbsttag und ein neues Leben.

37 NEUES LEBEN

Der künftige Vater hatte die Zeit eifrig genutzt. Als Josefine in dem Gebirgsdorf ankam, konnte sie über die Veränderungen am Schusterhaus nur staunen. Ein Anbau, in dem sich zwei große Stuben befanden, die der neuen Familie als Wohnräume dienen sollten, erwartete sie.

Stolz zeigt Jan das Geschaffene. „Die Küche benutzen wir gemeinsam mit der Mutter." Den Einwand, dann müsse man ja mit den Töpfen über den Hof gehen, entkräftete er durch eine stolze Vorführung. Er führte sie an eine Tür. „Mach auf!" forderte er. Ohne Mühe ließ sie sich öffnen und als sie eine kleine Schwelle überschritten hatte, stand sie im Hausflur der Schwiegermutter. Nur wenige Meter trennten sie von der gemeinsamen Küche. Staunend stelle die junge Frau fest, das sei eine sehr praktische Lösung. Sie könnten sich, ohne aus dem Haus zu gehen, gegenseitig besuchen und auch die Küche gemeinsam nutzen. „Und genauso schnell bin ich in der Schusterwerkstatt", und schon öffnete Jan auch diese Tür. Erstaunt sah Josefine etliche Paar Schuhe, die in einem Regal standen. „Mit dem Amtmann habe ich vereinbart nur noch die Neusiedler betreuen zu müssen. Botengänge und Steuern eintreiben soll künftig ein anderer Beamter übernehmen. So kann ich des Vaters Handwerk weiter führen." Mit einer Geste zeigte er an: „Aufträge gibt es genug. Wir werden unser Auskommen haben."

Finchen zeigte ihre Bewunderung für seinen Fleiß und seine Umsicht. Schon am nächsten Tag begann auch sie ihr Versprechen wahr zu machen. Jan hatte das Nest vorbereitet, und sie begann mit all ihren schönen Sachen, die Stuben herzurichten.

Schwiegermutter Maria bestaunte die wunderbaren Wäschestücke und das feine Geschirr. Jetzt wurde ihr erst so recht klar, Josefine müsse aus einer wohlhabenden Familie stammen. Ein wenig wehmütig dachte sie wieder einmal an ihren Haushalt in der verlassenen Heimat. Auch sie besaß einst eine gut bestellte Küche und wohl gefüllte Schränke. Doch sogleich ermahnte sie sich, nicht undankbar zu sein. Auch hier in Sachsen bauten sich ihr Gustav und sie ein anständiges Leben auf. Dass der Krieg vieles zerstört und sie immer wieder zum Neuanfang gezwungen hatte, war ein Schicksal, welches sie mit unzähligen Menschen teilten. Sie gestand sich wieder einmal ein, andere Familien hatte es weitaus schlimmer getroffen. Sie, der Mann und ihre Kinder hatten überlebt. Wenn sie an das Los ihrer Schwester dachte, kam sie zu dem Schluss, aller Wohlstand würde niemals den Verlust, den Rosi erleiden musste, wettmachen.

Josefine richtete „ihr Nest", wie sie immer sagte, jeden Tag ein wenig schöner ein. Maria staunte über die Energie der jungen Frau und dachte oft, ihr Junge hätte keine bessere finden können. Obwohl die Schwangere schon einen ansehnlichen Bauch vor sich her trug und ihre Füße im Laufe des Tages anschwollen, ließ sie sich von den Beschwerden in ihrem Tun nicht abhalten.

Nach und nach besorgte Jan noch einige Möbelstücke. Zur Adventszeit luden die jung Verheirateten die Schwiegermutter und Hilda mit Familie ein, um den Einzug zu feiern.

Auch bei den Vorbereitungen zeigte die „Stadtfrau", wie das Finchen manchmal von den Nachbarn genannt wurde, ihre Tüchtigkeit. Die Küche, in der Maria seit ihr Gustav nicht mehr war, nur noch kleine Portionen kochte, wurde wieder einmal richtig genutzt. Ein feines

Mittagessen zauberte die junge Frau auf den Tisch und begann einige Tage vorher, Kuchen zu backen.

Bei diesen Vorbereitungen fiel Josefine ein, man müsse nun, da bald Weihnachten komme, unbedingt einige Striezel backen. Striezel? Das Gebäck kannte Maria nicht. Als sie jedoch hörte, welche Zutaten dafür nötig wären, strahlte sie. „Du meinst Stollen?" Der Unterschied war bald geklärt, eigentlich bestand er nur darin, dass man in Dresden anscheinend weder mit Butter noch mit anderen Zutaten sparte.

Das Einzugsfest verlief in bester Stimmung, sogar Hilda lachte wieder einmal herzlich und schäkerte wie einst mit ihrem Bruder. Als sie von der Schwägerin gefragt wurde, ob sie nicht Patin bei dem zu erwartenden Kind werden wolle, war sie so gerührt, dass sie die Dresdnerin umarmte und damit zeigte, wie sie sich über deren Vertrauen freute.

Eifrig besprachen die drei Frauen an diesem Tag wichtige Dinge. Die Tüchtigkeit der Hebamme wurde erörtert und schließlich kamen auch die eventuellen Namen für das Kind zur Sprache. Mit halbem Ohr hörte Jan dem Gespräch zu und dachte, nun müsse er sich einmischen. „Für meinen Sohn habe ich schon einen Namen ausgesucht, aber den verrate ich euch nicht." Lachend widersprach Josefine: „Du kannst doch gar nicht wissen, ob es ein Junge wird und ich habe wohl auch noch ein Wörtchen mitzureden." Da fiel ihr eine wichtige Sache ein: „Wir haben noch nicht mal eine Wiege für das Kind und reden schon darüber, wie es genannt werden soll." Schwager Karl meldete sich: „Die Wiege bekommt ihr von mir, ich habe schon einige schöne Bretter bereit gelegt."

Kuno saß nahe bei seiner Großmutter und hörte den Gesprächen zu. Plötzlich platzte er mitten hinein in die Unterhaltung: „Wenn wir ein Mädchen kriegen, soll es

Gundula heißen." Augenblicklich war es still am Tisch. Besorgt sah Maria zu ihrer Tochter. Die zog ihren kleinen Sohn näher an sich heran und sagte: „Du bist so ein guter Junge und denkst wohl an dein Schwesterlein. Aber das ist Tante Josefines und Onkel Jans Kind und die bestimmen den Namen."

Verstehend sah Finchen nach ihrem Mann, der nickte. Sie fasste die kleinen Hände von Kuno und sah ihm ins Gesicht: „Ich verspreche dir, wenn es ein Mädchen wird, soll es, so, wie du es willst, Gundula genannt werden."

Der Herbst war in wenigen Tagen in den Winter übergegangen. Die Zeit, in der die neue Gebirgsbewohnerin sich an den bunten Wäldern erfreuen konnte, schien erst einmal vorbei. Obwohl es ihr mit fortschreitender Schwangerschaft schwer gefallen war, dehnte sie ihre Entdeckungsgänge rund um das Dorf immer weiter aus. Auch wenn Jan sie nicht begleiten konnte, ging sie auf unbekannten Wegen und erfreute sich an der zwar rauen, aber zauberhaften Natur. Manchmal warnte Maria, die Schwiegertochter solle sich nicht überanstrengen. Die lachte deren Sorgen einfach weg und meinte die Bewegung, an der frischen Luft tue ihr gut.

Einmal schien es, Josefine habe ihre Entdeckerreise übertrieben. An einem späten Nachmittag, es begann schon zu dämmern, kam sie nicht heim. Immer wieder trat Maria vor die Tür und hielt Ausschau. Da Jan zum Amtmann bestellt worden war, fühlte sie sich verantwortlich, und ihre Unruhe wuchs immer mehr. Sie wollte aber auch nicht auf Suche gehen, da sie gar nicht wusste, in welche Richtung ihre unternehmungslustige Schwiegertochter gegangen war. Endlich hörte sie Schritte im Hausflur, schon öffnete sich die Tür und Kuno kam hereingestürmt. „Großmutter, wir bringen die Tante heim, sie war bei uns zu Besuch", sprudelte er voller Begeisterung hervor. Hilda und Josefine traten gut gelaunt ein, und die Tochter meinte, „ich wollte Josefine nicht allein gehen lassen, da es schon dunkel wird." Entschuldigend fügte sie hinzu: „Wir haben uns verquatscht."

Der Mutter fiel ein Stein vom Herzen und sie beschloss, ein ernstes Wort mit ihrem Sohn zu reden, er müsse seiner Frau klar machen, dass sie ihre Wanderungen nicht gar so sehr übertreiben möge. Die Schneefälle, glatte Wege und hohen Verwehungen unterbanden die Abenteuerlust Josefines von allein.

Es fiel ihr zusehends schwerer sich zu bewegen, manchmal klagte sie „Ich komme mir vor, wie ein Fass." Dann war es an der Schwiegermutter sie zu trösten. „Das geht vorbei, wenn das Kleine erst da ist, hast du alle Beschwerden vergessen."

Doch es war immer wieder erstaunlich, wie aktiv die junge Frau war. Wenn sie auch nicht mehr allein aus dem Haus ging, so fand sie jeden Tag eine neue wichtige Arbeit, die sie unbedingt erledigen musste.

Die Wiege hatte Karl schon bald gebracht, und die künftige Mutter schnitt von dem feinen Linnen, das sie mitgebracht hatte, Kissen und Decken zu, nähte in tagelanger Arbeit und bestickte sie auch noch mit kleinen Blüten. Freudestrahlend kam sie durch die Verbindungstür zu Maria und nahm deren Lob glücklich entgegen.

Weihnachten rückte heran und auf eigene Art vermischten sich im Schusterhaus die Bräuche aus drei Regionen. Josefine brachte Dresdner Sitten ein, nicht nur der Striezel wurde gebacken, auch kleine Geschenke bastelte sie, die besonders Kuno erfreuen sollten. Maria sorgte dafür, dass die böhmischen Weihnachtsbräuche nicht in Vergessenheit gerieten. Am 13. Dezember, dem Luciatag, erklärte sie ihrer Schwiegertochter, das Spinnrad müsse heute unbedingt stille stehen, sonst brächte das Unglück.

Wenige Tage vor dem Fest zeigte sie dem neuen Familienmitglied mit geheimnisvollem Gebaren eine kleine Kiste, die sie von Jan vom Dachboden holen ließ. Wie ein Kind freute sich das Finchen als die Mutter begann, die Figuren für eine wunderhübsche Krippe aufzustellen. Der Sohn meinte, man müsse am Heiligabend unbedingt Blei gießen, da würde man erfahren, was das kommende Jahr bereithielt. Josefine zeigte auf ihren Bauch, „da siehst du, was das neue Jahr bringt." Maria genoss die heimeligen Tage und wurde nur manchmal traurig, dass ihr lieber Gustav diese schöne Zeit nicht mehr erleben konnte.

Der Januar brachte eisige Kälte und der Februar so viel Schnee, dass kaum ein Durchkommen war. Jan saß, wie schon im vergangenen Jahr, in der Werkstatt. Die Aufträge häuften sich und er war zuversichtlich, dass er seine Familie durchaus mit dem Handwerk ernähren könne.

Die Hochschwangere Josefine wurde Anfang März unruhig. Sie fürchtet, wenn der Winter anhielt, käme womöglich die Hebamme nicht rechtzeitig. Jan tröstete, die Frau wohne nicht weit entfernt, sie wüsste Bescheid und er würde sie schon herbeiholen. Als dann die Wehen bei Josefine einsetzten, dämmerte ein Spätwintertag herauf und Jan glaubte, er sei noch niemals so gerannt, wie an diesem Morgen. Als er bei der Wehmutter anklopfte, stand sie schon bereit und gab ihm eine große Ledertasche in die Hand, die er zu tragen hatte. Maria als erfahrene Frau heizte den Ofen, um große Töpfe mit Wasser zu erwärmen. Josefine stöhnte in der Kammer und flüsterte Maria zu, die ihre Hand hielt: „Ich wusste nicht, dass es so weh tut." Die redete ihr gut zu: „Es dauert nicht mehr lang, gleich kommt die Wehmutter." Doch es dauerte noch bis weit in den Nachmittag und Josefine hatte wahrlich zu leiden.

Als gegen Abend ein unbekannter Schrei aus der Kammer drang, der sich von dem vorherigen Stöhnen unterschied, hielt es Jan nicht mehr vor der Tür. Er trat einfach ein und die Frauen schickten ihn nicht, wie vorher unzählige Male, hinaus.

Die Hebamme hielt ihm ein schreiendes Etwas, das noch ganz verschrumpelt aussah, entgegen und verkündete: „Du hast einen Sohn!"

Da trat der Mann an das Bett seiner Frau, streichelte sie, strich ihr das verschwitzte Haar aus der Stirn und flüsterte zärtlich, aber auch ein wenig triumphierend: „Hab ich es nicht gesagt? Ein Sohn!"

Maria stand ganz still und dachte: Das habe ich doch vor langer Zeit schon einmal erlebt.

DIE HAUPTPERSONEN

- Rektor, später Pastor Knorr und seine Frau Amanda
- ihre Töchter Maria, Anna, Rosi und Elisabeth
- Marias Ehemann Gustav, ihre Kinder Jan und Hilda
- Annas Ehemann, Schulmeister Schmidt
- Rosis erster Mann Heinrich, ihr zweiter Mann Ludolf
- Elisabeths Ehemann Ewald, ihr Sohn Paul
- Pastor Pistorius
- Graf Sternberg